KiWi Paperback

KiWi 589

Über das Buch:

Franz Schubert, der nur 31 Jahre alt wurde, ist neben Mozart
der tragischste Genius der abendländischen Musikgeschichte.
In seinem Roman »Schubert« entwirft Peter Härtling, der sich
von Anfang an mit dem Leben, der Musik und der Wirkung
des großen romantischen Komponisten beschäftigt hat, als erster ein modernes literarisches, sehr bewegendes Bild vom Leben und Werk des begnadeten Musikers.
Franz Schubert: das Genie, der leise Rebell, der unglücklich
Liebende, der erste bürgerliche Komponist. Er kann von einer
Gesellschaft leben, zu der er in seiner Musik auf größte Distanz
geht. Auch dies gehört zum Modernen seines Lebens.
Mit sicherem Blick für das Wesentliche zeichnet Peter Härtling
die Lebensstationen Schuberts nach, vom Sängerknaben der
k.k. Hofkapelle bis zum gefeierten Mittelpunkt in den Salons
der vergnügungssüchtigen Wiener Gesellschaft.
Mit großer Intensität und in einer zur Musik gewordenen Sprache beschreibt Härtling das Leben und die Werke Schuberts,
ein Leben, das nur in der Kunst Glück erlangt hat, weshalb
diese Kunst soviel Glück vermittelt.

Über den Autor:

Peter Härtling wurde 1933 in Chemnitz geboren. Härtling arbeitete als Redakteur und Herausgeber bei Zeitungen und
Zeitschriften. Anfang 1967 Cheflektor des S. Fischer Verlages
in Frankfurt a. M., dort 1968 bis 1973 Sprecher der Geschäfts-
leitung, seitdem freier Schriftsteller.

Das gesamte literarische Werk von Peter Härtling ist lieferbar
bei Kiepenheuer & Witsch.

Peter Härtling

Schubert

Zwölf Moments musicaux
und ein Roman

Kiepenheuer & Witsch

3. Auflage 2002

© 1996, 1997, 2000 by Verlag Kiepenheuer & Witsch, Köln
Die erste Ausgabe erschien 1992 im
Luchterhand Literaturverlag Hamburg, Zürich.
Umschlaggestaltung: Philipp Starke, Hamburg
Umschlagmotiv AKG, Berlin
Gesamtherstellung Clausen & Bosse, Leck
ISBN 3-462-02946-0

Je mehr ich es jetzt einsehe, was er war,
je mehr sehe ich ein, was er gelitten hat.
Moritz von Schwind

I

Moment musical I
(Nicht zu langsam)

Die Szene ist ein Bild, eine Zeichnung gewesen. Nun nicht mehr. Es brauchte lang, bis sich die mit feinem Stift gezogenen Figuren zu bewegen begannen.

Die kleine Gestalt erscheint. Das gezeichnete Licht verhilft ihr zu einem unverzerrten Schatten.

Er sagt: Nehmen Sie doch dort unter der Linde Platz und warten Sie, bis die Herrschaften ihre Unterhaltung unterbrechen, seien Sie, ich bitte Sie, so höflich, niemandem ins Wort zu fallen.

Er spielt, jetzt sehr entfernt.

Ich wünsche mir, daß Wunderlich singt oder Patzak:
»Die Lerche wirbelt in der Luft;
Und aus dem tiefen Herzen ruft
Die Liebe, Leid und Sorgen.«

Beunruhigt und verwirrt wende ich mich an Herrn von Spaun, der den Spazierstock vor sich quer über den Gartentisch gelegt hat als eine deutliche Abgrenzung: Verzeihen Sie, fällt es Ihnen auch so schwer wie mir zu entscheiden, ob wir uns im Freien oder in einem Salon befinden?

Wieso? Herr von Spaun mustert mich verdutzt, schaut dann ins Bild hinein und hört Schubert zu, den ich nun wieder nicht höre.

Ich blicke zu ihm hin. Er greift sich ans Herz.

Um endlich ungestört zu sein, setze ich mich weiter zurück. Ich kann niemanden mehr erkennen, nicht Schober oder Vogl oder Mayrhofer. Die Zimmerdecke hat sich, was zu erwarten war, in Licht aufgelöst, weht wie ein durchscheinendes Segel.

Und ich sehe, wie Schubert mit seinem Klavier hinaus auf eine Wiese fährt, die einer riesigen grünen Schüssel gleicht, und mich überkommt Angst, er könnte über den Rand stürzen, aber eine junge Dame, möglicherweise Katharina Fröhlich, beruhigt mich beiläufig: Einen Rand gibt es nicht. Schauen Sie nur lieber auf die anderen Herren, auf deren Geschichte.

Ich kann die Scharade nicht erraten.

Können sie mir helfen? bitte ich meine zufällige Nachbarin. Sie lacht auf, legt die Hand auf die Lippen: Es ist möglich, daß Sie hören, was Sie sehen, sagt sie.

Hören, was ich sehe?

Sie nickt und schaut durch mich hindurch. Ja. Oder daß Sie sehen, was Sie hören.

Ehe ich ihr erwidern kann, ereignet sich, wovon sie spricht – oder bilde ich es mir nur ein?

Obwohl Schubert sich vom Klavier entfernt hat, sich zum Horizont hin verbeugt, spielt das Klavier weiter, einen seiner Walzer wie aus der Erinnerung, und Vogl singt den Harfner, und Therese Grob, die eine Figur aus der Scharade gestoßen hat und nun auf einem Luftstreif schwebt, nimmt seinen Gesang auf:

»Heiß mich nicht reden,
Heiß mich schweigen.
Denn mein Geheimnis ist mir Pflicht.«

Schober – ich nehme wenigstens an, daß er es ist – wirft einen Brief in die Luft, gegen das schwingende Zeltdach, das Papier entfaltet sich, und es ist eine Schrift darauf zu lesen, die, wie das Blatt sich auch wendet, gespiegelt bleibt.

Vom Schnürboden wird ein Offizier heruntergelassen. Er müsse die Aufführung im Auftrag seiner Exzellenz, des Fürsten Metternich, bis auf weiteres untersagen.

Er verbeugt sich: Gestatten, mein Name ist Schodl, ich bin der Zensor.

Von Schubert ist nichts mehr zu sehen.

Spaun reißt ein Streichholz an und entzündet die schöne Gegend mit einer Stichflamme. Befinden wir uns nun im Freien oder in einem Salon?

Bevor ich mich abkehre, erkenne ich erschrocken, wie eine haushohe Eisscholle sich über den grünen Rand schiebt. Sie nimmt das verlassene Klavier in einer Nische auf.

2.
Schulgeburten

Franz Schubert kam in einem Schulhaus zur Welt. Nicht in einem, wie wir es kennen, einem öffentlichen Gebäude, das allein der Lehre und dem Lernen dient, sondern in einem Haus, in dem gelebt, geliebt, geboren, gestorben und eben auch unterrichtet wurde. In dem es einen täglichen und einen nächtlichen Lärm gab, Geräusche nach einem festen Muster, einem Stundenrhythmus.

Das Haus im Neunten Bezirk gibt es noch; es gleicht nicht mehr ganz dem am einstigen Himmelpfortgrund.

Was sich heute in der Undurchschaubarkeit der großen Stadt museal hervortut, gehörte damals, Ende des achtzehnten Jahrhunderts, zu einem vorstädtischen Bereich, in dem sich dreitausend Menschen in engen, kargen Wohnungen drängten, Handwerker in den Höfen ihre Werkstätten hatten, Taglöhner neben Beamten lebten, Lehrer neben Dienstboten. Die Enge drückte sie alle auf die Straße, wo von ihnen nicht nur viele Handel trieben und arbeiteten, sondern ebenso entspannten, spielten, flanierten, dem Treiben der Nachbarn nachspionierten.

Die Straßen stanken. Bei Nacht gab es so gut wie kein Licht.

Die Lebensunruh wärmte die einen, machte die andern frösteln.

Wer träumte, wurde rasch durch das Geschrei des Tags und die Seufzer der Nacht aufgeschreckt.

Die Sommersonne trocknete die Gassen und Höfe so aus, daß der Unrat gar nicht dazu kam zu faulen. Der Regen häufelte den Dreck auf, und im Winter fror rasch, was faulen und stinken konnte.

Noch ist Franz nicht geboren, noch haben seine Eltern keine Ahnung, wo sie einander treffen, wo sie ihr gemeinsames Leben beginnen werden.

Die Gegend, aus der Franz Theodor Schubert, der Vater, stammt, kenne ich. Neudorf liegt nahe bei Mährisch-Schönberg; in einer hügeligen Landschaft, die sich in der Kindererinnerung schroff auftürmt. Das Altvatergebirge grenzt nach Osten hin den Horizont ab. Es hat, wenn mein Gedächtnis sich nicht schwärmerisch irrt, Bachtäler gegeben, die sich mit grünen Rainen durch die Wälder schnitten, wie in einem Bilderbuch oder einem Lied:

>»Hinunter und immer weiter
Und immer dem Bache nach
Und immer frischer rauschte
Und immer heller der Bach.«

Vielleicht hat Vater Schubert manchmal seinen Kindern von dieser Gegend erzählt. Es kann genausogut sein, daß

er sie verschwieg, vergessen wollte. Es hat ihn ja fortge-
drängt, Karl nach, dem älteren Bruder, der schon in Wien
als Lehrer tätig war.

Im Winter 1783 kam Franz Theodor in Wien an. Er hatte
sich in Brünn und anderswo bereits an Schulen geübt
und darum keine Schwierigkeiten, sich bei seinem Bruder an der Karmeliterschule zu verdingen. Sicher brauchte er einige Zeit, mit der großen Stadt zurechtzukommen,
die damals schon mehr als zweihundertfünfzigtausend
Einwohner hatte. Er war ehrgeizig, wollte es zu etwas bringen. Zwei Semester lang hörte er an der Wiener Universität Philosophie.

Von Franz Theodor ist ein Porträt erhalten, ein Gemälde,
das ihn als gestandenen Schulmeister zeigt und, nach längerem Hinschauen, als unheimliche Person. Das Gesicht
zerfließt und wirkt dennoch in seiner Mimik angestrengt.
Eine sonderbar fleischige Nasenwurzel drückt die Augen
unverhältnismäßig weit auseinander. Auch die Stirn über
den kaum vorhandenen Augenbrauen geht in die Breite,
findet keine Form. Die Backen hängen müde und schlaff.
Das seine Lüsternheit verbeißende Mündchen sitzt über
einem ganz und gar kindlichen, durch ein Grübchen geteil-
ten Kinn.

Da will einer sich um nichts in der Welt verraten, spielt den
unauffälligen Bürger und gibt unfreiwillig dennoch vieles
von dem preis, was ihn quält und worunter seine Nächsten
leiden: Daß er fromm zu sein vorgibt, obwohl Zweifel und
Verzweiflung ständig an ihm reißen; daß er auf seinen
Stand pocht; daß er bis zur Rücksichtslosigkeit auf seiner
Autorität besteht und sein sich immer wieder krümmendes
Selbstbewußtsein verflucht; daß er den ehrbaren Ehemann,
den christlichen Lehrer mit Genugtuung hervorkehrt und

13

seiner gedachten Ausschweifungen und Begierden oft kaum Herr wird; daß er, der zeit seines Lebens von Kindern umgeben ist, ihnen nichts anderes beibringen möchte, als so zu werden wie er und seinesgleichen.

Die Musik, das ist wahr, kann ihm ans Herz greifen, besonders die einfache böhmische, diese aushausigen Melodien, die sich abgelöst haben von der wirklichen Idylle und von ihm bloß noch als sentimentale Signale gehört werden.

Womit ich Franz Theodor Schubert nicht als engstirnigen Spießer, selbstgerechten Bösewicht charakterisiert haben möchte, sondern als einen Mann, der nur einen Zipfel seines Traums erwischte, den er aber, um halbwegs bequem zu überleben, als den ganzen Traum deklarierte. Genau genommen sorgte er sich mehr um sich, um seine Reputation, sein Fortkommen als um das seelische Wohl seiner Frau, seiner Kinder. Da er mit seiner Liebe sparte, bekam er auch wenig.

Von seiner ersten Frau, Elisabeth Vietz, gibt es kein Bild. Dennoch glaube ich von ihr mehr zu wissen als von ihrem Mann. Das allein durch die Musik ihres Sohnes. Er hat vor allem erinnernd auf sie reagiert, hat sie vielleicht sogar verklärt.

Franz Theodor hat sich kaum eingerichtet, falls diese Bezeichnung überhaupt zutrifft für ein Provisorium, einen Wartestand, als sie sich über den Weg laufen, Elisabeth und er. Wie, hat sich in keiner Erinnerung niedergeschlagen, ist auch von den Kindern nicht mitgeteilt worden.

Für den Anfang hätten sie sich ein Märchen ausdenken können, das immer neu und anders erzählt wird. Aber die Wirklichkeit hat das nicht zugelassen. Und deswegen verschwiegen sie die Heftigkeit und Atemlosigkeit, mit der

sie aufeinander zustürzten. Er, der Gehilfe von der Karmeliterschule, einundzwanzig Jahre alt geworden, und
sie, die Magd aus der Vorstadt Lichtental, die, um drei
Jahre älter als er, sich in den Einsamkeiten der Stadt aus-
kannte, wie in den vielfältigen, nicht immer freundlichen
Möglichkeiten, ihnen zu entfliehen: diesen Aufschwün-
gen am Wochenende.
Sie halten sich nicht an die Regeln.
Ist er es, der drängt, oder fürchtet sie, daß ihr die Zeit weg-
läuft?
Sie erzählt viel von sich.
Er nicht. Das kann er nicht. Er kann sich nicht preisgeben,
auch nicht für einen, sie einenden Moment. Er hat sie
schon in Besitz genommen, da glaubt sie noch, sich entscheiden zu können.
Sie erzählt, wie ihr Vater, der ein angesehener Büchsen-
macher gewesen sei, vor zwölf Jahren mit ihnen aus Zuck-
mantel in Schlesien aufgebrochen sei. Von Wien hat er
sich viel versprochen, sagt sie, alles. Daheim ist es uns
nicht gut gegangen.
Hört er zu?
Unterwegs sei die Mutter gestorben, sie wisse nicht, woran. Jetzt waren der Vater und wir drei Kinder ohne sie. Es
hätte noch gut werden können, sagt sie. Sie neigt dazu,
Schlußstriche zu ziehen und immer wieder Anfänge zu suchen. Mit der Zeit wird sie es bleiben lassen.
Kaum haben wir im »Goldenen Lamm« Quartier genommen, ist der Vater auch verschieden, erzählt sie weiter. Felix, mein Bruder, hat sich als Weber verdingt in Lichtental,
Maria Magdalena und ich sind als Hausmädchen unterge-
kommen. Immer hier in unserer Vorstadt, betont sie und
meint ein größeres Zuhause, Menschen, die sie kennt, vor

denen sie kuscht, die sie mag, respektiert; Wohnungen, in denen sie ein- und ausgeht, von denen sie arbeitend Besitz ergreift, von den Bälgern, den Kindern auch, die sie zu versorgen hat, und wenn sie die Augen schließt, kann es sein, daß einer der jungen Herren an ihrer Hüfte entlangstreicht wie ein Kater und sie es sich gefallen läßt, nicht kratzt wie sonst.

Ich könnte mir ein anderes Leben vorstellen, sagt sie. Er auch. Eine Schule, sagt er, das könnte ein Königreich sein.

Warum er sie, schon nach dem ersten oder zweiten Abend, nachdem sie übereinander hergefallen waren und miteinander so schwer wurden wie ein Klumpen Blei, mitnahm in seine Stube im Haus Nr. 152, konnte er sich auch später nicht erklären. Im Schwung des gemeinsamen Aufbruchs erwies er sich als kühn, kümmerte sich nicht um den Tratsch der Nachbarn, des Bruders. Wenn schon, müßtet ihr beide heiraten.

Er wiegelt ab, er will sich umschauen, ob sich nicht doch eine Schule findet, ein ordentliches Zuhause.

Das dauert noch zwei Jahre.

Längst vorher muß er Elisabeth heiraten. Sie erwartet ein Kind. Will sie ihn binden, zwingen? Vielleicht. Aber – und dieser Gedanke verwandelt Elisabeth, münzt ihr Wesen um, erzählt die Geschichte einer Magd um eine Nuance verändert und tückischer –, aber könnte es nicht auch sein, daß sie bereits schwanger war, als sie Franz Theodor kennenlernte? Sie heiraten am 17. Januar 1785 in der Lichtentaler Kirche.

Im Trauungsbuch der Pfarre »Zu den Vierzehn Nothelfern« wird der Beruf des Bräutigams »Franz Schuberth« als »Instruktor« angegeben, worin sich seine »bessere Bildung« ausdrückt: die sechs Gymnasialklassen in Brünn

16

und vermutlich auch sein derzeitiges Philosophiestudium. Auf alle Fälle kann er Latein unterrichten.

Die Braut hingegen, Elisabeth Vietz, hat für das Kirchenbuch keinen Beruf, nicht einmal den einer Magd, sie ist eines »Schlossermeisters Tochter«, und der ist seit Jahren tot.

Die beiden ersten Kinder kommen noch in der Kammer im Lichtentaler Haus 152 zur Welt, Ignaz und Elisabeth. Franz Theodor gibt nicht nach, er will seine Schule. Elisabeth lernt, im rechten Augenblick zu schweigen, im günstigen zu reden. Von seiner knirschenden Strenge hat sie nichts geahnt, wie nachdrücklich er auf sein Ansehen Wert legt.

Ja, Franz. Nein, Franz.

Sie reagiert schnell. Das mag er. So schnell und geschäftsmäßig, wie er sie in mancher Nacht liebt und danach sofort einschläft, um Kraft zu sammeln für den Unterricht und die Suche nach der Schule.

Ich schreibe: Franz Theodor Schubert sucht eine Schule. So als suche heute jemand eine Wohnung. Unter ähnlich miserablen Bedingungen. Und genau das trifft zu: Er suchte mit der Schule zugleich ein Zuhause – für sich, seine Familie und nicht zuletzt seine Schüler, deren Zahl, hoffte er, bald für den Lebensunterhalt ausreichen würde.

Seine Schule gab es schon. Sie verlangte nur nach einem neuen Lehrer. Die kleine Familie blieb in ihrem Bezirk, dem heutigen Neunten, wechselte nur aus Lichtental auf den benachbarten Himmelpfortgrund, ins Haus »Zum roten Krebsen«, das an der »Oberen Hauptstraße zur Nußdorfer Linie« lag, und jetzt die Nußdorfer Straße 54 ist.

Da nimmt er seine Schule in Augenschein. Genauer: Er mustert die Kammern und Zimmer, in denen er wohnen

17

und lehren wird. Möglicherweise begleitet ihn sein Vorgänger, Anton Osselini, rühmt die Schule, die Gegend, die Kinder, drückt sich gestikulierend vor Wasserflecken an der Wand oder öffnet mit Schwung ein gesprungenes Fenster so weit, daß der Schaden dem prüfenden Blick des Nachfolgers entgeht.

Für die Schulmöbel müsse Schubert selber sorgen. Er, Osselini, habe die seinen anderweitig verkauft.

Jaja, damit habe er gerechnet.

Wie er überhaupt nur noch rechnet.

In dem Haus gibt es sechzehn Wohnungen. Manche Mietpartei lebt schon eine Ewigkeit an der Himmelpforte.

An der Himmelpforte, sagt Franz Theodor, als er Elisabeth die gute Nachricht überbringt. Seit langem lächelt er endlich einmal.

Das könnte was werden, sagt sie leise.

Franz Theodor mietet bei seinem Hausherrn, dem Maurermeister Schmidtgruber, zwei Wohnungen. Die eine, im Parterre, wird die Schule bleiben, ein wenig verändert. In die andere, im Obergeschoß, wird die Familie ziehen, was Elisabeth planend in Angriff nimmt.

In der Kuchel hat es auch genug Raum für die Schlafplätze der Kinder.

Sie mißt ab, richtet in Gedanken ein.

Er tut in den beiden Räumen unten am Hof das gleiche.

Am Heiligen Abend 1787 stirbt in Neudorf der Vater. Die kleine Erbschaft – sechsundneunzig Gulden – hilft Franz Theodor, Schulbänke zu kaufen, eine Tafel.

Schon am 13. Juni 1786 war er von der Landesregierung zum Schullehrer auf dem Himmelpfortgrund ernannt worden.

Zu seinem Verdruß fanden sich anfangs vor allem arme Schüler ein, deren Eltern nicht in der Lage waren, das

Schulgeld zu zahlen. Mit der Zeit aber meldeten sich auch Kinder aus solventen Familien.

Beim Schubert wird mehr gesungen als bei seinen Vorgängern. Schon dadurch ändert sich das Tagesgeräusch. Dieses Geräusch, in dem alles eingewoben ist, was die Banalität des Menschentags ausmacht: Türen schlagen, Herr Pospischil, der Nachtwächter, kommt pfeifend heim, die Kinder drücken sich kreischend ins Zimmer, ein Säugling weint, steckt einen zweiten, einen dritten an, ein Hund bellt, im Hof schreit der Schmidtgruber, der Hauswirt, seinen Lehrling an, und rechts nebenan entschließt sich Wandel, der Nichtsnutz, es am hellichten Nachmittag mit seinem Weib zu treiben, sie hören ihn ächzen und ihr Gestöhn, da schlägt schon wieder eines der Kinder unten die Tür zu, daß die Wände wackeln, und auf dem Umgang kreischt ein altes Weib, wenn ihr nicht bald stad seid, kreischt sie, mindestens zum zehnten Mal, und es ist ihrem Gezeter anzumerken, wie gut es ihr tut, und manchmal laufen Ausrufer vorm Haus vorbei, und auf der Gasse wird disputiert und gestritten oder einfach nur getratscht, denen fällt nichts besseres ein, als dem Herrgott die Zeit zu stehlen, dem Teufel ein Ohr abzuschwätzen.

Elisabeth sitzt auf dem Schemel am Fenster und gibt dem Mädchen, das nach ihr getauft wurde, Elisabeth, die Brust. Es wird bald sterben.

Sie lauscht, ist auf dem Sprung. Immer, wenn der Mann die Stiege heraufkommt, will sie seine möglichen Wünsche und Befehle im Kopf ordnen und gerät erst recht durcheinander.

Sie lauscht, ob sich in den Geräuschen aus der Schule, unten im Hof, etwas ändert, Franz Theodor unvermittelt laut wird, eins der Kinder mit dem Stock Schläge bekommt, heult, ob er die Schüler mehr als üblich singen läßt. So kann sie sich auf seine Stimmungen vorbereiten. Sie kommt kaum dazu, an sich zu denken. Entweder ist sie schwanger oder sie hat gerade ein Kind zur Welt gebracht.

Bis Franz geboren wird, der Franz, hat es noch viele Schwangerschaften Zeit.

Schrei nur, Weib, schrei, pflegt Franz Theodor sie zu trösten, wenn die Wehen ihr zusetzen. Das hat er schon beim ersten getan, beim Ignaz. Ignaz Franz, geboren am 8. März 1784, noch in Lichtental, wie auch Elisabeth, geboren am 1. März 1786; sie stirbt im Haus am Himmelpfortgrund, am 13. August 1788 am Fleckenausschlag;

da ist inzwischen Karl geboren, am 23. April 1787, und er geht vor der schwachen und kränklichen Elisabeth am 6. Februar 1788 zugrunde;

schrei nur, Weib, schrei;

Franziska Magdalena wird geboren, am 6. Juli 1788 und stirbt am 14. August 1788 am Gedärmreißen, und während Elisabeth noch den beiden Gischperln nachweint, Elisabeth und Franziska Magdalena, muß sie gewärtig sein, wieder schwanger zu werden, und sie bringt am 5. Juli 1789 ein Mädchen zur Welt, das sie und Franz Theodor aus Trotz und Hoffnung wieder Franziska Magdalena nennen, aber es hält auch nicht lange aus, stirbt am 1. Januar 1792 am Schleimfieber;

schrei nur, Weib, schrei;

Franz Karl bringt sie am 10. August 1790 zur Welt, doch er verläßt diese schon einen Monat später, am 10. September, und nicht einmal ein Jahr darauf wird Anna Karolina geboren, am 11. Juli 1791, die achtzehn Tage danach, am 29. Juli ins Totenregister eingetragen wird, sie sei an Fraisen, an Krämpfen, gestorben;

schrei nur, Weib schrei;

Petrus kommt am 29. Juli 1792 zur Welt, genau ein Jahr nach dem Tod Anna Karolinas, und er stirbt nicht einmal ein Jahr darauf, am 14. Januar 1793, an den Folgen eines Zahnkatarrhs;

ihm folgt Josef, der am 16. September 1793 geboren wird und mit fünf Jahren, am 18. Oktober 1798, von den Blattern dahingerafft wird;

schrei nur, Weib, schrei;

von nun an jedoch scheint sie für die Zukunft alle Überlebenskräfte zu sammeln und zu horten, denn die drei, die jetzt eingetragen werden in das Verzeichnis der »Geburts- und Sterbefälle in der Familie des Schullehrers Franz Schubert« kommen davon, wachsen auf, ungleiche Brüder, und am Ende, als die Erschöpfung Elisabeth aushöhlte, gibt es noch ein Mädchen, aber ehe Maria Theresia, die Vierzehnte und Letzte in der Kinderreihe am 17. September 1801 geboren wird, bringt Elisabeth noch Ferdinand Lukas am 18. Oktober 1794, Franz Karl am 5. November 1795 und Franz Peter, der hier noch nicht aus der Reihe fällt, am 31. Januar 1797 zur Welt.

Den Tag darauf wird dieser Franz getauft, weil Elisabeth, wie bei den andern Kindern fürchten muß, daß er sich gleich wieder verabschiedet. Er ist besonders klein. Nach Franz wird am 17. Dezember, als Dreizehnte, Aloisia Magdalena geboren. Sie lebt nur einen Tag.

Schrei nur, Weib, schrei!

Währenddessen bewirbt sich Franz Theodor um bessere Stellen, bessere Schulen. Um die in der großen Pfarrgasse in der Leopoldstadt. Um die von St. Augustin. Um die bei den Karmelitern in der Leopoldstadt, wo er bei seinem Bruder Karl die Arbeit begonnen hatte. Nach dessen Tod im Dezember 1804 glaubte er, die Nachfolge antreten zu können. Die Behörde überging ihn, wählte einen andern.

Seid still, herrscht er die Kinder an, gebts um Himmels willen Ruh.

3.
Stimmen

Er ist fast drei. Das Haus hat sich um ihn aufgebaut; er kennt sich in ihm aus. Er weiß, wer ins Haus gehört, wer aus welcher Tür kommen könnte, er läßt sich begrüßen oder weicht aus. Alle Leute kennt er an ihren Stimmen. Es sind dunkle und helle Stimmen, weiche und harte, Stimmen, die singen, Stimmen, die nur schimpfen können. Er kennt auch Stimmen, die überhaupt nicht klingen, die stumm scheinen, Stimmen, die sich immer aufgeregt anhören. Manchmal sitzt er in dem schmalen Korridor im ersten Stock, der an den Wohnungstüren entlangführt, und horcht.

Mutters Stimme kennt er aus allen anderen heraus. Sie faßt ihn an, holt ihn zu sich, ohne daß sie unbedingt nach ihm ruft. Hört er sie, läuft er ihr nach, läuft er zu ihr hin.

Mama! Sie zieht ihn einen Augenblick lang an sich, er drückt sein Gesicht in den Rock und hat Lust, sich in den weichen Stoff einzurollen.

Geh, Franzl, sagt sie, und ihre Hände wachsen wie eine Mütze um seinen Kopf.

Unten, in Vaters Schule, singen die Kinder.

Bald wird Vater die Stiege heraufkommen, und er weiß, ob er schimpfen wird oder schweigen, sich mit der Mutter unterhalten oder sogar lachen. Das sagen ihm die Schritte auf der Stiege. Er lauscht nach ihnen. Wenn sie ungut stampfen, verzieht er sich.

Die Stimmen der Brüder hält er ohne Mühe auseinander. Ignaz spricht ein wenig wie der Vater. Er stößt die Wörter aus dem Hals, so daß sie springen und kugeln. Ferdinand, den er mag, weil er ihm oft Geschichten erzählt und ihn tröstet, wenn er sich wehgetan hat, Ferdinand kann seine Stimme zwitschern lassen. Karl, der nur ein Jahr älter ist als er, aber nichts von ihm wissen will, schiebt schnaubend den Atem zwischen die Wörter. Darum ist er kaum zu verstehen.

In einer der Wohnungen singt ein Fräulein so traurig, daß Franz sich, nachdem er zugehört hat, die Daumen in die Ohren stopft.

Was ist? fragt Vater. Er muß wieder hinunter in die Schule; auch Ignaz, der ihm auf Schritt und Tritt folgt. Was ist? Nichts, Herr Vater.

Er läuft hinunter in den Hof, hockt sich gegen die Hauswand. Sie ist warm. Hat er den Kopf lang genug gegen sie gepreßt, gibt sie Töne von sich, dunkle, warme Steintöne.

Jetzt, im Sommer, stellt er sich in das Tor zum Hof und beobachtet das Treiben auf der Gasse. Mutter sieht das nicht gern. Er dürfe auf keinen Fall vom Haus fort. Ich bitte dich, Franzl. Der Herr Vater schätzt das nicht.

Die meisten Leute, die vorbeigehen, kennt er nicht. Einige wenige grüßen ihn. Servus, Franzl, rufen sie. Er antwortet ihnen und wundert sich, wie groß seine Stimme klingt. Vor manchen Passanten weicht er in den Schatten des Tors zurück. Aber sobald sie vorüber sind, tritt er nach vorn und schaut ihnen nach. Er möchte allzu gern wissen, wohin die fremden Männer gehen. Sie beschäftigen ihn so stark, daß er es wagt, Mutter nach ihnen zu fragen.

Sie wehrt ärgerlich ab. Die sind schlecht, sagt sie, furchtbar schlecht, abgerissene Wandersleute.

Er fragt nicht weiter, legt die Hände fest an die Ohren, so daß es nur in seinem Kopf spricht und singt. Die »schlimmen, schlimmen Wandersleut« singt er. Singt es in seinem Kopf. Niemand kann es hören außer ihm.

Es ist Winter. Im Haus riecht es nach Feuer, Holz und brennendem Dung. Er darf nicht vor die Tür.

Sing, bittet ihn die Mutter, die kaum mehr herumgeht und die Hände vor den Bauch hält.

Kommt ein Vogerl geflogen, singt er.

Wie ein Vogerl, sagt Mutter.

Vater sagt: Ich nehm den Franz bald mit in die Schule. Er soll Geige lernen.

Mutter erwartet ein Geschwister. Du bekommst einen Bruder oder eine Schwester, sagt sie.

Ihr ist übel, sie beugt sich aus dem Fenster und erbricht sich auf die Gasse. Gehts aus dem Weg, schreit sie.

Ignaz, der neben dem Ofen sitzt und Pause hat, ruft, als wäre er der Vater: Das Fenster zu! Mich friert!

Ihn friert es auch. Aber anders. Die Stimmen, die ihm sonst gehorchen, die er nach Belieben bündeln kann, daß mehrere auf einmal zu schwingen beginnen oder auf wunderbare Weise gegeneinander stehen, die Stimmen krümmen sich und werden klein. Ist dir nicht gut? Ferdinand paßt auf ihn auf. Er setzt sich neben ihn auf die Ofenbank, legt den Arm um seine Schultern und flüstert ihm ins Ohr: Der Vater bringt dir das Violinspielen bei. Ihm gefällt das Wort. Es klingt. Es hat eine Stimme. Violine.

Mir ist nicht gut, seufzt die Mutter.

Sie schlafen zu viert neben dem Herd. Er darf der Wärme am nächsten liegen. Ignaz, der älteste, muß am weitesten entfernt schlafen. Karl und Ferdinand zwischen ihnen.

Heute schließt Vater die Tür zur Stube nicht.

Es könnte sein, daß das Kind geboren wird.

Das verschläft er.

Er wacht auf, als der Vater sich mit einer fremden Frau darüber unterhält, daß das Kind gottlob noch die Taufe erhalten habe und mit allen Segnungen verschieden sei.

Mutters Stimme springt. Sie bricht die Wörter auseinander wie hartes Brot.

Warum hat das wieder sein müssen.

Sie muß sich schonen, fordert der Vater.

Tante Maria kommt, um zu helfen, scheucht die beiden großen Brüder herum, doch ihn muß sie herzen: Was weiß ich, wer mir in den Sinn kommt, wenn ich dich anschau, Franzl.

Die tote Schwester heißt Aloisia. Sie ist zweieinhalb Stunden alt geworden.

Franz behauptet, er habe zugeschaut, wie sie die Schwester auf einem Brett hinausgetragen haben.

Das bildest du dir ein, schimpft Ferdinand. Ich werd's dem Herrn Vater sagen.

Nein, bitte nicht.

Am Sonntag wird für Aloisia in der Kirche gesungen. Vater hat den Priester und alle Sängerinnen und Sänger zusammengerufen, die Musiker dazu.

Schau Franz, die haben eine Violine wie ich, zeigt der Vater.

Ein Mann schlägt mit den Armen, einem großen Vogel gleich, und weckt die Stimmen. Nun dürfen sie so klingen, wie Franz sie immer heimlich hört: alle Stimmen auf einmal.

Nach der Musik führt Vater ihn zu dem Herrn, den er einen Chorregenten nennt. Er muß eine Verbeugung machen, wie sie ihm Ignaz beigebracht hat, und Vater sagt: Verehrter Herr Holzer, ich möcht Ihnen den Franz vorstellen. Ich glaub, er hat ein gutes Gehör und eine schöne Stimme.

Wir werden sehen, sagt Herr Holzer und klöppelt ihm mit einem harten Finger auf den Kopf.

Requiem heißt die Musik für Aloisia.

Sie füllt seinen Kopf aus und verdrängt die andern Lieder. Es ist gar nicht seine Stimme, die er auf der Stiege hört, hell und himmlisch: Diesiraediesillasolvetsaeculuminfavilla.

4.
Der Umzug

Am 27. Mai 1801 kauft Franz Theodor ein Haus. Er muß eine Hypothek aufnehmen, doch da das Geld in den folgenden Jahren ständig an Wert verliert, drückt ihn die Verschuldung nicht allzu lang. Das Haus eignet sich mit seinen Räumen im Parterre vorzüglich zur Schule; im ersten Stock hat es genügend Platz für die weiter wachsende Familie. Um Schüler muß Franz Theodor nicht besorgt sein. Die meisten werden mit ihm ziehen, da das neue Schulhaus nur einen Steinwurf vom alten am Himmelpfortgrund entfernt liegt: in der Säulengasse »auf dem Freigrund Sporkenbüchl sub No. 14«. Es trägt den Namen »Zum schwarzen Rössl«. Bald kommen morgens und nachmittags mehr als dreihundert Kinder ins Schulhaus, sogar aus entfernten Stadtteilen. Der Lehrer Schubert hat einen guten Ruf und darum auch keine Mühe, ordentlich ausgebildete Gehilfen zu finden.

Das Haus hat keinen Garten, sondern nur einen drei Stuben großen Hof. Der ist bei weitem enger als der am Himmelpfortgrund. Es könnte sein, daß er Franz dennoch auf den ersten Blick gefällt.

Stimmt das? Ich erzähle von einem Vierjährigen, von dem ich mir ein Bild mache, indem ich die Bilder des Älteren anschaue und dessen Geschichte zurückerzähle. Nicht nur deshalb rede ich mir ein, in den Zügen des Zwanzigjährigen die des Kindes wiederzufinden, das jetzt von Ignaz, dem ältesten Bruder, zum ersten Mal mit zum neuen Haus genommen wird, in das man bald umziehen wird, und ich denke mir einen kleinen stämmigen Buben mit einem etwas zu groß geratenen runden Kopf aus, der, das allerdings bin ich sicher, lieber zuhört als redet, lieber für sich spielt und doch nicht ohne Gesellschaft sein mag.

Auf fast allen Bildern, die von ihm überliefert sind, wirklichkeitsgetreuen oder nachempfundenen, trägt Franz eine Brille. Wann wurde sie ihm angepaßt und aufgesetzt? Wann merkte er, daß er schlecht sieht? Wahrscheinlich gleich nachdem der Vater ihn in die Schule aufgenommen hat. Da er, worauf Franz Theodor bestimmt Wert legte, nicht in der ersten Bank saß, konnte er die Schrift an der Tafel nur undeutlich erkennen. Das fiel dem Vater auf, und sie beschlossen, daß ihm eine Brille angefertigt werde. Die Kinderbrille. Vielleicht glich sie, kaum kleiner, schon der, die er später trug: Die ovalen, dicken Gläser, gerade so groß wie die Augenhöhlen, werden von einer schmalen Metallfassung gehalten und von einem Steg, der sich fest an die Nasenwurzel schmiegt, eng vor die Augen gedrückt.

Weshalb es auf manchen Bildern so scheint, als steckten die Augen gleich Murmeln in den Gläsern.

Noch trägt er keine Brille. Noch muß er nicht in die Schule. Obwohl er inzwischen weiß, wie es in der Schule zugeht. Viele Male hat er den Stimmen im Wechsel gelauscht, denen der Kinder und denen des Vaters oder der Gehilfen.

Aber vielleicht hat er das neue Haus auch gemieden, sich verschanzt im alten, wenn die Brüder nach ihm suchten. Endlich hatte er, ohne daß er sich anstrengen mußte, die ungeteilte Aufmerksamkeit der Mutter. Sie erzählte ihm vom Großvater, den Herrschaften, bei denen sie gedient hatte, von großen Küchen und weiten Sälen, von marmornen Treppenhäusern, und sie sang ihm Lieder vor, die ihr die Arbeit erleichterten.

Er ist nun vier. Er sieht sie weinen. Nicht zum ersten Mal. Aber zum ersten Mal ist er allein mit ihr. Er drängt sich an sie, streichelt ihr nasses Gesicht, merkt, wie Weinen ansteckt. Nun muß sie ihn trösten, was sie von neuem weinen macht, worauf er sie trösten kann. Am Ende, wenn sie beide ermattet sind oder sie jemanden kommen hören, bittet sie ihn zu singen: Kommt ein Vogerl geflogen.

Das kann er nicht auf ihrem Schoß oder in ihren Armen. Dazu muß er sich in Positur stellen. Er tritt neben den Stuhl, hält sich an der Lehne fest und singt. Er vergnügt sich an seiner Stimme, die sich schöner anhört, als wenn er spricht.

Wenn ich immer singen könnte, sagt er, und der Herr Vater und du und die anderen Leut auch, das wäre schön.

Sie lacht, nimmt ihn in die Arme: Bei dir würde es mir gefallen, Franzl, doch bei allen – es wäre schrecklich.

Am liebsten möchte er Mutter für sich haben, mit niemandem teilen. Ganz sicher nicht mit dem Vater, der, seit er die neue Schule hat, abends noch ungehaltener und strenger ist, bei der geringsten Störung schreit und um sich schlägt. Vor allem Mutter macht er Vorwürfe. Sie trage an all dieser Unordnung schuld, helfe nicht und verstünde auch nicht, sich darzustellen wie eine Lehrersfrau.

Im September, kurz bevor sie dem Vater in die Säulengasse nachziehen, wird Maria geboren.

Franz hat seine Mutter immer nur schwer atmend erlebt, daß sie ein Kind erwartete, den Bauch vor sich hertrug – ein mächtiger warmer Körper, mit dem er vorsichtig sein mußte, wenn er sich an ihn schmiegte. Maria ist das letzte Kind, das Elisabeth Schubert zur Welt bringt. Sie ist zweiundvierzig Jahre alt.

Es ist anzunehmen, daß Franz Theodor, etwas jünger als seine Frau, ungehalten war über ihre wachsende Müdigkeit und Erschöpfung. Es kann sein, daß er, um sich abzulenken, das kleine Haus in der Säulengasse mit Menschen füllte: Nachdem sein Bruder Karl gestorben war, nahm er Maria Magdalena, dessen Witwe, zu sich. Von ihren beiden Töchtern starb die eine bald nach ihrem Einzug. Wieder lebten sie in großer Enge, beobachteten sich und konnten sich nur das antun, was die anderen duldeten.

Franz freundete sich mit der kleinen Magdalena an. Für eine Zeit zog auch noch der Bruder von Elisabeth, Felix, mit seiner Familie ein, so daß sich über den Schulräumen im Parterre, im ersten Stockwerk des Häuschens, ein Dutzend Menschen drängten, Kinder und Erwachsene, laute und leise, kranke und gesunde. Wenn sie schliefen, vereinte sich ihr Atem und rauschte wie ein Wind durch die Kammern.

Er braucht ein paar Tage, bis er sich Magdalena nähert.

Erst weicht er ihr aus.

Kommst? fragt sie.

Nein.

Komm! sagt sie.

Nein.

Schon sind Fragen und Antworten Muster eines Spiels. Er hat es gern, eingeladen zu werden.

Unten im Hof richten sie sich nicht an einem festen Ort ein, sondern wandern mit der Sonne. Als säßen sie miteinander auf dem Zeiger einer Uhr.

Magdalena bringt ihm bei, Grashalme zu flechten. So mußt du es machen.

Nein.

Doch, schau her!

Viel Zeit für diese Spiele hat er nicht. Der Vater will ihn bald zu sich in die Schule nehmen. Du wirst ein guter Schüler sein, Franzl, verspricht er ihm. Auch Mutter ist davon überzeugt.

Abends, nach der Schule empört sich Vater über einen Mann, der Krieg führt gegen Österreich. Napoleon nennt er ihn, manchmal Buonaparte. Neuerdings heißt er Konsul.

Konsul, sagt Franz vor sich hin.

Was ist das? fragt Magdalena.

Er fängt an, das Wort Konsul zu singen, mal das O betonend, mal das U.

Das gefällt Magdalena. Ihre Spiele enden, bevor er sechs wird.

Sie gehen alle miteinander erst in die Kirche, dann bleibt er unten beim Vater in der Schule.

Er lernt buchstabieren, schreiben. Er lernt rasch, wie es der Vater voraussagte.

Seit er Schüler ist, muß er Vater und Ignaz zuhören, wenn sie musizieren. Außerdem begleitet er die älteren Brüder in die Lichtentaler Kirche zu den Chorproben.

Du hast einen sauberen Sopran, Franzl, stellt Herr Holzer, der Chorregent, fest.

Mit den Buchstaben bringt ihm der Vater Noten bei. Sie sind Franz von Anfang an wichtiger als die Buchstaben.

Er ist sieben.

Zum ersten Mal klemmt er sich eine Violine unters Kinn. Sie ist kleiner als die Ferdinands. Auch der Bogen ist nicht so lang und schwer.

Dazu übt er Klavier, doch nicht so viel, wie es Ignaz verlangt. Das hat er gar nicht nötig. Wenn er still in der Ecke im Hof sitzt, stellt er sich vor, wie die Finger auf die Saiten drücken oder über die Tasten laufen. Er kann sich hören, wenn die andern meinen, er tue nichts. Manchmal setzt sich in seinem Kopf die Musik fort, nicht die auf dem Notenblatt, sondern eine, die nur er kennt. Gibt er während des Übens dieser Musik nach, schimpft ihn der Vater. Er solle aufs Blatt schauen, sich nicht gehen lassen.

Ihn ärgert es, daß der Vater nicht begreift, wie die Lieder, die Stücke ganz von selber weitersingen, sich wiederholen, auf wunderbare Weise verändern.

Oft bittet ihn die Mutter, ihr vorzuspielen. Erst singt er, dann wiederholt die Geige: Kommt ein Vogerl geflogen.

Als er zum ersten Mal in der Messe vor Publikum die Sopransoli singen darf, hat er zuvor mit Herrn Holzer, der betrunken war und ihm Prügel androhte, so wüst geprobt, daß er fürchtete, die Stimme werde ihm wegbleiben.

Er sang das Kyrie und das Agnus Dei. In der Kirche saßen die Eltern, die Geschwister und alle Verwandten aus dem Haus in der Säulengasse. Sie herzten ihn danach wie nie mehr später, auch nicht, wenn es ihm gelang, im Quartett mit Vater, Ferdinand und Ignaz auf der Bratsche so gut zurechtzukommen, daß der Vater nicht umhin konnte, ihn zu loben: Das hast gut gemacht, Franzl.

Sonst springt er anders mit ihm um. Er zwingt ihn, ordentlich zu schreiben, schön zu lesen und vorzutragen, schnell im Kopf zu rechnen, und wenn ihm das nicht gelingt, watscht er ihn.

Mich kannst du nicht täuschen, Franzl!

Was er gar nicht vorhat.

Zwischen Nachtmahl und Bettruh schafft er es mitunter, sich mit Magdalena in dem Verschlag im Hof zu verstekken, sich fest an sie zu drücken, ihr flüsternd zu erzählen, wie er schon bald, aber auf alle Fälle wenn er groß ist, für sie ein Stückerl komponieren wird, ganz allein für sie.

Das tust du ja doch nicht, Franzl, sagt sie.

Er ist zehn.

Herr Holzer hat Vater geraten, ihn zur Prüfung als Sängerknabe der Hofkapelle anzumelden. Beide bereiten ihn vor.

Magdalena trifft er nur noch bei den gemeinsamen Mahlzeiten. Er hat den Eindruck, das Haus fülle sich ständig mit Menschen, und er werde hinausgedrängt.

Vater begleitet ihn zur Prüfung.

Er wird geputzt, neu gekleidet. Mutter hat ihm einen hellgrauen, fast weißen Anzug genäht. Er fällt auf. Die Leute nehmen an, er sei der Sohn eines reichen Müllers.

Es ist der 30. September 1808. Seit Mai befindet er sich nun in der Mangel von Vater und Michael Holzer. Damals hat in der »Wiener Zeitung« eine Aufforderung gestanden, die der Vater ihm so vorlas, als gelte sie ihm allein. Nur ihm:

»Da in der k.k. Hofkapelle zwei Sängerknabenstellen neu zu besetzen sind, so haben diejenigen, welche eine dieser Stellen zu erlangen wünschen, den 30. September Nachmittag um drei Uhr im k.k. Konvikte am Universitätsplatz Nr. 796 zu erscheinen, und sich der mit ihnen sowohl in Ansehung ihrer Studien bisher gemachten Fortschritte, als auch ihrer in der Musik etwa schon erworbenen Kenntnisse vorzunehmenden Prüfung zu unterziehen, und ihre Schulzeugnisse mitzubringen. Die Konkurrenten müssen das zehnte Jahr vollendet haben, und fähig sein, in die erste Klasse einzutreten. Wenn die aufgenommenen Knaben sich in Sitten und Studien auszeichnen, so haben sie nach der allerhöchsten Anordnung auch nach der Mutierung der Stimme im Konvikte zu verbleiben, widrigenfalls sie nach Mutierung der Stimme aus demselben auszutreten haben.«

Er war nicht allein. Vor dem Musiksaal wartete ein ganzer Pulk von Prüflingen. Auf einmal war es ihm gleich, ob er die Prüfung bestehen würde, und es ging ihn nichts an, daß Vater ihm ins Ohr sagte, er zweifle nicht an seinem Können. Ich glaub an dich, Franzl.

Sein Kopf, sein Körper verloren jegliches Gefühl. Er achtete darauf, nicht aufzufallen, vor allem den geistlichen Herren nicht, denen sie im Gänsemarsch zu folgen hatten, die sie in kleine Gruppen aufteilten, in Schulräume trieben, nacheinander abfragten, manchmal auch einzeln, die ihnen diktierten und denen er schließlich vorsingen mußte.

Zu seinem Erstaunen fragten die geistlichen Lehrer längst nicht so streng wie Vater und Herr Holzer. Als er nach dem Blatt eine italienische Arie singen mußte, spürte er, wie sich Kopf und Leib wieder mit Leben füllten. Ihm wurde warm, er schwitzte in den Händen und erlaubte sich ein paar Koloraturen mehr.

Das ist der Schubert, hörte er jemanden sagen.

Er habe bestanden, erfuhr er. Von wem? Von dem Direktor des Konvikts, von dem ehrenwerten Herrn Lang, vom Vater, von Ignaz?

Schon nächste Woche ziehst du ins Konvikt, in die Innere Stadt.

Ferdinand stellt voller Neid fest, worauf er sich noch gar nicht eingerichtet hat, was ihn aber auch nicht schreckt, vielmehr wieder jene Gleichgültigkeit in ihm hervorruft, die ihm die Prüfung überstehen und bestehen half und nun auch den Abschied erleichtert: Von diesem Haus, das ihn mit seinen vielen Menschen oft gequält und nie allein gelassen hat.

Die Mutter bringt ihn zum Konvikt. Es ist ein weiter Weg. Als sie ihn vor dem Portal umarmt und ihm das Bündel gibt, sagt er: Ich möchte bei Ihnen bleiben, Frau Mutter. Genau genommen wünscht er, daß sie mit ihm komme, von zuhause fort.

Adieu, Frau Mama.

Sei lieb, sei g'scheit, Franzl. Sie winkt ihm.

Das spürt er noch mit dem Rücken. Er schaut sich, während er die Treppe hinaufgeht, die schwere Tür aufdrückt, nicht nach ihr um.

5.
Moment musical II
(Ziemlich geschwind)

Ein Tag genügt den Piaristen-Patres, ihn zu verwandeln, zum Konviktisten zu machen.

Er soll den vergessen, der er vor dem Eintritt gewesen war.

Er soll Schüler Gottes und des Kaisers sein. Singen soll er wie ein Engel. Zum Lobpreis, zu Ehren. Lernen soll er und dienen. Wohlgefällig handeln soll er.

Siehst du dich, Schubert? Schau dich an!

Pater Pius, der ihn uniformiert, hüpft beschwörend um ihn herum, tätschelt, verrückt den Hut, zieht die Jacke eng, zerrt an der Weste, streichelt die Backen, tätschelt:

Erkennst du dich wieder, Schubert? Schau dich an, jetzt stellst du etwas dar!

Er stellt etwas dar, verbeugt sich, zieht den Dreispitz, das altmodische Kapperl, wie der Frater meint, drückt flüchtig die Stirn gegen den Spiegel:

Es paßt, findet Pater Pius, nur drehen mußt du dich noch, damit du dich ganz gesehen hast.

Nun ist er angezogen, umgezogen, eingezogen ins Konvikt, Franz Schubert aus der Säulengasse, zehn Jahre alt, Sohn des Schullehrers Franz Theodor Schubert, Konviktist und Sängerknabe, eingekleidet mit »niederem Dreispitz, weißem Halstuch, ausgeschnittenem Rock von schwarzbrauner Farbe mit einer kleinen goldenen Epaulette auf der linken Achsel, lichten glatten Knöpfen, altväterischer Weste über den Bauch hinunter, kurzen Beinkleidern, Schuhen mit Schnallen.« Aber einen Degen, einen Degen durften die Konviktisten nicht tragen.

Was braucht er den auch. Er wird singen. Er hat ein Klavier im Musiksaal entdeckt. Er hat die Prüfung als Sängerknabe bestanden, und wenn die obrigkeitlichen Beurteilungen nicht geheim wären, wüßte er mindestens zwei Takte aus dem Zeugnis des großen Salieri:

»Fra li soprani li migliori sono: Francesco Schubert, e Francesco Müllner.«

Scher dich, Schubert.

Wenn er wüßte, wohin.

Keine Tränen, Bub! befiehlt Pater Pius und wischt ihm vorsorglich mit heißer Hand übers Gesicht. Dank deinem Herrgott, daß du bei uns sein darfst.

6.
Der musizierende Gefangene

Das Konvikt hat noch keine Geschichte, als Schubert eintritt. Kaiser Franz I. hat es zwei Jahre zuvor gegründet mit der Absicht, vor allem Bürgerkinder für seine Dienste erziehen zu lassen. Ein Konvikt für den Adel gibt es seit langem in der Josefstadt. Die neue Anstalt befindet sich in der ehemaligen Universität neben der Jesuitenkirche und gegenüber der Neuen Aula. Auch das akademische Gymnasium, in dem die Konviktisten unterrichtet werden, liegt nur wenige Schritte entfernt.

Die zehn Sängerknaben der Hofkapelle gehören allesamt zum Konvikt, werden aber nicht wie andere Musiker von Stiftungen gefördert, sondern vom Hof direkt unterhalten. Für private kleine Ausgaben, zum Beispiel die Bereicherung der kargen Mahlzeiten, müssen die Eltern aufkommen. Vor der Öffentlichkeit dürfen die Sängerknaben nicht auftreten; sie dienen ausschließlich der Unterhaltung des Hofes. Ihr oberster Aufseher ist der Hofkomponist Salieri.

Als erster Konviktsdirektor amtiert der Piaristenpater Dr. Franz Innozenz Lang. Beim Eintritt Schuberts ist er fünfzig Jahre alt. Aus Liebe zur Musik – er selbst spielt kein Instrument – hat er ein Orchester gegründet, Instrumente und Noten angeschafft und den Hoforganisten Wenzel Ruzicka zum Dirigenten berufen. Lang gibt sich aufgeschlossen und schätzt die Dressur. Er straft drakonisch und läßt über Ausnahmen von den selbstgesetzten Regeln nicht mit sich reden.

Die Stipendiaten leben gemeinsam und zugleich getrennt in sieben Kameraten. Jeder gehören ungefähr zwanzig Schüler an. Ihnen stehen ein Studien- und ein Schlafsaal zur Verfügung, und über sie wacht, besonders nachts, ein Präfekt, der sein eigenes Zimmer hat. Die Schüler sind den Tag über beschäftigt, lernend und probend. Freiwillig können sie Italienisch und Französisch, Zeichnen und Schönschrift lernen; unterrichtet werden sie in Religion, Latein, Mathematik, Naturgeschichte und Geografie. Die Sängerknaben zusätzlich in Gesang, Violine und Klavier.

Er geht zum Tranz in die Religion.

Zum Strauch, den sie, wenn er's nicht hört, kurzerhand Pius nennen, in die Grammatik, ins Latein.

Zum Walch in die Mathematik und Naturgeschichte.

Zum Rittmannsberger in die Geografie.

Beim Ruzicka hat er Klavier und Generalbaß. Den mag er.

Beim Hoffmann Geige.

Beim Korner Gesang. Den mag er nicht.

Direktor Lang ist allgegenwärtig, weiß alles, hat eine Schar von Horchern und Zuträgern. Strafen spricht er mit leiser,

schmalziger Stimme meistens dann aus, wenn die Kamera-
te zusammen ist, damit alle unter der Drohung buckeln –
es könnte sie genauso erwischen wie Senn, da die Denun-
zianten ungenau und parteiisch informieren und der Direktor nach seinem Gusto die Missetäter auswählt: Senn,
du hast auf ungehörigste Weise dem Pater Pius widerspro-
chen, stellt er, den Schlafsaal betretend, fest, noch ehe er
die Strafe ausspricht. Senn weiß, worauf er sich einrichten
muß, läßt er sich aus über die Unbildung und die mangeln-
den Sitten, die herrschende Gottlosigkeit und den Segen
des musikalischen Tuns. Senn, du begibst dich für vier
Nächte in den Karzer. Tagsüber hast du am Unterricht teil-
zunehmen.

Schubert versucht, möglichst unscheinbar und unsichtbar
für die Rachsüchtigen zu werden, und merkt, daß die Musik ihm hilft: Gleich in den ersten Tagen meldet er sich für
Langs Orchester, das allabendlich aufspielen muß; zum
Beispiel üben sie jetzt die Sinfonie in G-Dur von Haydn
und die zweite von Beethoven.

Mit ihm geigt Josef von Spaun. Er ist ihm aufgefallen
durch seine freundliche Festigkeit, seinen Eifer. Ihm hat
das Orchester die Noten für den Beethoven zu verdanken.
Er hat sie gekauft und gestiftet, obwohl er, wie er feststellt,
mit diesem Monat nun mit dem auskommen muß, was
ihm das Konvikt an Speis und Trank bietet.

Servus Schubert.

Servus Spaun.

Spaun studiert längst, ist um neun Jahre älter als er. Mit
ihm befreundet er sich wie mit Kenner und Stadler und
Randhartinger.

Reden sie über Musik, über Mozart, Beethoven, kann
Schubert sich erregen, ausbrechen in Entzücken, The-

men und Motive rasch auf dem Klavier im Musikzimmer, dieser ewig kalten Höhle, anspielen, kann alle mitreißen, und das Glück, bei ihnen zu sein, wärmt ihn.

Über die Lehrer urteilt er grundsätzlich nicht. Er schweigt.

Randhartinger, der womöglich zu jenen Konviktisten zählt, die Lang als Zuträger dienen, feuert ihn gelegentlich an, seine Wut herauszulassen auf die Patres, die Hofbeamten, sich in die politischen Debatten zu mischen. Er zieht es jedoch vor, keine Meinung zu haben, sich das feige Mohrenköpfl schimpfen zu lassen.

Laßt ihn in Ruh.

Er geht üben.

Lang erlaubt ihm, sich nach dem Mittagessen, das seinen Magen oft genug in Rebellion versetzt, ins Musikzimmer zurückzuziehen, um Klavier zu spielen, zu improvisieren, und er hat auch nichts dagegen, daß Spaun und andere Konviktisten ihn begleiten.

Nicht allein mit seiner Kunst am Klavier, seinem immer fehlerlosen Gesang zieht er sie an, auch mit seinen Scherzen, seiner Fähigkeit, die Lehrer nachzuahmen, und vor allem mit seinem Enthusiasmus. Es kann passieren, daß ihn die Bewunderung für Gluck und Mozart förmlich vom Stuhl reißt und er, einem Prediger gleich, auf seine Freunde einredet: Was wißt ihr schon vom Genius Glucks?

Womit er sich selbst das Stichwort gibt, sich den Stuhl unter den Hintern zieht und vorführt, was er hört, was ihn beschäftigt, Klavier spielend und singend.

An einem Abend vor der täglichen Sinfonie bittet er Spaun, ihm für einen Moment ins Musikzimmer zu folgen. Mit kurzen, hastigen Bewegungen zieht er einen Stuhl in gebührliche Entfernung zum Klavier. Den weist er Spaun zu, während er sich, ehe er vor dem Instrument Platz nimmt, erst zur anderen Seite hin vor einem großen imaginären Publikum verbeugt und sich dann auch dem Freund mit einem angedeuteten Diener zuwendet. Er setzt sich, beginnt sofort, ohne Noten aufzuschlagen.

Nachdem Schubert geendet hat, springt Spaun auf: Sagen Sie mir, von wem das ist. Ich kenn es und kenn es nicht.

Er singt, singt fragend. Schubert nickt zustimmend, fällt in Spauns Gesang ein. Das ist es!

Gluck?

Er strahlt, reibt sich die Hände: Ja. Und auch wieder nicht.

Dann spielt er auf dem Klavier nach, was sie gemeinsam gesummt hatten, setzt es fort, bricht schließlich ab, sieht Spaun mit schräg gelegtem Kopf an.

Das ist von mir. Das ist meine Bearbeitung.

Das haben Sie komponiert?

Nein, nur bearbeitet. Sagen Sie es niemandem. Ich will noch ein bisserl mehr probieren.

Einen Tag darauf wiederholt sich das Spiel. Wieder muß Spaun vor der Orchesterprobe mit ins Musikzimmer. Wieder stellt Schubert die Stühle, doch diesmal nebeneinander, vors Klavier, legt die Notenblätter auf den Halter, schaut Spaun prüfend von der Seite an:

Trauen Sie es sich zu?

Spaun liest den Titel: »Ouvertüre zu Iphigenia in Aulis – Bearbeitet für Klavier zu vier Händen von Franz Schubert.«

Spaun spielt an, Schubert folgt ihm, sie kommen zusammen, ihre Hände berühren sich, ihre Arme.

Es ist ein Glück, sagt Schubert leise. Und Spaun wiederholt: Ja, es ist ein Glück.

Kurz darauf verabschiedet sich Spaun aus dem Konvikt. Ich kehre bald zurück nach Wien, versichert er. Behalten Sie mich lieb, Schubert.

Beginnt es nach diesem Abschied?

Da ist von Geheimniskrämerei zu erzählen, einer Woche voller Arbeit im Verborgenen, Andeutungen gegenüber Freunden, Ankündigungen: Wartet ab!

Er ist dreizehn.

Es ist der 8. April 1810. Seit eineinhalb Jahren ist er auf dem Konvikt. Neuerdings führt er die Geige im Orchester an, singt den ersten Sopran im Chor, darf manchmal, wenn die Regenten guter Laune sind, dirigieren. Er weiß nichts von einer lobenden wie vertraulichen Mitteilung seines Präfekten Mosel an den k.k. Hofmusikgrafen Graf Kuefstein: »Franz Schubert (ist) wegen seiner ausgezeichneten Verwendung in der Tonkunst zu beloben.«

Was treibst du eigentlich nach dem Mittagessen im Musikzimmer?

Was spielst du nicht mehr mit uns Karten?

Schreibst Gedichte?

Holzapfel fragt; Kleindl tut besorgt.

Gut gelaunt läßt er sie im unklaren.

Für den 7. Mai hat er die Freunde zu einer Überraschung in den Musiksaal geladen. Auch die Lehrer. Und Lang.

Am Tag vorher hat er die Arbeit beendet. Unter die Noten des dritten Satzes, des Finale, schrieb er so heftig, daß der Federkiel knirschte: »Fantasie pro Forte . . .« Weiter kam er erst einmal nicht, da die Feder saute. Sie setzte von selber mehrere dicke Punkte, ehe er »piano« schreiben konnte. »Von Franz Schubert. Den 8. April angefangen. Den ersten Mai vollbracht.«

Vor lauter Lampenfieber bekommt er auf der Stirn Pusteln. Am Anfang hat er erwogen, Ignaz als Partner ins Konvikt zu bitten. Doch das ließ er bleiben, da es den Vater, der darauf aus war, daß er sich auf den Lehrerberuf vorbereite und nicht ständig Musik betreibe, mißtrauisch gestimmt hätte.

Er zieht Ruzicka ins Vertrauen. Während der Arbeit am ersten Satz zeigt er ihm die Blätter und bittet um Rat. Ruzicka wundert sich nicht. Hab ich mir doch gedacht, daß es dich interessiert, wie es gemacht wird, Schubert. Er ist bereit, mit ihm zu spielen. Es sei, befindet er, ein gelungenes Stückerl, diese Fantasie, und es schade auch nichts, daß sie dem Geist Haydns verpflichtet sei.

Es stellen sich mehr Zuhörer ein, als er erwartet hat. Auch Ferdinand und Ignaz sind gekommen. Als er sie sieht, schießt ihm die Hitze ins Gesicht, und er fühlt sich mit einem Mal sicher.

Ruzicka gibt ihm einen kleinen Stoß. Sie müssen sich schon verbeugen, Schubert.

Er sieht Lang.

Er beginnt. Ruzicka ebenso. Das einleitende Adagio ist ihm eingefallen, als er mit Holzapfel darüber gestritten hat, ob Klopstock seinen Messias allein nach den Regeln der Dichtkunst verfaßt habe, nicht auch nach denen einer höheren Religion, worauf Holzapfel, ziemlich überrascht, den Älteren herauskehrte und meinte, er solle sich doch lieber an die Glaubenswahrheiten halten, mit denen er von Tranz in Religion vertraut gemacht werde.

Also daß du dich traust, Klopstock und Tranz in einem Atemzug zu nennen, Holzapfel.

Lachend sind ihm die ersten Takte eingefallen. Aufschreiben konnte er sie erst am Abend vorm Schlafengehen.

Schubert, ich bitte dich! Ruzicka klopft leise mit dem Absatz den Takt. Etwas rascher, flüstert er. Du müßtest's doch wissen.

Das Presto im zweiten Satz gelingt ihnen glänzend. Und beim Allegro maestoso vergißt er, daß er geschrieben hat, was er spielt. Der Applaus lupft ihn. Er verbeugt sich. Ruzicka ebenso, der sich nun aber einige Schritte von ihm entfernt hat und ihm applaudiert.

Lang kommt gravitätisch auf ihn zu. Als er anheben will, zu sprechen, hört der Beifall mit einem Schlag auf.

Ich muß dich belobigen, Schubert, sagt er. Das ist eine vortreffliche Probe deines Talents.

Schubert verbeugt sich. Ein heftiges Lachen drückt von innen gegen seine Brust.

Das war ein Triumph, Franzl. Die Brüder drücken ihm die Hand, seine Freude springt über.

Wenn ich's denen nur zeigen kann, sagt Schubert, und nach einer Pause fügt er hinzu: Dann ist mir schon wohler.

Was zeigen? fragt Ferdinand.

Schubert antwortet mit einem wilden Gelächter.

Jetzt endlich kann ich's rauslassen, seufzt er atemlos, was ich vorm Lang nicht durfte.

Ferdinand mustert ihn mißtrauisch von der Seite. Immer wenn es dir ernst sein sollte, Franz, spielst du den Narren.

Adieu! Schubert zieht die Schultern hoch und läuft den Gang entlang.

7.
Für Klavier zu vier Händen

»Für Klavier zu vier Händen« – er beginnt nicht allein, kann und will es nicht. Musizieren schließt nicht aus, es verbündet. Die Stimmen, die er als Kind hörte, sammelte, sich aneignete, hatte er nun gelöst aus ihrer Wirklichkeit, und so fiel es ihm nicht schwer, mit ihnen umzugehen.

Er weiß, daß er sich nur mit der Musik aus seiner Einsamkeit befreien kann. Einsam ist er im Lauschen, im Komponieren. Aus dieser Einsamkeit tritt er, sobald er musiziert. Er musiziert mit anderen und für andere. Das Gespräch, das ihn häufig einschüchtert, weil es ihn nötigt, von sich zu sprechen, zu beurteilen und zu urteilen, verliert im Musizieren seine platte Wörtlichkeit.

»Für Klavier zu vier Händen« – das ist sein Programm. Was er nicht leben kann, wonach er sich sehnt, überträgt er der Musik. Sie ist seine Sprache und nimmt die Sprache der andern auf. Und seien die Verse und Strophen, auf die sie reagiert, noch so dürftig und banal.

Allez, Schubert! Mit Ruzicka fängt er an, mit Ruzicka, der, von Lang gelobt, »auch in diesem unruhigen halben Jahr mit dem oft belobten Eifer fortgefahren ist, den Knaben in den Nebenstunden in den verschiedenen Zweigen der Musik besonders Unterricht zu geben und sich zu vervollkommnen.«

Er fühlt Ruzickas linken Arm.

Dieses »unruhige halbe Jahr«.

Diese ruhige, sacht anhebende Antwort in G-Dur.

Ja, er hatte Angst. Mehr als die anderen Schüler und Lehrer. Doch wieder, wie schon im Himmelpfortgrund und in der Säulengasse, gelang es ihm, sich zwischen die andern zurückzuziehen, machte er sich, indem er bei ihnen blieb, unsichtbar.

Ihm fällt ein, wie Vater Napoleon zum ersten Mal nannte. Wie der General, der auch Buonaparte hieß, zum Konsul wurde, in ein Wort schlüpfte, das ihn formlos und bedrohlich werden ließ. Danach hatte er den Namen des Eroberers in vielen Tonfällen gehört. Bewundernd, verächtlich, voller Ekel, aus ganzer Wut, leis oder geschrien.

Buonaparte.

Napoleon.

Der Konsul.

Der Kaiser.

L'Empereur.

Der Franzose.

So begann es nicht. Oder doch? Hatte sich der Name Napoleon nicht mit dem Wort Frieden verbunden? Mit dem Wort Lunéville, das er nachgesprochen hatte, weil es sehr schön und sehr fremd klang: Lunéville. Vater war aus der Schule nach Hause gekommen und brachte die Botschaft mit: Zwischen unserem Kaiser und den Franzosen ist Frieden geschlossen worden. In Lunéville.

Da war er drei.

Er war vier, als Napoleon sich in den Konsul verwandelte.

Er war sieben, als er erfuhr, daß Napoleon, über den die Erwachsenen nicht nur schimpften, den sie auch verdammten und fürchteten wie den Teufel, Kaiser geworden sei, Kaiser neben dem Kaiser Franz.

Er war acht, als Vater weinte, weil die Franzosen das österreichische Heer in Austerlitz geschlagen hatten und weil Kaiser Franz nicht mehr Kaiser war.

Der Name rückte ständig näher. Und nun steht er, Napoleon, schon lang erwartet, herbeigedacht, -geredet,

-gefürchtet, mit seiner Armee vor Wien, will endlich auftreten – Buonaparte, der Eroberer.

Er horcht, er schaut. Und verblüfft Freunde und Lehrer mit seiner vermeintlichen Gleichgültigkeit. Vielleicht ist er blöd, der Schubert, befindet Holzapfel, der sich nicht erklären kann, wieso Schubert in Momenten größter Gefahr, wenn sich das Bombardement dem Bezirk nähert, vor sich hingrinst oder es sogar wagt, im Musikzimmer weiterzuüben.

Sie täuschen sich. Er täuscht ungewollt sie. Er hat Angst, furchtbare Angst. Doch sie nimmt ihn anders mit, und er reagiert anders auf sie. Die Angst macht ihn hellsichtig, hellhörig. Alle Verzerrungen, die sie hervorruft, erheitern ihn. Er kann gar nicht anders, als lächeln, wenn er Lang in Panik Pirouetten drehen sieht oder Stadler vor Furcht schmatzen hört.

Was wird uns geschehen, Herrgott, was wird mit uns geschehen? fragen die Patres in der Abendvesper.

Es geschieht, was keiner für möglich gehalten hat, was Lehrer und Schüler nun wirklich trifft und berührt: Eine Kanonenkugel schlägt im Konvikt ein, beschädigt eine Mauer, veranstaltet gewaltigen Lärm – und niemandem geschieht das geringste.

Jetzt ist sogar dem Schubert das Lachen vergangen, stellt Holzapfel erleichtert fest.

Sie sind heil davongekommen.

Kaiser Franz hat die Weisung gegeben, daß die Sängerknaben jeglichen Auftritt zu unterlassen hätten, und Lang erweitert den herrscherlichen Beschluß, indem er auch die Orchesterproben untersagt.

Die Stadt erholt sich langsam vom Schrecken. Menschen sind umgekommen. Trümmer müssen zur Seite geräumt werden. Der Eroberer kann mit seiner Truppe einmarschieren, ins Schloß Schönbrunn einziehen und residieren.

Das war genau vor einem Jahr.

Allez, Schubert.

Sie sind beim Allegretto des zweiten Satzes.

Von nun an war Napoleon ihr täglicher Gesprächsstoff. Sie stritten, gerieten aneinander, die einen verfluchten den Empereur, die andern wagten es, ihn zu bewundern, seine Macht, seine Visionen.

Und du, Schubert? Sie fragten ihn, drängten, wollten seine Meinung wissen.

Bist du taub? Regt dich nichts auf? Raubt dir Napoleon nicht die Ruh?

Napoleon hat für ihn eine Geschichte, die er so den Freunden nicht mitteilen kann. Dies ist eine Folge von Wörtern unterschiedlicher Bedeutung, eine Reihe von Bildern in seinem Gedächtnis, eine Kette von Empfindungen, in denen nicht nur Angst und Schrecken eine Rolle spielen, ebenso Lächerlichkeit, Unverständnis. Und ein Zauber, den zu erklären er für unmöglich hält.

»Er bezauberte mich, wie die Schlange den Vogel«, hat Grillparzer geschrieben, und es kann sein, ein paar Konviktisten haben zusammen mit Lang oder einem der Patres an einer der prunkvollen Zurschaustellungen des Kaisers teilgenommen, und Schubert hätte sich nicht anders erinnert als sein späterer Freund:

»Mit dem Haß im Herzen und zu aller Zeit kein Liebhaber von militärischem Schaugepränge (. . .) sehe ich ihn die Freitreppe des Schönbrunner Schlosses mehr herablaufen als gehen, die beiden Kronprinzen von Baiern und Württemberg als Adjutanten hinter sich, und nun mit auf dem

47

Rücken gefalteten Händen eisern dastehen, seine vorüber-
ziehenden Gewalthaufen mit den unbewegten Blicken des
Meisters überschauend . . .«

Napoleon.

Buonaparte.

Der Konsul.

Der Kaiser.

L'Empereur.

Der Franzose.

Er nimmt nicht nur Paraden ab, erläßt nicht nur Dekrete, er
requiriert auch, quartiert Soldaten ein, die Frauen drang-
salieren, Männer verhöhnen, die zerstören und plündern.

Von Ignaz erfährt Schubert, daß den Eltern und Geschwistern nichts zugestoßen sei.

Sie bekommen weniger zu essen. Um so häufiger beschwört Lang die Weisheit und Klugheit der österreichischen Majestät, womit er recht behält. Im Oktober wird
der Frieden von Wien geschlossen.

Kaiser Franz gibt Galizien, Fiume, Krain und Triest ab, und
im April heiratet Buonaparte in die kaiserliche Familie ein,
nimmt die Erzherzogin Marie-Louise mit nach Paris.

Wien ist frei. Der Hunger wächst. Das Geld ist überhaupt
nichts mehr wert.

Der Schubert ist blöd. Er lacht, wenn wir uns ängstigen.

Im Mai, ein Jahr nach dem Einzug Napoleons in Wien,
bittet er die Lehrer, die Mitschüler und Freunde zu seinem
Konzert.

Mit Ruzicka spielt er seine Fantasie in G-Dur.

Was ihm durch den Kopf ging, während er komponierte,
könnten sie alle gemeinsam erinnern:

Der Abmarsch der napoleonischen Truppen;

die Erleichterung, der gedämpfte Jubel;

die Nachricht vom Tod Haydns – wie sie sich danach im Orchester trafen und die G-Dur-Sinfonie spielten, die mit dem Paukenschlag, wie er die ganze Nacht nicht aufhören konnte zu weinen;

wie ihnen von Rittmannsberger im Geschichtsunterricht mitgeteilt wurde, daß in Mantua Andreas Hofer erschossen worden sei.

Allez, Schubert!

Auf das Allegro maestoso hat er gewartet. Es ist schon wieder eine Weile her, daß er es aufschrieb. Er sieht Ruzickas Hände neben den seinen. Sie spielen, was er hörte. Er ist nicht allein.

Ruzicka pocht den Takt mit dem Absatz.

Jaja. Er weiß Bescheid.

»Für Klavier zu vier Händen« – das ist sein Programm. Er kann nicht aus sich heraus und ist beim Musizieren dennoch außer sich. So, daß er sich teilt und bei sich bleiben kann.

Allez, Schubert.

Ruzicka rennt ihm im Finale um eine Spur voraus.

Jetzt möchte er innehalten.

»Für Klavier zu vier Händen«: Ganz spät, im April 1828, wird er – »Es rollen die immer kreisenden Jahre/ hinunter, hinunter, du hältst sie nicht« – eine Fantasie für Klavier zu vier Händen komponieren, in f-moll, und sie Mademoiselle la Comtesse Caroline Esterházy de Galántha widmen, eine Erinnerung, die er noch nicht hat, der Bub, der neben seinem Lehrer am Klavier sitzt.

Bravo, Schubert!

Das erste Stück. Irgendwann wird einer, den Grund behält er für sich, sei es Ferdinand, sei es sein Halbbruder Andreas dieses Stück »Leichenphantasie« nennen, »für Klavier zu vier Händen«.

49

8.
Die Stimme

Nicht alle, die ihn kannten, erzählen im nachhinein. Einige haben für sich behalten, was sie von ihm wußten, andere wurden erst gefragt, als sie sich nur noch undeutlich erinnerten. Sicher wurde umerzählt, ins rechte Licht gerückt, wurde wohl auch dreist erfunden.

Ich mache mir ein Bild aus Bildern.
Die Zahl seiner Briefe ist nicht groß. Manche sind nur in Bruchstücken erhalten.
Aber ich kann ihn hören.
Sobald ich ihn höre, sehe ich ihn auch. Nicht als fest umrissene Gestalt, als Person, ich sehe ihn in seinem Wesen, in seinen Bewegungen, spüre, wie er sich klein macht oder groß, wie er heiß wird von Konzentration und sich in der Arbeit vergißt.
Es sind Bewegungen, die in der Musik deutlich werden. In Rhythmen, Motiven, Themen. In oft winzigen Veränderungen. Je länger ich seine Musik höre, um so körperlicher kommt sie mir vor.
Wenn ich ihn höre, sehe ich ihn. So, als kennte ich ihn aus meiner Kindheit. Er ist einer von den sehr Kleinen. Noch fällt er nicht auf. Merkwürdigerweise gewöhnt man sich rasch an seinen winzigen Wuchs. Ich weiß, er wird nicht mehr viel wachsen. Am Ende wird er kaum über ein Meter fünfzig groß sein.
Die Stimme, die ich höre, seine Kinderstimme, singt immer. Selbst wenn sie spricht. Sie bindet in meinem Gedächtnis die Sätze an Melodien.
Ständig überkommt mich der Wunsch, das Kind an der

Hand zu nehmen, über die Jahre hinwegzureißen, dorthin, wo ich den Dreißigjährigen weiß mit seiner Musik.

Sie haben am späten Nachmittag unter dem Geschrei und Diktat Philipp Korners a cappella geprobt, wobei es Schubert verdroß, von Korner geschont und für seinen Gesang gelobt zu werden. In seinen Gedanken war er bei einer anderen Musik. Mit einem Mal, wie aus den Kulissen gerufen, stand Spaun in der Saaltür. Viel älter, als er ihn in Erinnerung hatte, viel gesetzter, das erschreckte ihn. Seine Freude hob die unvermutete Distanz aber auf.

Soll er aus der Reihe springen, Korners Zorn auf sich ziehen, durch den Saal rennen, Spaun grüßen? Soll er warten, bis Spaun sich bemerkbar macht? Sie warten beide. Spaun hört ihnen zu. Kaum hat Korner abgewinkt, ist er bei dem älteren Freund.

Er werde sich für diesen Abend frei nehmen. Spaun winkt lächelnd ab. Das habe er schon besorgt. Lang habe das selbstverständlich gestattet. Er spielt den Herrn und drückt das Kinn auf den Kragen.

Erst etwas laufen, bittet Schubert. Ich kann Ihnen gar nicht sagen, wie unruhig ich bin, Spaun.

Erklären könnte er diese Unruhe nicht, doch vorspielen auf dem Klavier. Und dann würde es sich herausstellen, daß es gar keine Unruhe ist, sondern eine wandersüchtige Melancholie. Etwas, das fortwährend in ihm aufspringt und nicht weiß, wohin. Wie ein Gedanke ohne Wörter.

Haben Sie Ihr altes Geld schon eingetauscht?

Sie hüpfen im gleichen Schritt die beiden Treppen im vorderen Schulhaus hinunter.

Wie kommen Sie darauf, Schubert?

Alle reden übers Geld, über die neue Währung. Die Lehrer, die Patres. Gestern ist Ferdinand auf einen Sprung vorbeigekommen und hat erzählt, wie der Vater mit der Geldumstellung einen neuen Grund hat, zornig zu sein und die Mutter zu plagen.

Kommen Sie, Schubert.

Als er an einem der letzten Wochenenden die Familie besuchte, das Haus in der Säulengasse, sich aufwärmen, von seinen Erfolgen im Orchester und im Chor berichten wollte, hatte ihn der Vater mit Vorwürfen überfallen. Er wisse, daß er sich mit unnötigen musikalischen Phantastereien ablenke, sich womöglich aufs Komponieren verlegen wolle, anstatt ernsthaft zu studieren für den Lehrer.

Er hat das gar nicht abzuwiegeln versucht, es Ferdinand überlassen, das alte Quartett zusammenzurufen, worauf der Vater nachgab, das Cello jedoch miserabel spielte.

Spaun gibt ein anderes Stichwort: Buonaparte.

Darauf geht Schubert nicht ein. Der ist fort, steckt in einer anderen Geschichte. Wissen Sie, Spaun, manchmal friert mich grundlos. Obwohl es warm um mich ist, wird mir kalt.

Und im Augenblick, Schubert?

Er schaut zu Spaun hoch: Im Moment ist es gräßlich kalt um mich herum. Und mir wird immer wärmer. Als wolle er diese Auskunft kontrollieren, legt Spaun seine Hand an Schuberts Wange.

Wenn's nach mir ginge, sollten wir einkehren, wenigstens für eine halbe Stunde.

Schubert läßt sich dazu nicht überreden. Sie wissen, es ist uns Chorknaben verboten.

Sogar in den Gassen um den Dom wird mit Licht gespart. Die Märznacht drückt schwer und schwarz zwischen die Häuser. Da Spaun offenbar genügend sieht und im Schritt

sicher bleibt, umfaßt Schubert seinen Arm. Als ein Nacht-
schwärmer würde ich nicht taugen.

Da bin ich mir nicht sicher, widerspricht Spaun.

Worauf Schubert ins Gnomische schrumpft, und, um folgen
zu können, am Arm des Freundes zu hüpfen beginnt. Wollen
sie mich sehen, wie Sie mich noch nicht kennen, Spaun?
Wie?

Kehren Sie mir den Rücken zu, ich bitte Sie.

Hier, an dieser Stelle, zu der ich die beiden geschickt habe,
vielleicht in der Dorotheergasse, am Graben oder auf der
Wollzeile, auf jeden Fall an einer Ecke, wo das Licht einer
Laterne einen Kegel aus der Nacht schneidet, kann ich
meine Frage, wann der Junge zum ersten Mal eine Brille
trug, erzählend beantworten, ganz nebenbei und doch genügend hervorgehoben.

Der Bub nestelt an seinem Kittel, zieht ein Etui hervor, öffnet es vorsichtig, nimmt eine Brille heraus und setzt sie
auf. Es ist die Brille, die wir kennen. Diese eine Brille, etwas zu klein, mit ovalen Gläsern und den durch ein ausho-
lendes Scharnier abstehenden Bügel. Hier kann ich ihm
die Brille aufsetzen und Spaun den sein lassen, der ihn
zum ersten Mal mit Brille sieht.

Drehen Sie sich bitte um! Spaun zögert, spielt mit der
Erwartung des Jungen, der sein Gesicht ins Licht hält.

Lassen Sie sich nicht bitten. Ich bin doch gespannter
als Sie.

Spaun dreht sich auf dem Absatz und sieht das runde Kindergesicht vor sich wie auf einem Bild. Es ist jenes Bild, das
sich zwar über die Jahre wandelt und doch einen Kern hat –
dieses erwartungsvolle, verwundbare Kindergesicht, das
sich ins Licht reckt, mit zwinkernden Augen hinter den
dicken Gläsern.

Schubert zieht eine Grimasse. Die Brille verrutscht ein wenig. In einer Anwandlung von Scham und Liebe nimmt Spaun Schuberts Kopf zwischen die Hände, hält ihn fest und sagt leise: Es hat Ihnen immer etwas gefehlt. Das ist wahr. Nun merke ich's. Nun sind Sie mein Schubert.
Lügen Sie mich an, um mich nicht zu beschämen?
Nein, glauben Sie mir.
Schubert zieht sein Gesicht aus Spauns Händen und läuft weg.
Es ist Zeit, ich muß ins Konvikt. Wenn Sie mögen, kommen Sie doch morgen abend, ich habe eine Überraschung für Sie.
Spauns Lachen wird von den Häuserwänden zurückgeworfen und springt dem Buben nach.
Lassen Sie es erst einmal mit Überraschungen genug sein, Schubert!

Spaun kommt nicht gleich am nächsten Tag. Er muß sich bei der Hofkammer zurückmelden für den zukünftigen Dienst, seine Wohnung einräumen.
Schubert ist es angenehm, daß er säumig ist. Er braucht mehr Zeit, als er anfänglich für seine Komposition geplant hatte.
Er trieb Noten vor sich her, die ein anderer geschrieben hatte, erkundete ihren Eigensinn in den Tonarten, setzte sie um, setzte sie neu. Seit längerem beschäftigte er sich mit Zumsteegs »Hagars Klage in der Wüste Bersaba«, einem jener traurigen Gesänge, die ihn nicht losließen, von denen er wußte, daß er sie fortführen könnte.
Er mußte in c-moll beginnen.
»Hier am Hügel heißen Sandes, / In der menschenleeren Wüste / Sitze ich.«

Alles müßte deutlicher werden als bei Zumsteeg. Müßte mehr gesungen sein. Wie Gott Hagar die Augen öffnet und sie in der Öde einen Brunnen sieht. Wasser für den kleinen Sohn, der zu verdursten droht.

Aber das kommt in dem Gedicht nicht mehr vor. Es endet mit Hagars Bitte: »Gott, sein Herr, verschmäh' das Flehen / Des unschuldgen Knaben nicht!«

Erst beim dritten Versuch gelingt es ihm. Nur hier und da schlägt die Vorlage noch durch, vernimmt er sie wie ein in der Ferne sich verwischendes Echo.

Schubert, erinnert sich Spaun viel später, habe damals bereits eine Menge komponiert, eine Sonate, eine Fantasie, eine kleine Oper.

Es kann sein, daß Schubert davon nur erzählt, es jedoch nicht niedergeschrieben hatte.

Auf alle Fälle bittet er Spaun, und nur ihn, zu einem abendlichen Konzert.

Er mutiert noch nicht, denkt Spaun, als der Junge mit klarem Sopran zu singen beginnt. Und so kindlich schien ihm Schubert noch nie.

Er wird immer, auch nach dem Stimmbruch, eine hohe Stimme haben. Alle Lieder, die er schreibt, hört er zuerst mit seiner Stimme.

Hoch und klar, beinahe ohne Vibrato.

Er springt, Hagars Klage singend, von einer Tonart in die andere, und erst zum Schluß findet er zurück zu c-moll.

Haben Sie Zumsteegs Komposition im Gedächtnis? fragt er. Ohne auf Spauns Antwort zu warten, fängt er an, sie anzudeuten, lauter hüpfende Echos, und Spaun erkennt, wie weit sich Schubert von der Vorlage entfernt hat. Es ist nicht mehr der Sängerknabe, den Spaun vor sich auf dem Klavierschemel sieht, es ist ein Abgesandter Prosperos.

Schubert springt auf, wedelt mit den Notenblättern: Ich schenke sie Ihnen, Herr von Spaun. Wissen Sie noch, wie ich Sie seinerzeit fragte, wer das komponiert haben könnte? Heute bin ich schon viel weiter. Morgen werde ich noch besser sein.

Er legt die Hand vor die Augen, eine Geste, die Spaun in ihrer Hilflosigkeit und Müdigkeit rührt.

Fehlt Ihnen etwas, Schubert?

Schubert spreizt die Finger und schaut durch sie hindurch. Nein. Doch. Können Sie mir Notenpapier besorgen? Es fehlt mir sehr. Ich wäre Ihnen dankbar.

»Ich versah ihn dann heimlich riesweise mit Notenpapier«, erinnerte sich Spaun, »das er in unglaublicher Menge verbrauchte. Er komponierte außerordentlich schnell, und die Zeit der Studien verwendete er unablässig zum Komponieren, wobei die Schule allerdings zu kurz kam.«

Lang hatte Spaun gemahnt, er solle seinem jungen Freund nahelegen, sich mehr der Wissenschaft zu widmen.

Ob ihm das gelingen werde, bezweifelte Spaun. So besessen wie der Franz sei.

Den Vater habe er ebenso auf diese Nachlässigkeit aufmerksam gemacht, erzählt Lang. Der habe dem Buben, soviel er wisse, ordentlich die Leviten gelesen und ihm sogar das Komponieren verboten.

Spaun spricht Schubert darauf an. Der imitiert seinen Vater im Zorn: Ja, der Herr Vatter, der Violinist, dem die Musik ein Schnurz ist, der Herr Vatter, der mir die Musik aus dem Kopf prügeln möchte. Aber ich habe schon ein paar Menuette dagegen gesetzt, göll? Er drückt mit dem Zeigefinger den Brillenbügel fest gegen die Nase und geht mit kurzen Schritten neben Spaun her: Der Herr Vatter, der Herr Vatter!

Seither hat er das Haus in der Säulengasse nicht mehr besucht. Ignaz und Ferdinand schauen gelegentlich im Konvikt vorbei, selten genug. Sie bittet er, die Mutter von Herzen zu grüßen. Er liebe sie sehr, und sie möge ihm seine Musik nicht vorwerfen. Die Menuette gibt er, da sie rundum gerühmt werden, von Ruzicka und von Doktor Anton Schmidt, der noch zusammen mit Mozart Quartett gespielt hat, allen weiter, die sich für sie interessieren, und die Noten gehen verloren, verschwinden unter der Hand.

Alterieren Sie sich wegen dieser Bagatellen doch nicht, Spaun. Es wird mir noch viel einfallen.

Manchmal redet er lächerlich altklug. Von Zuhause bekommt er nun doch eine Zuwendung, die eher demütigt als stützt. Seit das neue Geld im Umlauf sei, müsse er noch mehr sparen als zuvor, läßt ihn der Vater wissen. Er macht sich zuerst einen Spaß daraus: Ich komme mit nichts aus, rühmt er sich bei den Freunden. Und er prahlt dabei nicht. Er hält durch, obwohl er nachts öfter von einer üblen Mischung aus Hunger und Heimweh erfaßt wird.

Erst im November 1812 entschließt er sich, Ferdinand zu schreiben, nicht zu betteln, sondern ihn brüderlich um eine kleine Hilfe zu bitten. Es ist der erste Brief, der von ihm erhalten blieb, und gleich einer, den ihm die Not diktiert. Dennoch schreibt er ihn mit einer leichten Hand:

»Gleich heraus damit, was mir am Herzen liegt, und so komme ich eher zu meinem Zwecke, und Du wirst nicht durch liebe Umschweife lang aufgehalten. Schon lange habe ich über meine Lage nachgedacht und gefunden, daß sie im Ganzen genommen zwar gut sei, aber doch noch hie und da verbessert werden könnte; Du weißt aus Erfahrung, daß man doch manchmal eine Semmel und ein paar Aepfel essen möchte, um so mehr, wenn man nach einem mittelmäßigen Mittagsmahle, nach 8 1/2 Stunden erst ein armseliges Nachtmahl erwarten darf. Dieser schon oft sich aufgedrungene Wunsch stellt sich nun immer mehr ein, und ich mußte nolens volens endlich eine Abänderung treffen. Die paar Groschen, die ich vom Herrn Vater bekomme, sind in den ersten Tagen beim Teufel, was soll ich dann die übrige Zeit thun? Die auf dich hoffen, werden nicht zu Schanden werden. Matthäus Cap. 3, V. 4.

So dachte auch ich. – Was wär's denn auch, wenn Du mir monatlich ein paar Kreuzer zukommen ließest. Du würdest es nicht einmal spüren, indem ich mich in meiner Clause für glücklich hielte, und zufrieden sein würde. Wie gesagt, ich stütze mich auf die Worte des Apostels Matthäus, der da spricht: Wer zwei Röcke hat, der gebe einen den Armen etc. Indessen wünsche ich, daß Du der Stimme Gehör geben mögest, die Dir unaufhörlich zuruft,

Deines
Dich liebenden armen, hoffenden
und nochmal armen Bruders
Franz zu erinnern.«

Er spielt, spielt mit sich, dem Bruder, seiner Armut, seiner Wut, seiner Furcht. Auch mit den Bibelzitaten, denn nicht Matthäus gab die Weisung, einen von zwei Röcken zu verschenken, sondern Lukas. Und er wird in seinem Spiel auf geradezu wunderbare Weise bestätigt. Salieri, der Kompositeur des Kaisers, läßt ihn zu sich bitten.

Vielleicht hat er es erwartet. Ruzicka hat ihn vorbereitet: Seine Exzellenz halten große Stücke auf dein Talent.

Da steht er vor ihm, neben ihm, verbeugt sich, hört den Maestro reden, versteht kein Wort, wird aufgefordert, ans

Klavier zu gehen, zu spielen, zu singen. Er ist nah daran zu mutieren, Schubert. Ist Ihm das klar?

Daran denkt er öfter, nicht ohne Angst, denn er stellt sich, obwohl er weiß, worum es geht, unter dem Wort eine Verwandlung vor, daß er seine Stimme verliere oder eines Morgens mit einem gräßlichen Baß aufwache.

Er singt freilich noch sehr prägnant.

Prägnant, findet der Maestro.

Er habe – und während Salieri spricht, umkreist er in ausholenden Schritten Schubert und das Klavier –, er habe zufällig von seinen Kompositionsübungen Kenntnis erhalten.

Es trifft wohl zu, daß er mit Lust Noten schreibe.

Ja, Eure Exzellenz. Er wundert sich, wie mühelos er sich mit dem großen Salieri unterhalten kann. Ja, Eure Exzellenz.

Würde er bei mir Kontrapunkt lernen wollen?

Der Bub springt auf, nimmt wieder Platz, springt erneut auf. Salieri lacht, klatscht in die Hände, ruft einen Domestiken. Das Kind freut sich, sagt der Maestro mehr zu sich. Der Bub hat eine Freude.

Schubert küßt Salieri die Hand, verbeugt sich mehrfach, zieht sich zurück, kann kaum an sich halten, springt, sobald die Tür hinter ihm zugezogen ist, den langen Korridor wie ein Ziegenbock entlang, ein losgelassener Konviktist.

Wenn das der Vater wüßte, schießt es ihm durch den Kopf. Der Herr Vatter.

9.
Moment musical III
(Schnell)

Den Herrn Vatter, den er seit Wochen nicht mehr sehen, nicht mehr besuchen will, hat er dann doch, auf dessen Verlangen, besucht, an einem Sonntag, nach der Messe, in der Lichtentaler Kirche, nach einem Grüß Gott beim Holzer, der sich freute, ihn wiederzusehen, was den Herrn Vatter jedoch aufbrachte, da Holzer ihn nach seinen Fortschritten in Komposition fragte und ob Salieri sich seiner auch wirklich angenommen hätte, und er mit seinem Stolz nicht zurückhielt, worauf der Herr Vatter ihn vor sich herstieß, aus der Kirche hinaus, in der er, es war noch nicht lange her, zur Freude des Herrn Vatter gesungen und die Bratsche gespielt hatte, aber nun war es allzulang her, denn der Herr Vatter sorgte sich bereits über die nächste Zukunft, in der er, sein Sohn, daran solle er nie aufhören zu denken, in seine Fußstapfen treten solle, Franzl, ich meine es ernst, das kannst du mir nicht antun, mich im Stich zu lassen, nicht wenigstens zuerst auf meine Schule zu kommen als Gehilfe, danach solltest du unbedingt studieren, also solltest du dich mühen müssen, auf dem Konvikt ein Stipendium zu erhalten, denn ewig wirst du mit deinem Sopran bei den Sängerknaben nicht glänzen können, du mußt erwarten, demnächst zu mutieren, womit der Herr Vatter ihn aufs gräßlichste verwandelt in eine krächzende Larve, in ein brummendes Lehrertier, das allenfalls die Kinder singen läßt und mit Ekel ein Klavier traktiert, nein, das doch nicht, Herr Vatter, will er antworten, unterläßt es fürs erste aber, begleitet den Herrn Vatter nach Hause, um die Mutter zu sehen, die Brüder, vor allem den Jüngsten, der ihn nie auf dem

Konvikt besucht, nur hat der Herr Vatter die ganze Familie auf famose Weise stillgelegt, so daß sie sich nicht rührt, nicht zeigt, niemand, selbst die Tante nicht, und der Herr Vatter, um seiner Rede Gewicht zu verleihen, ihn auch in seine Schulstube führt, er sich – geh schon, Franzl! – in die erste Bank setzen muß, den Herrn Vatter vor sich, seinen Zuchtmeister, seinen Lehrmeister, und von ihm zu hören bekommt, wie er, du weißt es doch, du weißt es doch, vor einem halben Leben seinem seligen Bruder Karl nach Wien gefolgt war, nachdem er in Brünn schon als Schulgehilfe seine Meriten verdient hatte, wie er sich hatte durchsetzen müssen gegen Widerstände aller Art, gegen Unverstand und Roheit, obrigkeitliche Pressionen und Armut, wie die Familie größer wurde und seine liebe Frau, deine Mutter, Franzl, mehr und mehr zu leiden begann, wie er es endlich so weit gebracht hatte, ein eigenes Haus zu erstehen und sich verschulden mußte, wie er nicht zuletzt auf ihn gesetzt hatte, auf den Franz, auf seinen Fleiß, der der Familie zustatten kommen könnte, wäre er nicht ein solcher Falott und widmete sich einer brotlosen Kunst, aber seine Exzellenz, der Hofkomponist Salieri, fällt er dem Herrn Vatter endlich ins Wort und rutscht auf der Bank von Rand zu Rand, aber Maestro Salieri will mich fördern, ausdrücklich, Herr Vatter, er lehrt mich den Kontrapunkt, bringt mir das Komponieren bei, Herr Vatter, und er ist ein berühmter Lehrer, weltberühmt, ein verdammter Italiener, verbessert ihn der Herr Vatter, womit er vielleicht sogar recht hat, falls er an Mozart denkt, an Haydn und mehr noch an Beethoven, der das Libretto für seinen Fidelio deutsch schreiben ließ, das alles nimmt den Herrn Vatter nicht für ihn ein, im Gegenteil, der verlangt, daß er aufstehe, neben die Bank trete, und er fragt ihn, ein letztes Mal frage ich dich, betont er, fragt ihn, ob er bei dieser verstockten Haltung bleibe, und er gar nicht anders kann, als es zu versichern, gewiß, Herr Vatter, ich muß komponieren, ich will es, es ist wahr, und auch Herr Ruzicka hilft mir dabei, es ist mir gleich, schreit der Herr Vatter, du vergißt uns, du vergißt unsere Aufmerksamkeit, unsere Liebe, unsere Güte, du wirst uns gänzlich vergessen müssen, Franzl, sag ich, und er reißt ihm mit der linken Hand die Brille von der Nase, während er mit der rechten ausholt und ihm gegen Backe und Schläfe schlägt, mit einer flachen, harten, prügelerprobten Hand, dir werde ich beibringen, deinem Vatter zu gehorchen, worauf sich Franz duckt, klein und rund wird, seinen Kummer spürt wie eine Einschnürung des Körpers, ich will Sie nicht verdrießen, Herr Vatter, gewiß nicht, nur lassen Sie mich komponieren, und ich werde mir Mühe geben an der Schule, will fleißig sein, Herr Vatter, der stößt ihn jedoch von sich, und Franz riecht, wie in einem letzten abschiednehmenden Atemzug plötzlich das ganze Haus, den Dunst, den die Kinderkleider hinterließen, die Schwaden aus der Küche im ersten Stock, den Gestank aus dem Ausguß im kleinen Hof, die Wäscheseife, er atmet tief ein, riecht, was er gewesen war, woraus ihn der Herr Vatter nun stößt, aus der Kindheit, aus seinem Zuhause, wie es der Herr Vatter zu nennen beliebt, was aber auch Kindheit gewesen ist, der Unterschlupf bei der Mutter, das Nest in ihren Kleidern, ihre Hände auf seinem Kopf, sing für mich, Franzl, du singst so schön, bloß einen weiteren Atemzug gestattet der Herr Vatter ihm nicht mehr, er sagt, ich werde fürs Nötigste sorgen, damit mir niemand übel nachreden kann, nur denke ich nicht daran, dir sonst noch Aufmerksamkeit zu schenken oder gar väterliche Liebe, womit der Herr Vatter, findet der Bub, auch früher schon gespart hat, als er noch nicht komponierte, adieu, Herr Vatter, und empfehlen Sie mich sehr der lieben Frau Mutter, das sagt er gegen die Tür, die er aufdrückt, ohne sich umzuschauen, er springt auf die Straße, in den schmutzigen Schnee, und er glaubt den Herrn Vatter hinter sich reden zu hören, voller Wut über den fliehenden ungeratenen Sohn, den Franzl –

10.
Salieris Schüler

»Schubert war 15 Jahre alt und hatte schon vieles komponiert, ohne je eine Oper gehört zu haben«, erinnert sich Spaun und läßt Schubert älter sein, als er tatsächlich beim ersten Opernbesuch gewesen ist. Mich verblüffen diese Irritationen nicht mehr. In Spauns Gedächtnis hat er schon jene Alterslosigkeit erreicht, die für ihn kennzeichnend ist. Das alte Kind. Ob er schon so viel komponiert hatte, fragt sich, selbst wenn Spaun die verloren gegangenen Menuette dazuzählt.

Wann hat ihn Spaun ins Kärntnertor-Theater, in die Hofoper, eingeladen? Auf die fünfte Galerie, wo sie eine Oper von Josef Weigl hören, entweder im Juli 1811 »Die Schweizer-Familie« oder im Dezember 1810 »Das Waisenhaus«. Wahrscheinlich doch im Sommer 1811, denn Spaun kehrt erst im März 1811 nach Wien zurück.

Er muß Schubert die Bedeutung Weigls nicht erklären. Weigl dirigiert seit langem schon an der Hofoper, und jedes seiner Werke hat dort auch Premiere. Schubert durfte sogar, begleitet von Ruzicka, vorher einen Blick ins Opernhaus werfen, an einem Nachmittag, als nicht geprobt und für die abendliche Vorstellung noch keine Vorbereitungen getroffen wurden. Sie traten in ein leuchtendes, glitzerndes Gehäuse, das darauf wartete, von Menschen angewärmt, von Stimmen zum Tönen gebracht zu werden.

Da eine Oper von mir, hatte er geflüstert. Und der alte Ruzicka war ihm beinahe grob mit der Hand durchs Haar gefahren. Warum nicht, Schubert, du kannst es, du wirst es können. Daß er das Futur gebrauchte, verlieh dem Ausruf die Kraft einer Beschwörung.

Nun brummt die weißgoldene Muschel von Menschenstimmen. Die Lichter hüpfen. Er und Spaun sind drauf und dran, mit der ganzen fünften Galerie hoch über allen wegzufahren, angezogen von Ereignissen, die hinterm Vorhang darauf warten, wachgerufen zu werden von dem Dirigenten und seinem Orchester.

Er sieht Weigl als einen alten Mann. Das ist er nicht. Er ist eben vierundvierzig geworden und befindet sich auf der Höhe seines vom Kaiser und von Salieri protegierten Ruhms.

Sie haben Plätze gefunden direkt an der Brüstung. Schubert drückt sich gegen sie, als könne er sie aus ihrer Verankerung lösen und den Balkon zum Fliegen bringen.

Spaun betrachtet ihn von der Seite, so, wie ich den Jungen in diesem Augenblick beobachten möchte, in seiner Erwartung, in seinem Eifer, doch auch den winzigen Anflug von Hochmut, von Vorwissen: Ich kenne ein paar Ouvertüren von Weigl. Ich habe selber schon eine geschrieben. Insgeheim erlaubt er sich sogar zu denken: Sie ist ebenso gut wie die von ihm. Und lauthals erklärt er Spaun wie ein Lausbub, der sich über familiäre Zusammenhänge belustigt: Ich bin wie der Weigl ein Schüler von Maestro Salieri.

Nicht nur auf das Titelblatt seiner Zauberoper »Des Teufels Luftschloß«, die er ein Jahr nach dem ersten Besuch im Kärntnertor-Theater komponierte, setzt er »von Franz Schubert, Schüler des Herrn Salieri, Erster k.k. Hofkapellmeister« – er wird das mehrfach wiederholen.

Ich sehe ihn, wie Spaun ihn sieht, gespannt, unruhig und zugleich winzig in seiner Konviktistenuniform, den Dreispitz vor sich auf der Brüstung, alles, was vor und auf der Bühne geschieht, wie in einem Rausch aufnehmend.

Wie danke ich es Ihnen, daß Sie mich mitgenommen haben, Spaun, sagt er.

Als Spaun ihn in der Pause nach seiner Meinung über Weigls Oper fragt, antwortet er, als sei er es gewöhnt, in Foyers zu flanieren und über das eben Gehörte zu urteilen: Weigls Musik gefällt mir. Sie ist volkstümlich und doch auch erhaben. Es muß ein Glück sein, mit Musik die Bühne zu beleben, Menschen durch Gesang zu verwandeln.

(*Ritardando*. Ich begleite ihn, aber ich kann die Oper, die er als seine erste hörte, nicht mit ihm hören. Nirgendwo wird sie mehr aufgeführt. Er hört anders als ich, schon wissend und lernend. Er hält, wobei ich vermutlich nicht seiner Meinung wäre, Weigls Musik für anregend und gelungen und beweist damit, daß sogar er, ganz eigen gestimmt, seiner Zeit hörig ist, verwickelt in ästhetische Übereinkünfte. Aber er zählt sich eben wie Weigl zu den Eingeweihten, »zu den Schülern Salieris«. Er wird ihn kennenlernen, wenn der Maestro das fünfzigjährige Jubiläum seiner Ankunft in Wien feiern wird. Noch immer spricht Salieri nur gebrochen deutsch. Noch immer besteht er auf »italienischer« Musik, noch immer hält er die Lieder Zumsteegs und anderer für plump. Schubert wird ihm, gemeinsam mit den ungleich älteren Adepten, wie Beethoven, Weigl, Moscheles oder Hüttenbrenner huldigen, wird ein Terzett für Männerstimmen mit Klavierbegleitung komponieren, dazu einen Text schreiben, der Wort für Wort in die Knie geht, kindlich seine Ergebenheit ausspricht, ich weiß, daß der inzwischen Neunzehnjährige gar nicht anders kann, vom Geist der Zeit und der Ungunst seiner Lage bestimmt und gekrümmt wird.

Schon sitzt er am Klavier. Drei Sänger haben sich aufgestellt. Sie geben Franz Schuberts »Beytrag zur fünfzigjährigen Jubelfeyer des Herrn von Salieri, Erstem k. k. Hofkapellmeister in Wien« zum besten: »Gütigster, Bester!/ Weisester, Größter!/ So lang ich Thränen habe,/ Und an der Kunst mich labe,/ Sei beides Dir geweiht,/ Der beides mir verleiht.// So Güt' als Weisheit strömen mild/ Von Dir, o Gottes Ebenbild,/ Engel bist Du mir auf Erden,/ Gern möcht ich Dir dankbar werden.// Unser aller Großpapa/ Bleibe noch recht lange da!«

Für die beiden letzten Zeilen, den lächerlich plärrenden Kinderwunsch, hat er sich einen Kanon mit Coda ausgedacht, der die Verse vergessen macht, und ich weiß, daß niemandem in der fachkundigen Zuhörerschaft zum Lachen war, daß sie alle andächtig und bis zu den Tränen gerührt zuhörten, und Schubert an seinem eigenen Text vorgeführt hat, daß sogar das Nichtswürdige seine musikalische Phantasie zu entzünden vermochte – aber jetzt lauscht er noch im Opernhaus Weigls Musik, und bis zu Salieris pompös choreographiertem Fest vergehen noch fünf Jahre. Es kann sein, daß er sich noch während der Aufführung vornahm, dieses tönende Haus mit einer eigenen Oper zu erobern, aber Mozart kennenzulernen, Figaro oder Giovanni, stand ihm erst bevor.)

Auf dem Heimweg summt, redet er durcheinander. Spaun mahnt ihn unvermittelt, sich in der Schule anzustrengen, vor allem in Mathematik.

Ich versuch's ja.

Seien Sie mir nicht gram, daß ich derart insistiere. Ich wünsche mir nur Frieden zwischen Ihrem Vater und Ihnen.

Ja, ja.

Er nickt, drückt die Brille gegen die Nase, zieht sich die Kappe in die Stirn. Er macht einen Wechselschritt. Er kichert.

Sie nehmen meine Mahnung nicht ernst.

Doch, doch.

Spaun täuscht sich. Schubert ist es bitter ernst zumute, nur weiß er nicht, wie er die Auseinandersetzung mit dem Vater beenden kann, ohne nachzugeben. Das kann er nicht. Wenn er sich nicht zu helfen weiß, wenn er in der Klemme sitzt, wird ihm wie jetzt in seiner Verzweiflung kasperig zumute.

Sie wissen, daß Lang mich gebeten hat, mit Ihnen zu sprechen.

Ja, ja.

Beide haben sie keine Ahnung, daß Lang nur als Konviktdirektor mahnt. Denn was Graf Kuefstein, zuständig für die Sängerknaben, an ihn, den »hochwürdigen Herrn, den hochzuverehrenden Herrn Regierungsrat«, über den Sänger, Musiker und Schüler Ruzickas und Salieris schrieb, verschweigt Lang tunlichst: »Dem Franz Schubert (. . .) die besondere Zufriedenheit über seine in allen Rubriken ausgezeichneten Fortschritten zu bezeigen . . .«

Mir ist nicht zu helfen, Spaun. Ich muß Sie betrüben.

Sie betrüben nicht mich, liebster Schubert, sondern ihren Herrn Vater.

Könnte das nicht auch umgekehrt gehen? fragt Schubert mit einer ins Falsett hüpfenden Stimme.

Sie gehen still nebeneinander, bis sie sich vor dem Konvikttor verabschieden.

Am späten Nachmittag finden Sie mich meistens im Musikzimmer, Spaun. Kommen Sie, wenn Sie Zeit haben. Ich bitte Sie.

Spaun versichert es dem Buben, der sich abrupt abwendet, Stufe für Stufe stockend hinaufgeht wie ein vermummter Greis.

Adieu, lieber Freund, ruft Spaun ihm nach. Schubert erwidert seinen Gruß nicht.

Er hört, was er eben noch im Kärntnertor-Theater hörte, versucht, bereits zu antworten, und gleichzeitig droht ihn die Ratlosigkeit über den Zwist mit dem Vater zu lähmen.

Ferdinand kommt vorbei und erzählt, der Mutter gehe es schlecht. Sie könne vorerst für seine Wäsche nicht sorgen.

Das bringt ihm den Vorwurf ein, er stinke, wechsle seine Wäsche zu wenig. Oder gar nicht. Einer, der ihm gefällt, ein jüngerer, erst seit einem Jahr auf dem Konvikt, nimmt ihn in Schutz, er stinke gefälliger als mancher, der zu duften meine. Ohne Atem zu holen, sprach er halb und sang er halb: »Die Düftler und die Stinker sind mir nicht einerlei . . .« Er heiße Nestroy. Scher dich. Womit er Nestroy beleidigt und ihn für eine Weile aus seinem Gesichtskreis scheucht.

Der Weiglschen Oper antwortet er nicht so ausführlich, wie er es sich vorgenommen hat, nur mit einer Ouvertüre in D-Dur, »beendet am 26. Juny 1812«.

Von Ferdinand erfährt er, daß die Mutter bettlägerig sei. Sie habe keine Freude mehr am Leben.

68

Er läuft durch die Stadt, am Sonntag nach der Messe, mit Erlaubnis von Lang, fast bis zum Himmelpfortgrund, doch ehe er ihn erreicht, kehrt er um, da er sich vom Vater nicht abweisen lassen möchte.

Vom Ferdinand erfährt er, der Vater treffe sich gelegentlich mit einer anderen Frau, und die Mutter liege im Sterben.

Er will es nicht wahrhaben. Sie stirbt nicht. Das geht nicht.

Obwohl die Lehrer Verständnis für seine Sorge, seine Unruhe aufbringen – Lang weiß über den Zustand der Mutter Bescheid –, rufen sie ihn häufig zur Ordnung, und ihre Zurechtweisungen, Rügen springen zusammen zu einem pochenden Rhythmus, der nach einer Melodie sucht.

Reiß dich zusammen, Schubert!

Attention, Schubert!

Etwas mehr Aufmerksamkeit, Schubert.

So geht es nicht, Schubert!

Allez, Schubert!

Du bist zu spät, Schubert!

Hilf dem Chimiani bei der Reinschrift, Schubert.

Kommst nachher mit in den Garten, Franz?

Die Mutter stirbt.

Sag dem Herrn Vater, ich möchte die Mutter besuchen.

Der Herr Vater läßt dir ausrichten, er wünsche deine Anwesenheit nicht.

Von Spaun bekommt er die Noten von Beethovens Zweiter und Dritter. Er studiert sie mit solcher Hingabe, daß er sie bald auswendig dirigieren könnte. Überhaupt sollte er eine Sinfonie komponieren und die pochende Unruh übertragen aufs Notenpapier. Es könnte, nach einem knapp einleitenden Adagio, ein Allegretto sein, der Versuch eines

Gesanges, nicht schon der Gesang selbst, nein, der noch nicht.

Was halten Sie davon, Spaun?

Ich kann Sie nur anspornen.

Selbstverständlich würde das Konviktorchester seine Sinfonie aufführen. Das hat er mit seinen Instrumenten im Ohr, und auch wie Ruzicka dirigiert, welche Tempi er bevorzugt, was ihm nicht behagt, was er nicht kann. Vielleicht wird ihm Ruzicka gestatten, es bei einer Wiederholung selbst zu dirigieren.

Manchmal, Holzapfel, denke ich, daß ich spinne. Passiert es dir auch, daß du dich, ich meine deinen Korpus, einfach stehen läßt und dich auf und davon machst? Alles zerrt in dir, an dir, du möchtest fliegen, unsichtbar werden, eine Stimme haben, die sich teilen kann in fünf, sechs, in ein Sextett. Das wäre ein Glück. Nur bin ich unglücklich, weißt du, ich bin es wirklich.

Laß dich nicht gehen, Franz.

Das ist es ja. Ich kann mich nicht gehen lassen. Könnte ich's nur, ich wäre schon weg von mir, fort aus mir. In Dur auf alle Fälle.

Was meinst du?

In Dur müßte die Sinfonie stehen.

Am Fronleichnamstag, am Abend, es ist der 28. Mai 1812, bringt Ignaz die Nachricht vom Tod der Mutter, daß sie am 30. Mai beerdigt werde, auf dem Lichtentaler Friedhof.

Sie ist an Typhus gestorben, an »Nervenfieber«. Der Frost ist in ihren vom Fieber erhitzten Leib eingedrungen und hat ihn geschwärzt.

Darf ich sie sehen?

Das sei nicht mehr möglich.

Die Mitschüler haben die Schlafstube verlassen. Die Brüder stehen allein, sich umarmend. Daß du so weinen kannst, Franz, stellt Ignaz erstaunt fest.

Ich hätte die Mutter schon sehen, mich von ihr verabschieden wollen.

Sing, Franz, sing, hatte sie ihn gebeten, er hat sich auf ihren Fuß gesetzt wie auf eine Schaukel, einen Ast. Kommt ein Vogerl geflogen.

Im Totenprotokoll der Stadt Wien steht unterm 28. Mai: »*Schubert,* Herr Franz, öffentlicher Schullehrer, und k. k. Armenvater, s. Ehefrau, geborne Vitz, aus Schlesien geb., beim schwarzen Rössel No. 10 am Himmelpfort-Grund, am Nervenfieber, alt 55 Jr.«

Nach dem Begräbnis, wieder zu Hause, nimmt ihn der Vater in sein Schulzimmer, freundlich und bewegt, und bittet ihn, wann immer er könne und wolle, heimzukommen, er fehle allen, es fehle eben auch die Bratsche im Quartett.

Ich danke Ihnen, Herr Vater. Er mißtraut dem in seiner Trauer auf einmal matten und nachgiebigen Mann, in dessen bäuerlichem Gesicht die Anstrengung steht, in Strenge siegen zu wollen.

Wie früher sitzt die Familie beengt um den Tisch zusammen. Die Tanten, die Brüder, die Nichten, die Neffen. Sie rufen sich mit oft albernen und darum schmerzenden Anekdoten die Mutter ins Gedächtnis.

Die Elisabeth.

Der Vater verabschiedet ihn vorm Haus. Nimm es mir nicht übel, Franz, wenn ich dich mahne, ein ordentlicher Schüler zu sein. Ich weiß, die Musik ist dir wichtig. Aber einen Beruf brauchst du auch.

71

Die Freundlichkeit bekommt schon wieder einen Sprung. Neuerdings kann er zweimal in der Woche zu Salieri, um Kontrapunkt zu lernen.

Auf einem Übungsblatt schreibt er, der Stolz führt seine Hand: »Den 18. Juni 1812 den Contrapunkt angefangen. I. Gattung.«

Sechs Tage darauf marschiert das Heer Napoleons in die Unendlichkeit Rußlands – aber dessen Wintermusik ist noch nicht geschrieben.

II.
Frau Anna

Ich sammle ein, was er ausstreute. Es ist eine Art Schnitzeljagd, in der ich ihm nicht nachlaufe, sondern häufig vorauseile. Ich muß mich nicht an die Chronologie halten, und ich weiß, was er nicht wissen kann. Das ist ein windiger, oft schmerzender Vorteil. Ahnt er, wieviel, wie wenig Zeit er noch hat? Er darf es nicht wissen. Er plant. Er hat noch alles vor sich. Beim Tod seiner Mutter ist er fünfzehn Jahre alt. Und genau so viele Jahre bleiben ihm noch. Das ist seine Hälfte des Lebens.

Ich bin nicht mehr, was ich gewesen bin, lasse ich ihn zu Spaun sagen. Ich habe kein Zuhause mehr, ich habe meine Mutter verloren, meine Stimme dazu. Ich bin ein Mutant, und ein Konviktist möchte ich nicht bleiben und ein Lehrer nicht werden. Wo soll ich hin, was soll ich mit mir tun?

Dabei muß er sich so gar nicht fragen. Er braucht kein Zuhause, wird der wachsenden Unrast nachgeben, die Stadt zu seiner großen Wohnung machen, es den Freunden überlassen, ihn unterzubringen. Er braucht Zeit fürs Komponieren, ein paar Stunden am Tag, in denen er sich einschließen, von jeglicher Ablenkung entfernen kann. Danach hat er die Freunde um so nötiger, um die Stimmen im Kopf wenigstens für kurze Zeit los zu sein, sie durch heiteren oder wüsten Gasthauslärm zu übertönen. Alle finden, er sei ein außerordentlich begabter Freund. Er ist es auch, doch eher aus Not.

Die vier mutierenden Sängerknaben, unter ihnen Schubert, erhalten Stiftungsplätze auf dem Konvikt. Da soll er also ausharren und auf dem Gymnasium weiterlernen. Das schafft er in allen Fächern, bis auf die Mathematik. Auch seine Zweifel in der Religion schlagen durch.
Zwei Tage nach der Völkerschlacht bei Leipzig schreibt Kaiser Franz im sächsischen Rötha ein Verdikt, das drei Konviktisten in Wien gilt, Franz Schubert, Joh. Geraus und Aug. Gment, daß nämlich »selbe, wenn sie nach den Ferien die 2te Klasse nicht verbessern, oder in der nächsten Semestral-Prüfung wieder in eine 2te Klasse verfallen, ohne weiteres entlassen werden indem das Singen und die Musik nur eine Nebensache die guten Sitten und Fleiß im studieren aber die Hauptsache und eine unerläßliche Pflicht bei jenen ist die sich des Besitzes eines Stiftungsgenusses erfreuen wollen«. Was dem Kaiser zugetragen wird und was er in Floskeln dem Konvikts-Kurator, dem Grafen Dietrichstein, weitergibt, damit der wiederum Lang erlaubt, Lob und Tadel zu sprechen, alle diese herrscherlichen Nebengeräusche, die seine Schülerexistenz begleiten, vernimmt Schubert nicht. Er ist damit beschäftigt, angefeuert von Salieri, Trios und Kanons zu verfertigen, und er hat mit seiner ersten Sinfonie begonnen. Wort

für Wort, Note für Note sucht er nach einer Sprache, die aushält, was ihn beunruhigt. Franz, du trauerst blindwütig. Seine Kameraden bemühen sich, ihn abzulenken, wobei er ihnen behilflich ist, er geht mit ihnen aus, betrinkt sich, johlt mit »krähender« Mutantenstimme, macht sich groß, stinkt, weil er seine Wäsche seit Ewigkeiten nicht gewechselt hat.

Nein, er will von der Mutter nicht mehr sprechen, nicht mehr schreiben. Er hat sie in sein Gedächtnis aufgenommen, ein stummes, unverwandelbares Bild. Er könnte es in die Musik holen. Nur merkt er, wie wenig ihm das vorerst gelingt.

Im April 1813 verheiratet sich der Vater mit der »wertgeschätzten Jungfrau Anna Kleyenböck«. Sie ist zwanzig Jahre jünger als er, hat drei Schwestern, und ihr Vater besitzt eine Seidenzeugweberei. Sie bringt »eine anständige Einrichtung zum Heiratsgute mit«, und ihr angeheirateter Sohn Franz nimmt sie am Tag der Trauung zum ersten Mal in Augenschein, als sie neben dem Vater vor dem Altar von St. Ägidien in Gumpendorf steht, eine zarte, dennoch stattlich wirkende Person.

Wie soll er sie anreden. Sie wird gleich gemeinsam mit dem Herrn Vater auf ihn zutreten. Er hat sich zwischen die Brüder gedrückt, ein Spaßvogel mit blitzender Brille. Den zu spielen fällt ihm nicht schwer.

Die neue Mutter bewegt sich hübsch und ohne alle Selbstgefälligkeit. Sie sind der Franz, sagt sie. Grüß Gott, Frau Anna, sagt er.

Grüß Gott, Frau Mutter, sagt Ferdinand und korrigiert ihn.

Obwohl er auf Distanz zu halten trachtet, mag er die Frau auf den ersten Blick. Es kommt ihm nicht in den Sinn, daß sie die Mutter ersetzen könnte. Das muß sie nicht. Er hat ja längst das Haus aufgegeben, hat sich entfernt, ist schon unterwegs.

Moritz von Schwind hat Anna Schubert gezeichnet. Ein Profil, das in zartesten Umrissen gleichsam durchs Papier schlägt und dabei sich auf wunderbare Weise ein Lächeln erhält.

Auch sie findet Gefallen an ihm. Vielleicht, weil sie von Franz Theodor gehört hat, daß er sich widersetzt und für sich leben will.

Während des Essens, an der Tafel, mustert sie ihn manchmal fragend. Sie sieht ihn, wie ihn alle sehen, die ihn von nun an malen, zeichnen, allein und in Gruppen, zuhörend und musizierend: Das runde, zu blasse und etwas gedunsene Gesicht unter dem schwarzen Lockenschopf, die nicht sonderlich hohe, leicht gewölbte Kinderstirn, die nichts mit den buschigen Augenbrauen zu tun hat, die wiederum von einer zu kurz geratenen, stumpfen Nase geteilt werden. Knopfklein sitzen die Augen unter den dicken Gläsern, und nichts widerspricht ihrem sich verhüllenden, verspiegelten Spiel mehr als der unverhohlen lüsterne, fleischige Mund, den das von einem Grübchen geteilte, trotzig vorspringende Kinn noch betont.

Sie fragt Ferdinand über den Tisch, ob er seine Brüder und seinen Vater nicht überreden könne, ihr ein Ständchen zu bringen. Das Schubert-Quartett sei doch legendär.

Wie kann es das sein, wenn es kaum mehr zu hören ist?

Ignaz stimmt zu, auch der Vater ist zu überreden. Nur der, dem die Bitte gilt, den der Wunsch der zweiten Mutter erwärmen soll, ziert sich. Er habe seit langem nicht mehr die Viola gespielt, sondern im Konviktsorchester stets die Violine. Oder das Klavier.

Ferdinand stößt ihn in die Seite: Laß dich nicht bitten. Wie nobel du ausschaut in deiner Konviktistenuniform.

Schubert lacht. Als hättest du mich noch nie in ihr gesehen. In der Schule schon, doch auf einem solchen Fest nicht.

Sie rücken die Stühle zusammen. Ignaz legt die Noten auf, ein Quartett von Haydn. Das kennt er. Das hatten sie hingebungsvoll geübt in seinem anderen, seinem häuslichen Leben.

Nichts hätten sie verlernt, findet Tante Maria, nachdem die Runde heftig applaudiert und die neue Mutter den Herrn Vater auf die Stirn geküßt hat. Das ging mir ans Herz, sagt sie.

Er habe, meint Ferdinand später und wohl schon angetrunken zu Franz, er habe seinen Part auffallend anders gespielt als früher. Wüster und wurzelloser, und auf alle Fälle auch virtuoser. Du hast viel dazugelernt, Franzl.

Was, hätte er gar nicht erklären können.

Manchmal, mitten im täglichen Trott, im Schulbetrieb, während der abendlichen Geselligkeit, stört er, verwandelt sich, wird alt, ist mit seiner Musik über die sieben Berge. So erschreckt er die Freunde, vor allem Spaun, mit einem Gedicht, das Holzapfel aufbewahrte. Er schrieb es im Mai, einen Monat nach der Hochzeitsfeier, und gibt ihm die Überschrift »Die Zeit«:

>»Unaufhaltsam rollt sie hin
> Nicht mehr kehrt die Holde wieder
> Stät im Lebenslauf Begleiterin
> Senkt sie sich mit uns ins Grab hernieder.
>
> Nur ein Hauch! – und er ist Zeit
> Hauch! schwind' würdig ihr dort nieder

Hin zum Stuhle der Gerechtigkeit
Bringe deines Mundes Tugendlieder!

Nur ein Schall! und er ist Zeit
Schall! schwind' würdig ihr dort nieder
Hin zum Sitze der Barmherzigkeit
Schütte reuig Flehen vor ihm nieder!

Unaufhaltsam rollt sie hin
Nicht mehr kehrt die Holde wieder
Stät im Lebenslauf Begleiterin
Senkt sie sich mit uns ins Grab hernieder.«

Wie du nur auf solche Ideen kommst, Schubert.

Ich weiß es nicht.

Immer deine Melancholien.

Wieso, Holzapfel? Mir geht es gut. Ich fühl' mich lustig.

Da spielt ein Greis einen Sechzehnjährigen oder ein Sechzehnjähriger einen Greis.

Drei Jahre darauf gibt er diese Spannung leger in einer
Tagebuchnotiz wieder. Unterm 14. Juni 1816 schreibt er:
»Nach einigen Monathen machte ich wieder einmahl
einen Abendspaziergang. Etwas angenehmeres wird es
wohl schwerlich geben, als sich nach einem heißen Somertage Abends im Grünen zu ergehen, wozu die Felder zwischen Währing u. Döbling eigens geschaffen scheinen. Im
zweifelhaften Dämerschein, in Begleitung meines Bruders
Carl ward mir so wohl ums Herz. Wie schön, dacht' ich u.
rief ich, u. blieb ergötzt stehen. Die Nähe des Gottesackers
erinerte uns an unsere gute Mutter. So kamen wir unter
traurig traulichen Gesprächen auf den Punkt, wo sich die
Döblinger Straße theilt . . .«

Hier schaue ich den beiden nach, dem Jüngeren, der dem Älteren inzwischen über den Kopf gewachsen ist, und fange an, die niedergeschriebenen Sätze zu hören. Sie gleichen seiner Musik, wie die Wörter aus einem Gefühl unvermittelt ins andere springen.

12.
Moment musical IV
(Ziemlich schnell)

Als sie auf der Schule hören, Napoleons große Armee sei geschlagen, Moskau brenne, die Soldaten seien unter elenden Umständen über die Beresina, die gefrorene Beresina, einen Fluß in Rußland, über die Beresina gegangen, viele seien erfroren, umgekommen im Schnee, vom Schnee begraben worden; als sie erfuhren, daß aber das österreichische Kontingent vom Schlimmsten verschont geblieben sei, da Fürst Schwarzenberg mit General Kutusow und dem Zaren verhandelt habe;
als in den Zeitungen stand, wie die Truppen Europas die Garde Napoleons gedemütigt hatten bei Leipzig und die heimkehrenden Invaliden rund um den Stefansdom zu betteln begannen;
als die Kolporteure zum Besten gaben, Napoleon habe abdanken müssen und sich mit folgenden Worten von der alten Garde verabschiedet: »Wenn ich mich entschlossen habe, euch zu überleben, dann deshalb, weil ich auch weiterhin eurem Ruhme dienen will. Ich möchte die großen Taten niederschreiben, die wir gemeinsam vollbrachten«;
als schließlich bekannt wurde, daß Bonaparte sich, um

dem wütenden Mob zu entgehen, in einer österreichischen Uniform aufs Schiff nach Elba stahl,
feierten die Konviktisten,
feierten die Seminaristen,
feierten die Schulgehilfen,
komponierte er ein achtstrophiges Lied: »Sie sind in Paris«, und als Kaiser Franz I. aus Paris zurückkehrte, triumphierend durch die abendliche Stadt zog, war der Himmelpfortgrund nicht bloß über Gebühr beleuchtet, sondern am Hause des Lehrers Schubert ein Transparent angebracht, auf dem zu lesen stand:

>»O könnt ich, wie ich wollte,
>Ich ehrte, wie man sollte,
>*Franz* den besten Kaiser!
>Es brennen hier nur Kerzen
>Allein aus meinem Herzen
>Sprießen Lorbeerreiser.«

13.
Der Absprung

Er lacht wieder zu oft und ohne Grund, überrascht die Schulkameraden und Lehrer mit unerwarteten Fragen und verqueren Scherzen und, wenn Stille und Konzentration geboten sind, zum Beispiel während der schriftlichen Arbeiten, summt er selbstvergessen vor sich hin. Wird er gemahnt, lacht er und zieht so Unwillen und Wut auf sich.
Die Freunde legen das Gelächter als Vorboten aus. Es ist ihnen nicht geheuer.

Längst haben sie sich daran gewöhnt, daß er nachmittags an dem kleinen, wackligen, ihm zugeteilten Schreibtisch im Aufenthaltsraum »dichtet«. So bezeichnet er das Komponieren. Zu aller Verwunderung braucht er dafür kein Klavier. Darum war den meisten erst gar nicht aufgefallen, daß er auf Notenlinien schrieb.

Das Klavier, sagt er zu Holzapfel, lenkt mich beim Komponieren bloß ab, bringt mich aus dem Schwung, und ich kann meine Stimme nicht hören.

Du bist ein sonderbarer Vogel, Franz.

Worauf er sich wie ein Vögelchen aufplustert, mit dem Kopf hackt und pochend »Kommt ein Vogerl geflogen« singt.

Mit großem Lärm von seiten des Kurators und des Rektors wird einer der Konviktisten von der Schule entfernt. Er habe sich unbotmäßig verhalten.

Eine Sau ist der Senn halt gewesen.

Wieso? Er hat seine Meinung gesagt.

Laß dich nicht drausbringen, Franz.

Aber ihm ist längst der Faden gerissen. Wozu braucht er Biologie, wozu Mathematik? Warum gibt er nicht auf? Warum springt er nicht einfach hinaus?

Um ihn zu sich zu bringen, abzulenken von den Bedrohlichkeiten des Schulbetriebs, bitten Stadler und Holzapfel Schubert, mehr denn je auf dem Klavier zu spielen, noch bevor sich nach dem Nachtmahl das Orchester trifft.

Vielleicht eins von den Menuetten, die verloren gingen, weil er nicht auf sie achtete. Er brauchte sie nicht mehr. Später hat er Lieder, die er einen Monat zuvor schrieb, schlichtweg vergessen. Sie wurden überlagert und ersetzt von den neuesten Erfindungen, die ja auch wieder die alten waren.

Die Menuette, die blieben, schenkte er Ignaz. Er spielte sie allerdings bei weitem besser als der.

Stadler mag sein Klavierspiel: »Seine Klavierkompositionen von ihm vortragen zu hören und zu sehen, war ein wahrer Genuß. Schöner Anschlag, ruhige Hand, klares, nettes Spiel voll Geist und Empfindung. Er gehörte noch zur alten Schule der guten Klavierspieler, wo die Finger noch nicht wie Stoßvögel den armen Tasten zuleibe gingen.«

Er spielt, denke ich mir, wie ein zur Begleitung begabter Pianist: immer bereit, der Stimme nicht nur halb zu dienen, sondern sie anzuspornen, zum Glänzen zu bringen, zu feiern.

An diesem Tag spielt er für ein paar Freunde. Sie merken bald, er ist nicht bei der Sache.

Das ging dir schon besser von der Hand. Stadler sagt es spaßig, aber im Grunde wehrt er sich gegen die Unrast in Schuberts Spiel.

Was hast du vor, Franz?

Mir ist nicht wohl auf dem Konvikt.

Diese Klage kennen sie, nehmen sie kaum ernst. Doch nicht erst neuerdings. Er wird, sie sind sicher, wenn auch mit einiger Mühe, die gymnasiale Stufe erreichen und danach als Stipendiat studieren dürfen.

Ihm ist es nicht angenehm, darüber zu reden. Er lenkt ab. Meine Sinfonie will ich dem Herrn Direktor Lang widmen, sagt er, und er könnte hinzufügen – womöglich ist er jedoch nicht so weit, womöglich schmerzt die Unschlüssigkeit noch wie ein Knoten unter der Haut und reizt ihn, in Gelächter auszubrechen, dieses geisterhafte Kichern – und könnte hinzufügen: zum Abschied vom Konvikt.

Auf alle wirkt er zerstreut, unkonzentriert. Er ist aber, im Gegenteil, bei der Sache, plant, was der Vater, die Lehrer und auch die meisten Freunde für unmöglich halten. Schritt für Schritt geht er vor. Nicht immer bewußt. Manchmal spielt er, nimmt sich selber auf den Arm, parodiert, verstellt sich.

Seit einiger Zeit müht er sich mit dem Text zu einer Kantate »Zur Namensfeier des Vaters«. Den ganzen September lang ist er damit beschäftigt. Das Gedicht zu schreiben, verdrießt ihn so, daß er aus Wut albern wird. Da geht es mit einem Mal mühelos. Der Ton macht schon die Musik. Ist er von kindlichem Ernst bestimmt oder von der Ironie des Sohnes, der ohne sich etwas vergeben zu wollen, den Vater für sich einnehmen möchte? Wer die Kantate hört, so, wie der Vater und die Geburtstagsgesellschaft sie hörten, wird gerührt sein, über die frische Herzlichkeit, und auf den frechen Hintersinn erst verspätet kommen.

Die Gitarre spielt er selbst. Es ist das einzige Mal, daß er sie als Begleitinstrument wählt. Mit ihr, auf ihr führt er vor, wie er im Ernst scherzen kann, wie er den Vater feiert und zugleich die Distanz zu ihm ausmißt. Ignaz, Ferdinand und Karl singen. Es ist nicht nur der Namenstag des Vaters, sondern auch der des Sohnes:

> »Ertöne Leier
> Zur Festesfeier!
> Apollo steig hernieder,
> Begeistre unsre Lieder.
>
> Lange lebe unser Vater Franz!
> Lange währe seiner Tage Chor!
> Und im ewig schönen Flor
> Blühe seines Lebens Kranz.

Wonnelachend umschwebe die Freude
Seines grünenden Glückes Lauf.
Immer getrennt von trauerndem Leide,
Nehm ihn Elysiums Schatten auf.

Endlos wieder töne holde Leier,
Bringt des Jahres Raum die Zeit zurück,
Sanft und schön an dieser Festesfeier.
Ewig währe Vater Franzens Glück!«

Ehe sie mit dem Vortrag beginnen, versetzen die Brüder
die Festgesellschaft in Bewegung.
Nehmt Platz!
Nein, nicht hier.
Nicht dort.
Wenn's geht, laßt uns genügend Raum.
Schubert verteilt die Noten, und die Brüder machen eine
Miene, als sähen sie sie zum ersten Mal. Doch sie haben
mit Genehmigung Langs ein paar Abende vorher im Konvikt geübt, zur Erheiterung der Konviktisten.
Der Schubert spielt Gitarre!
Kann er das?
Und ob!
Er spielt sie wie ein Gitarrist, der einen Gitarristen
spielt.
Nun in der Familie sind alle wahrhaft festlich gestimmt,
wie von selbst ordnen sich zwei Gruppen, die der Zuhörer
und die der Musiker, sie gleichen, weil ich es mir nicht anders ausmalen kann, den Darstellungen von Schubertiaden: Damen und Herren lauschend und applaudierend
um den Flügel und den Pianisten malerisch geordnet, sitzend oder stehend, auch jetzt, bloß etwas lockerer, und

zwei, Vater und Sohn, einander gegenüber, für eine hochgestimmte Stunde die Auseinandersetzungen verdrängend, vergessend, wobei der Sohn auf Versöhnung aus ist, was ihm nicht ganz gelingt, denn in der dritten Strophe verzögert er kaum merklich mit der Gitarre, so daß auch das Terzett ein wenig ins Stolpern gerät, bei dieser Zeile, die nichts vorwirft, aber treffen, schmerzen soll, gerade weil sie die Trauer in Abrede stellt, dem Vater abspricht: »Immer getrennt von trauerndem Leide . . .«

Ob der Vater die Störung merkt? Oder ob ihm schon schwant, daß dieser Sohn, den er für eine Zeit dem Konvikt überlassen hat, ihn bald ganz anders in Anspruch nehmen wird?

Hat er, als er vor den Brüdern auf dem Schemel sitzt und virtuos die Gitarre schlägt, bereits Abschied von der Schule genommen? Oder weiß er bloß, daß ihm nichts anderes übrig bleibt?

Bevor das Schuljahr endet, wird ihm ein Stipendium zugesprochen.

Er könnte, wenn er sich in seinen Leistungen verbesserte, das Gymnasium abschließen, und er hätte noch Zeit mit dem Beruf.

Nur fehlt es ihm an Zeit, so oder so. Die Zeit, die ihm bleibt, die er sich oft unter Druck nimmt, braucht er für seine Arbeit.

Spaun will ihn überreden, auszuhalten. Auch Holzapfel und Stadler unterstützen Spaun: Verschenk nichts, Franzl. Was fangst an, wannst draußen bist.

Was fängt er an?

Es gelingt ihm, den Vater zu beschwichtigen. Er wolle sich bescheiden, einschränken und sich unverzüglich an der Lehrerbildungsanstalt in der Annagasse anmelden.

Wie fängt er an?

Nicht lang nach der Namenstagsfeier besucht er den Vater. Der ahnt den Grund anscheinend schon, schickt Frau Anna aus der Stube, er müsse sich mit Franz bereden, was der nur mühsam vermag, denn mit einem Mal packt ihn die Angst, der Herr Vater könne wieder zuschlagen wie noch vor kurzem.

Es geht um die Schul. Schon stockt er. Der Vater läßt ihm keinen Spielraum. Er kann nicht ausweichen, nicht ein bißchen blödeln.

Es geht um die Schul. Ich muß sie verlassen.

Du mußt? Die Lehrer haben sich bei mir nicht weiter beschwert.

Sie könnten es, Herr Vater. Sie unterlassen es wohl nur, weil Maestro Salieri und auch der Doktor Lang mir gewogen sind. Helfen werden sie mir nicht können.

Ich sag dir's im guten, Franz.

Der Vater ist aufgestanden, überragt den Sohn, der vorsorglich die Brille abnimmt, mit zusammengekniffenen Augen aufschaut. Nicht daß er unversehens mutig geworden wäre. Er kann nicht anders. Er muß aushalten, denn wenn der Vater ihn aus dem Haus prügelt, das Wohnrecht untersagt, wüßte er nicht, wie er seine Ausbildung, seinen Unterhalt bestreiten sollte.

Was soll aus dir werden, Franz?

Ich will, Herr Vater, aufs Lehrerseminar.

Und das Konvikt verlassen?

Ja, auch mein Freund, Herr von Spaun, zeigt Verständnis dafür. Was nicht stimmt. Er ruft, wie von nun an immer, die Freunde zur Hilfe, braucht sie, wie er augenblicklich den Vater braucht. Sie alle werden ein mögliches vorläufiges Unterkommen gewähren, ein flüchtiges Zuhause. Mehr nicht.

Wie anders soll ich leben?

Das fragst du mich, Franz?

Ich werde mich in Mathematik nicht verbessern können.

Er spürt, wie der Vater seinen Zorn kaum mehr bändigen kann, fürchtet, daß er doch noch über ihn herfallen werde. Aber der wendet sich ab, geht zur Tür, sagt, ohne sich umzuschauen: Melde dich, wenn es so weit ist, verläßt die Stube, schlägt die Tür hinter sich zu, was für die andern ein Signal ist, hereinzustürzen, ihn auszufragen, und erneut kann er nicht an sich halten, kichert, wiegelt ab, erklärt, bald heimzukehren oder doch nicht ganz, denn erst müsse er auf die Lehrerbildungsanstalt, was ihn aber nicht hindern werde, dem Herrn Vater auszuhelfen, und außerdem werde das Konviktorchester seine Sinfonie aufführen, die er dem Herrn Direktor Lang widme, nicht zum Abschied, denn die Freunde werde er nicht verlieren, Spaun sowieso nicht, aber auch Stadler nicht und Holzapfel.

Sie geraten ja ganz außer Atem, Franz. Beruhigend legt die zweite Mutter ihre Hand auf die seine.

Nein, nein, mir ist wohl.

Das trifft zu. Endlich hat er Tritt gefaßt, die Dinge zu seinen Gunsten gewendet und läßt sich nicht mehr von anderen bestimmen, vom Vater, von den Lehrern, sondern allein von seinen Wünschen und Plänen.

». . . Da endlich nach einer soeben von dem Herrn Konv.-Kurator erhaltenen Eröffnung der Meerveldsche Stiftling Franz Schubert der Studien entsagt hat: so wird dessen Platz als erledigt anzusehen sein und dessen Platz ordnungsgemäßig eingeleitet werden . . .« steht in einem

Dekret der niederösterreichischen Landesregierung vom 23.11.1813.

Da hat er das Konvikt verlassen. Da geht er schon aufs Lehrerseminar.

Da hat er mit dem Vater bereits gestritten, so daß sie eine Weile nicht mehr miteinander sprechen.

Da kommt die zweite Mutter mit einem Mädchen nieder: Maria Barbara Anna.

Da hält er sich den Winter vom Leib, indem er komponiert, sich mit Spaun und anderen Freunden trifft, im Konvikt und zuhause musiziert und ab und zu ins Theater geht.

Da verkauft er, er braucht sie nicht mehr, seine Schulbücher, um ins Kärntnertor-Theater gehen zu können, den Fidelio zu hören, zu sehen. Es ist die Premiere der endgültigen Fassung. Aus der Ferne beobachtet er Beethoven, den er bewundert wie keinen andern.

Da hält er, unter Mühe, das Schweigen des Vaters weiter aus.

Da das Haus wieder wie früher riecht, nach Schülerschweiß und Küchendunst, flieht er, trotz der Kälte auf die Gasse.

Da schreibt er unter den ersten Satz seines B-Dur Quartetts – Allegro ma non troppo – »in 4 1/2 Stund. verfertigt. Den 5. September«, schließt auf diese Weise aus, was ihn angreift und krank macht, und ist schon beim zweiten Satz, beim Andante.

14.
Bildnis einer möglichen Geliebten

Er nahm sie erst wahr, als sie sang. Vorher war er ihr öfter begegnet, und ihren Namen kannte er aus Gesprächen mit den Eltern, den Brüdern. Sie gehörte zu den Grobs. Es gab die beiden Theresen, die Mutter und die Tochter, deren Bruder Heinrich und deren Tante Wilhelmine, die mit dem Münzgraveur Leopold Hollpein verheiratet war. Sie allesamt wohnten in der Nachbarschaft. Die zweite Mutter ging gelegentlich in Therese Grobs Seidenweberei einkaufen. Seit er wieder im väterlichen Schulhaus wohnt, besucht er regelmäßig die Sonntagsmessen in der Lichtentaler Kirche, und mit Michael Holzer, dem Chormeister, setzt er die Gespräche über Musik fort, als sei er nicht sechs Jahre weggewesen. Abends nimmt er oft an den Chorproben teil, und sitzen sie danach beim Wein zusammen, genießt er den Ansporn des einstigen Lehrmeisters.

Er solle sich im Kontrapunkt üben, bei Salieri weiterlernen. Ich darf zweimal in der Woche zu ihm, obwohl ich nicht mehr Konviktist bin.

Ob er sich zutraue, eine Messe zu komponieren?

Eine Messe?

Es sei ein Auftrag für ein Jubiläum, erklärt Holzer. Am 25. September vor hundert Jahren sei in der Lichtentaler Kirche zum ersten Mal eine Messe gefeiert worden. Zur Erinnerung daran wünsche er eine Messe von ihm.

Er wisse nicht viel anzufangen mit der Kirche.

Es sei nicht die Kirche im allgemeinen gemeint, vielmehr seine. Deine, die du kennst von Kind auf. In der du angefangen hast zu singen, Franz. Holzer redet, überredet, muß es gar nicht, denn sein Gegenüber am Wirtshaustisch weiß

88

schon, wie sie klingen könnte, denn mittlerweile kennt er eine der Stimmen, die wichtigste, hat sie bei einer Chorprobe singen gehört, die Nachbarin, die Therese Grob.

Ich versuch's.

Holzer springt auf, will ihm um den Hals fallen, mehr berauscht von seiner Überzeugungskunst als vom Wein. Doch Schubert ist schon hinaus.

Ich kann datieren: Es muß ein Abend im Mai gewesen sein, vermutlich lau, und vielleicht haben sie tatsächlich im Wirtsgarten gesessen, und im Laub der großen Kastanie haben Sterne gehangen. Mit dem Kyrie beginnt's, sagte er, sagte Holzer. Über das Kyrie schreibt er: 17. Mai.

Fürs erste ist es nur ihre Stimme, die, sobald er anfängt zu komponieren, einen Leib bekommt und atmet.

Ich sollte sie fragen, sagt er.

Wen? fragt Ignaz.

Die Therese. Ob sie in meiner Messe den ersten Sopran singen möchte.

Die Therese? In deiner Messe?

Er redet schon aus der Arbeit und setzt voraus, daß alle wie von selbst einbezogen seien.

Ja, die Therese Grob.

Schreibst eine Messe?

Ja. Voller Ungeduld wartet er auf eine Auskunft, die er sich selber längst gegeben hat. Natürlich wird die Therese den Sopran singen, sie sollte es eigentlich schon wissen. Im Grund braucht er ihre Zustimmung nicht, da ihre Stimme schon in seine Messe aufgenommen ist.

Beginnt so eine Liebesgeschichte?

Bestimmt keine, die sich Kapitel für Kapitel erzählen läßt. Auch keine, die ein Ende hat, sei es ein erfreuliches oder ein trauriges. Denn diese findet gar keines, schleppt sich hin, versickert.

Er begleitet sie nach Hause, von der Probe.

Der Weg ist ihm viel zu kurz, nach ein paar Tagen ihr auch. Sie ist nicht schön. Später wird er sich an ihr blatternarbiges Gesicht erinnern. Dennoch gefällt sie ihm, zieht ihn an. Sie hat eine hübsche, schon frauliche Figur. Und sie hat ihre Stimme, mit der sie ihn erobert. Er staunt über sich selbst, wie mühelos er sich mit ihr unterhalten kann, ohne zu stocken, ohne verlegen zu werden. Die Einfälle fliegen ihm nur so zu. So kann er sie für sich gewinnen.

Er ist siebzehn, sie ein Jahr jünger. Manchmal, wenn sie nebeneinander hergehen – sie ist ein wenig größer als er –, berührt er sie mit dem Ellenbogen, der Schulter, gibt vor, es zufällig zu tun und nichts zu merken, doch jedesmal fährt er zusammen, selig und unglücklich in einem, da ihm die Schweinigeleien der Konviktskameraden einfallen, wie sie sich über Weiber ausließen, mit ihren einschlägigen Erfahrungen schwadronierten.

Der Juni macht sie heiß. Es fällt ihnen schwer, ihre Sehnsüchte zu unterdrücken. Ihr vielleicht noch mehr als ihm, denn er kann sich der Musik überlassen, ihr eingeben, was ihn mitnimmt und peinigt. Hat er Therese auf einem Spaziergang abends bekannt, daß er sie liebe? Hat er es ausgesprochen: Ich liebe dich.

Möglicherweise ist er so weit gar nicht gegangen. In der Musik ging er viel weiter.

Sie werden beobachtet. Der Himmelpfortgrund ist eine überschaubare Bühne. Die Eltern schauen zu, Thereses Mutter, die Geschwister, die Nachbarn. Es wird geredet. Die Sätze verschlingen sich zu Girlanden: Was für ein herziges Paar, wie er ihr den Hof macht; ein richtiger Kavalier, eine richtige Dame; wie schön sie singt; und dieser Bursch soll die Messe fürs Lichtentaler Jubiläum komponieren.

Dieser Bursch, klein und ein wenig feist, täuscht sie hier alle. Er hat sich inzwischen daran gewöhnt, für sich ein anderer zu sein. Hier scherzt er mit den Freunden, stürzt sich in Geselligkeiten, schwärmt Therese von Beethovens gewaltiger Einfallskraft vor, erstaunt bei den Proben zur Messe die Musiker mit seinem heiteren Selbstbewußtsein. Dort, für sich, entkommt er seinen Melancholien, diesem stockenden und stotternden Bewußtsein, nur, indem er sich im Komponieren vergißt. Dort wüten seine wüsten Phantasien, und er steht erbärmlich gekrümmt im nächtlichen Hof und befriedigt sich selbst. Dort hat er nur den einen Wunsch, fortzulaufen. Aber hier fügt er sich notgedrungen dem Wunsch des Vaters, gleich nach der Prüfung bei ihm an der Schule als Gehilfe zu beginnen. Manchmal kann er das Hier und das Dort nicht trennen.

Die zweite Mutter fürchtet sich vor seiner ohnmächtigen Wut. Das sind Sie nicht, Franz. Das ist er zum einen doch, zum andern nicht. Ganz am Ende wird es ihm, mit Heines Hilfe, gelingen, diesen Riß zu ertragen: »Du Doppelgänger! Du bleicher Geselle!/ Was äffst du nach mein Liebesleid,/ Das mich gequält auf dieser Stelle,/ So manche Nacht, in alter Zeit.«

Vorerst ist die alte Zeit seine Gegenwart.

In dem Höfchen, wo er mit seiner Cousine, mit Magdalena, spielte und wohin er sich manchmal heimlich zurückzieht, um seiner Lust nachzugeben, in diesem Höfchen küßt er Therese zum ersten Mal. Alle Schatten, die er im Lauf der Jahre zurückgelassen hat, rotten sich in diesem Moment zusammen und bestürmen ihn. Die Kinderjahre, der Tod der ersten Mutter.

Du bist etwas abwesend, Franz.

Ich denk an dich.

Sie zieht ihn an sich, drängt sich gegen ihn.

Nein, du denkst gewiß nicht an mich, Franz.

Doch.

Ihr Lachen, das ein Anflug von Ärger einfärbt, mag er.

Jetzt, wenn die Musiker in der Kirche wären, könnten wir das Gloria probieren.

Er flieht mit ihr aus dem Kinderdämmer, nimmt sie mit in Vaters Schulzimmer, in dem er erst einmal die Fenster aufreißt. Wir sind in der Schul, die Therese und ich, ruft er ins Haus. Er bekommt zur Antwort, daß der Herr Vater unterwegs sei, und ob sie zuhören dürften, wenn sie musizierten, und die Brüder ihre Instrumente mitbringen sollten und ob die Frau Mutter störe, wenn sie sich später dazugeselle?

Aber nein. Sie sollten nur die neue Komposition mitbringen, die auf seinem Tisch liege, das Matthisson-Lied.

Ob sie das vom Blatt singen könne? Therese liest die Noten, zweifelt, ziert sich.

Das macht ihm Laune, er spielt damit. Er deutet trällernd die Melodie an. Ein Allegretto in Sechsachteln. Auf ihn dürfe sie aber nicht hören. Er sei nicht recht eingestimmt.

Das Gedicht kenn ich, stellt sie fest.

Er kichert. Dieses Kichern flößt ihr Furcht ein.

Ich hab's dir doch vorgelesen.

Ich weiß. Sie antwortet ihm, indem sie singt, ohne auf seine Begleitung zu warten. »Durch Fichten am Hügel, durch Erlen am Bach,/ Folgt immer dein Bildnis, du Traute! mir nach.«

Sie bricht ab. Es ist doch dein Lied, Franz, nicht meins.

Sing's bitte.

Ihre Stimme gleiche einem Naturlaut, findet Ferdinand, nachdem sie das Lied zu Ende gesungen hat. Sie müsse heim, die Frau Mutter warte.

Er begleitet sie den kurzen Weg.

Unterwegs fängt es an zu regnen. Sobald das Wasser den getrockneten Unrat am Rand der Gasse aufweicht, stinkt er.

Daß du so träumen kannst, Franz, ist schon ein Glück. Nach einer Atempause fügt sie hinzu: Für dich.

Er verabschiedet sie an der Haustür: Morgen in der Probe, Theres.

Am 18. September 1814 wird in der Lichtentaler Kirche ein zweiter Hochaltar eingeweiht. Damit beginnen für die Gemeinde die Festwochen.

Am 9. Oktober, einem Sonntag, predigt der Dichter Zacharias Werner. Auf dem Himmelpfortgrund wird über ihn geredet. Er sei nach einer Begegnung mit dem Satan auf dem Petersplatz in Rom in die Knie gebrochen, habe dem evangelischen Glauben abgeschworen und sich zum Katholizismus bekannt. Zwei Jahre später schon sei er in München oder anderswo zum Priester geweiht worden. Neuerdings rede er den Diplomaten des Kongresses ins Gewissen, und daß er an der Lichtentaler Kirche predige, bedeute für die Gemeinde eine hohe Ehre. Schubert findet in einer Zeitschrift ein Gedicht von Werner, legt es zur Seite. Das könnte ein Lied werden: »Nur wer die Liebe kennt,/ Versteht das Sehnen,/ An dem Geliebten ewig fest zu hangen.« Ihn amüsiert das Echo des Anfangs: Nur wer die Sehnsucht kennt . . . Mit Holzer gerät er zu wiederholtem Mal aneinander über eine Auslassung im Text der Messe. Er besteht mit Nachdruck darauf, im Credo einen Satz nicht zu komponieren. Es ist das Glaubensbekenntnis an die katholische Kirche: »Et unam sanctam catholicam et apostolicam ecclesiam«. Es wird im Credo fehlen.

Holzer ringt mit ihm. Das könne er der Kirche nicht antun.

Er weigert sich so freundlich wie gleichmütig, daß er Holzer geradezu unheimlich wird.

Ist dir das wirklich so wichtig, Franz?

Ja.

Du glaubst also nicht?

Aber doch.

Und warum dann dies?

Ich glaube an Gott, an Jesus.

Und die Kirche?

An die muß ich nicht unbedingt glauben.

Es ist gut, daß dich niemand hört, Franz.

Da täusche er sich. Schubert legt den Zeigefinger auf die Lippen, als wolle er verschweigen, was ohnehin öffentlich sein wird: Sie hören's doch alle, Maestro Holzer. Weil sie's nicht hören.

Ferdinand wird Orgel spielen, Holzer sich des Chores annehmen. Er darf dirigieren.

Am 16. Oktober füllt sich, während sie noch proben, bereits die Kirche. Salieri hat sich angekündigt. Er erwartet ihn am Portal. Voller Stolz führt er ihn zu seinem Stuhl.

Therese hat sich in eine große Dame verwandelt. Bewundernd betrachtet er sie, immer wieder, und allmählich steigt ihm das Blut ins Gesicht.

Er ist aufgeregt, hört er den Vater sagen, der wie Ignaz und Karl im Orchester sitzt.

Spaun begrüßt ihn von ferne; er ist in Begleitung eines jungen, seine Eleganz betonenden Mannes. Nach der Messe wird er ihm vorgestellt. Er heiße Franz Schober.

Allez, hört er Ruzicka rufen, wie damals, »für vier Hände«.

Allez. Auch Ruzicka hat es sich nicht nehmen lassen, Schuberts Messe zu hören. Alle scharen sie sich um ihn wie ein Schutzmantel.

Das Kyrie.

Sing, Vogerl, sing.

So warm und so schlank hat Therese noch nie gesungen. Er liebt sie sehr. Wieso, fragt er sich, denke ich mir, daß er sich fragt: Wieso gelingt es mir nicht, sie von der Tiefe meines Gefühls so zu überzeugen, daß sie mir nicht mehr mißtraut?

Das Gloria.

Das Credo. Selbst der Chor hält für einen Moment inne, dort wo der Glaubenssatz fehlt, als wollten sie ihn nachatmen.

Das Sanctus.

Das Benedictus.

Das Agnus Dei.

Es ist noch nicht alles, meint er, als Salieri ihm gratuliert, die Brüder jubelnd über ihn herfallen, Therese seine Hand nimmt und nicht mehr losläßt, Holzer ihn an seine ersten Stunden im Chor erinnert: Weit hast du's gebracht, Franz. Und der Vater ihn damit verblüfft, daß er ihm ein Klavier verspricht, nicht bloß für den Unterricht in der Schule, vor allem für ihn. Es kommt, ein paar Tage darauf, von Konrad Graf gebaut, fünf Oktaven umfassend.

Strahlender könnte dieser Anfang, der zugleich eine Rückkehr auf den Himmelpfortgrund bedeutet, kaum ausfallen. Er wirft Licht voraus. Was die andern, die Eltern und die Freunde, die mögliche Geliebte nicht erkennen, quält ihn um so heftiger: Daß dieses Licht ohne Finsternis nicht auskommt.

Mit Skrupeln nimmt er seine Arbeit an der väterlichen Schule auf. Er bekommt die Kleinsten. Und ist den Kindern nicht gewachsen. Er wehrt sich gegen ihren Lärm, gegen ihren Gestank. Sie quäken gegen die Melodien in seinem Kopf. Er prügelt, kujoniert sie. Aber mitunter vergißt er die Plage, sinkt hinter dem Pult zusammen, verschwindet, schreibt, dichtet und die Schüler verlassen auf Zehenspitzen die Klasse.

Therese widersetzt sich seinen Klagen, redet ihm ein Leben als Lehrer ein, dessen Bequemlichkeiten er nur begreifen müsse. Das rührt ihn und lehrt ihn zugleich das Fürchten. Auf die Dauer, er sei sicher, könne er diese Jammerexistenz nicht durchhalten.

Dann habe auch ihre Liebe keine Zukunft.

Der Winter bricht früh und eisig über die Stadt herein.
Da der Ofen im Schulzimmer zu schwach heizt, bleiben die Kinder in den Mänteln, behalten die Kappen auf. Er geht mit ihnen um wie mit einer Herde von Trollen.
Still, still, seids ruhig, seids endlich ruhig! Ich beschwör euch!
Gib dir Mühe, Franz, beschwichtigt ihn der Vater, es ist dein Beruf.
Noch widerspricht er nicht, weil er die Hoffnung auf ein gemeinsames Leben mit Therese nicht ganz aufgegeben hat. Es dauert immerhin länger als ein paar Lieder.
Manchmal schafft er es nicht mehr zu unterrichten, die Einfälle wuchern, besetzen ihn, machen ihn unerreichbar.

Dürfen wir gehen, Herr Lehrer?

Störts mich nicht – oder soll ich euch auf dem Klavier etwas vorspielen, ein Lied, das ich gerad geschrieben habe?

Es ist ihm egal, ob die Kinder zuhören oder nicht, auf alle Fälle übt er mit der Musik mehr Macht aus als mit dem Stock. Für ein paar Strophen lang halten sie still. Ich habe keine gute Stimme. Ihr solltet das Fräulein Therese hören.

»Meine Ruh ist hin, mein Herz ist schwer.

Ich finde sie nimmer und nimmer mehr.«

Weshalb dieses Gretchen so aufgeregt und so traurig sei, wollen die Kinder wissen.

Sie ist halt verliebt.

Wie heißt ihr Liebster, Herr Lehrer?

Heinrich Faust. Die Kinder brechen in Gelächter aus, finden den Namen unpassend für einen Liebsten.

Therese singt es im Kreis der Familie vor. Auch ihre Mutter, ihr Bruder sind eingeladen. Sie muß es wiederholen.

Goethe, daß du dich traust!

Alle erliegen dem Zauber des Liedes so sehr, daß sie mit Therese umgehen, als sei sie das vor Liebe kranke Gretchen. Dabei hat er nicht sie, sondern sich gemeint. Er projiziert. Er wird es immer wieder tun. Seine Lieder gleichen Tagebucheintragungen, oft wenig verschlüsselt; manchmal werden sie zu Niederschriften einer Möglichkeit, zu Wunschgebilden, zu neuen, unerfahrenen Wirklichkeiten.

Das Gretchen-Lied entstand vor dem hellen Theresen-Winter, am 19. Oktober 1814, drei Tage nach der Aufführung der F-Dur-Messe, aber es gehört schon ins nächste Jahr, in die Liederfülle. Spaun begreift sofort, was geschieht. Du übertriffst Zumsteeg, Franz, bist weiter als er.

Schubert geht das Lob weniger nah, als das unerwartete, ihn als ebenbürtigen Freund ansprechende Du.

Die Antwort fällt ihm leicht: Ich danke dir, Spaun.

An manchen Tagen kann er gar nicht aufhören zu »dichten«. In wenigen Stunden werden drei Gedichte von Goethe zu Liedern. Spaun beginnt, sie zu sammeln. Wir könnten sie dem großen Mann vorlegen. Das dauert noch eine Weile.

Die Neuigkeiten aus der Stadt, vom Kongreß, werden von Ferdinand, Spaun und auch von Mayrhofer, der inzwischen zur Runde zählt, mitgebracht, zugleich kommentiert und debattiert, sie streiten, wer gegen wen intrigiert, wer mit wem getanzt und poussiert habe.

Habt ihr gehört, sensationell, Napoleon ist in Frankreich gelandet, zurückgekehrt aus seiner Verbannung.

Er hört zu.

Er sieht den Kaiser, wie er ihn in Schönbrunn sah.

In dem Bild, das er sich macht, nimmt er den entfernten Herrscher fort von der Freitreppe, stellt ihn auf eine Felsenklippe, unendlich einsam, denkt, daß die flimmernde Luft, die aufgeregte Luft ihn einfach schmelze.

Als Mayrhofer erzählt, das österreichische Heer habe König Murat von Neapel geschlagen, starrt Schubert so inbrünstig auf die Tischplatte vor sich, daß ihn Spaun vorsichtig anstößt und fragt, ob er schon wieder Noten im Kopf bewege, er aber auf kleinster Fläche und in springenden Farben winzige Truppen vor sich sieht, lächerliche Kampfkrümel, und er fängt an zu kichern wie so oft. Im Konvikt sagten sie zu ihm: Du bist blöd, Franzl.

Im »Roten Kreuz« feiert er mit den Freunden den Ab-
schluß des Wiener Kongresses. Jetzt gehen wir tanzen,
Franz.

Er begleitet sie, läßt das Tanzen aber sein. Wäre Therese
dabei, würde er es vielleicht versuchen.

Im Sommer, sie haben den Tisch hinaus in den Hof gestellt, bringt Spaun die Nachricht vom Untergang des napoleonischen Heeres bei Waterloo.

Es könnte ein Lied, eine Ballade daraus werden. Für ihn hat
dieses Lied nicht mit einer Niederlage begonnen, sondern
mit einem Frieden. Lunéville lautete das Kinderwort.

Ob es einen Frieden geben wird? Seine Frage überraschte
die Runde.

Aber sicher!

Ganz gewiß, Franz. Jetzt endlich!

Sein Lied geht nicht so aus. Er wirft Therese, die mit ihrer
Mutter herübergekommen ist ins Schubert-Haus, einen
flehenden Blick zu.

Ich könnte ein Lied singen, sagt sie, ein neues.

Mir zuliebe stelle ich mir solche Szenen vor. Sie sind möglich, durch Erinnerungen jedoch nicht belegt. Hier, im Hof
des Schulhauses, im Höfchen. Er verläßt die Gesellschaft,
geht ins Haus. Wenn er das Fenster öffnet, ist das Klavier
zu hören. Therese stellt sich in die Tür, in den Rahmen.
Alle Blicke sind auf sie gerichtet. Den Himmel gibt es nur
in einem gestirnten Ausschnitt.

Der crescendierende Einsatz kommt vom Piano wie das
Aufblitzen des Mondes in einer sich öffnenden Fenster-
scheibe:

>>Ich denke dein, wenn mir der Sonne Schimmer
Vom Meere strahlt;

99

Ich denke dein, wenn sich des Mondes Flimmer
In Quellen malt.

Ich sehe dich, wenn auf dem fernen Wege
Der Staub sich hebt;
In tiefer Nacht, wenn auf dem schmalen Stege
Der Wandrer bebt.«

Ist es ihr Lied? Und ist er schon der Wanderer?
Im Januar 1815 schreibt er an Holzapfel, der noch auf
dem Konvikt ist, Jura studiert, in einem ausführlichen
Brief seinen Zustand. Er liebe Therese Grob, die er, der
Freund, ja singen gehört habe in der Messe. Die sei zwar
nicht übermäßig schön, doch habe ein herzensgutes
Wesen und eben die Stimme, die er kenne. Holzapfel
denkt nicht daran, ihn in seiner prompten Antwort zu be-
stärken, obwohl er nach seiner Art ebenfalls ein keineswegs unfreundliches Porträt des Mädchens malt: »Gut
gewachsen, ziemlich voll, ein frisches kindliches Rund-
gesicht mit schöner Sopranstimme (bis zum hohen d rei-
chend)«.
Er solle sich nicht zu früh binden, beschwört ihn Holzapfel
in einem Nebensatz: »Ich bitte Dich, Franz, verlier den
Kopf nicht, denke an Dich, an Deine Kunst.«
Wahrscheinlich hat er noch einmal seinem Verlangen
nachgegeben, sie angefleht, ihn zu lieben. Theres', ich
gehör dir, du weißt es.
Er hat ihr mit jedem Satz Angst gemacht. Ich weiß nicht,
hat sie erwidert. Wir müssen uns noch gedulden. Meine
Frau Mutter, Ihr Herr Vater, hat sie gesagt.
Seinem Vater wäre die Verbindung wohl recht gewesen.
Die Grobs hatten einen ordentlichen Namen, und wenn

auch das Familienhaupt fehlte, genoß Therese eine gute Erziehung und lebte behütet.

Vielleicht trat ihr Franz zu wenig männlich auf, zu leise, zu selbstvergessen. Das, was ihn ausmachte, sein unvergleichliches Talent, schreckte sie eher ab.

Lieb mich, Therese, wart auf mich.

Sie wartet schon nicht mehr, als er noch ihr Nachbar, ihr Begleiter auf dem Piano ist. Und er entfernt sich, ohne es zu wollen. Er spielt neben ihr Klavier und ist weit fort, unterwegs auf dem »schmalen Stege, der Wanderer«. Allmählich verlieren sie sich aus den Augen. Ihr Bild nimmt er mit. In Träumen ruft er es zum Leben, begehrt es so wie der Junge auf dem nächtlichen Schulhof, wüst und hoffnungslos. Es gibt keinen Brief von ihm an sie, keinen von ihr an ihn. Nur die Gedichte Goethes, die er in diesen beiden Liebesjahren vertont, könnten als Botschaften gelesen werden:

> »Heimlich muß ich immer weinen,
> Aber freundlich kann ich scheinen
> Und sogar gesund und rot;
> Wären tödlich diese Schmerzen
> Meinem Herzen,
> Ach! schon lange wär' ich tot.«

1820 heiratet Therese, seine erste Sängerin, seine erste Liebe, den Bäckermeister Johann Bergmann, Therese, »eben nicht hübsch, mit Blatternarben im Gesicht, aber gut, herzensgut«.

15.
Der Wanderer

In den Jahren 1815 und 1816 schreibt der unter der Aufsicht des Vaters tätige Schulgehilfe auf dem Himmelpfortgrund ungefähr zweihundertfünfzig Lieder, die allein schon genügt hätten, seine musikalische Phantasie Tag und Nacht zu beanspruchen, dazu noch vier Sinfonien, mehrere Singspiele, Kantaten, Oratorien, Messen, Streichquartette, Kompositionen für Klavier und Geige und für Klavier allein, womit längst nicht alles genannt ist, das einen jungen, von seinem Beruf geplagten Neunzehnjährigen umtreibt, aufhält, einnimmt, besetzt. Die Lieder komponiert er meist so, wie ihm die Gedichte in die Hände fallen, ein Bündel Matthisson, Schiller oder Körner, ein Bündel Goethe: Allein am 19. August 1815 entstehen »Heidenröslein«, »Bundeslied«, »Der Schatzgräber«, »Der Rattenfänger«, »An den Mond«. Er vertont Gedichte von Kameraden aus dem Konvikt, von Joseph Kenner oder Anton Stadler, Texte, die er in Almanachen findet – und dadurch kann er Freunde gewinnen, Johann Mayrhofer beispielsweise, oder Franz von Schober legt ihm einfach eines seiner Gedichte auf den Tisch.
Er scheint ständig bereit, sich einzustimmen. Dies geschieht nicht allein durch ein Gedicht, eine Zeile, auch durch die augenblickliche Situation, durch Laune und Empfindung. Einzelne Wörter genügen. Es können armselige, naive, törichte Wörter sein und solche die glänzen, die aus sich selbst mächtig sind. Qualität will er, sich einstimmend, nicht bestimmen. Er springt aus einem Sprachraum in den andern. Dabei folgt er der Behendigkeit seiner Emotionen, seiner Labilität.

So liest er, verwirft, antwortet singend auf die Farbe einer Wendung, eines Satzes, auf das Klima oder den Inhalt eines Gedichtes, und es entsteht eine irrwitzige Anthologie, die kaum als poetische Sammlung, aber gewiß als Kurve seiner Launen zu lesen ist, ein Seelenkauderwelsch, das sich melodisch artikuliert und ordnet:

Ein Fräulein schaut vom hohen Turm,/ Dem Schnee, dem Regen, dem Wind entgegen,/ Laßt mich, laßt mich, ich will klagen,/ Ein Mädchen ist's, das früh und spät mir vor der Seele schwebet,/ Hör ich das Pförtchen nicht gehen?/ Begrabt den Leib in einer Gruft,/ Der Eichwald braust, die Wolken ziehn,/ Gib Schwester mir die Harf herab,/ Im Felde schleich ich still und wild, gespannt mein Feuerrohr,/ Er fiel den Tod fürs Vaterland, den süßen der Befreiungsschlacht,/ Wer bist du, Geist der Liebe, der durch das Weltall webt?/ Sah ein Knab ein Röslein stehn, Röslein auf der Heiden,/ Im Frühlingsgarten fand ich sie, da band ich sie mit Rosenbändern,/ Ich bin ein deutsches Mädchen,/ Hast du Lianen nicht gesehn – Ich sah sie zu dem Teiche gehn,/ Rosa, denkst du an mich? – innig gedenk ich dein,/ Nur wer die Sehnsucht kennt, weiß, was ich leide,/ Heut will ich fröhlich, fröhlich sein,/ Du verstörst uns nicht o Nacht,/ Laß dich mit gelinden Schlägen rühren,/ So laßt mich scheinen, bis ich werde –

Es ist ein Wirrwarr von schönen Sätzen, albernen Phrasen und ein melodischer Kosmos.

Die Freunde, die diesen Ausbruch erlebten, verstanden rasch, welches Wunder hier geschah, und sie nahmen an, die Welt würde staunen. Da irrten sie.

Spaun griff gleich hoch. Er wolle Goethe eine Auswahl der Lieder schicken. Wenn einen, dann wird er dich als Ebenbürtigen erkennen, Franz.

Erst muß er die sechzehn Lieder, darunter »Gretchen am Spinnrade«, »Erlkönig«, Heidenröslein« zu einem Heft binden, muß den Freund zum wiederholten Male überreden, das Einverständnis zu geben, denn Schubert möchte sich nicht unbedingt mit Zumsteeg messen, mit diesem Vorbild nicht.

Einen langen Abend schreibt Spaun an dem Begleitbrief:

»Euer Exzellenz!

Der Unterzeichnete waget es, Euer Exzellenz durch gegenwärtige Zeilen einige Augenblicke Ihrer so kostbaren Zeit zu rauben, und nur die Hoffnung, daß beiliegende Liedersammlung Eurer Exzellenz vielleicht keine ganz unliebe Gabe sein dürfte, kann ihn vor sich selbst seiner großen Freiheit wegen entschuldigen.

Die im gegenwärtigen Hefte enthaltenen Dichtungen sind von einem 19jährigen Tonkünstler namens Franz Schubert, dem die Natur die entschiedensten Anlagen zur Tonkunst von zartester Kindheit an verlieh, welche Salieri, der Nestor unter den Tonsetzern, mit der uneigennützigsten Liebe zur Kunst zur schönen Reife brachte, in Musik gesetzt. (. . .).

Diese Sammlung nun wünscht der Künstler Euer Exzellenz in Untertänigkeit weihen zu dürfen, dessen so herrlichen Dichtungen er nicht nur allein die Entstehung eines großen Teils derselben, sondern wesentlich auch seine Ausbildung zum deutschen Sänger verdankt. Selbst zu bescheiden jedoch, seine Werke der großen Ehre wert zu halten, einen, soweit deutsche Zungen reichen, so hoch gefeierten Namen an der Stirne zu tragen, hat er nicht den Mut, Euer Exzellenz selbst um diese große Gunst zu bitten, und ich, einer seiner Freunde, durchdrungen von seinen Melodien, wage es, Euer Exzellenz in seinem Namen darum zu bitten; für eine dieser Gnade würdige Ausgabe wird gesorgt werden. Ich enthalte mich jeder weiteren Anrühmung dieser Lieder (. . .)

Sollte der junge Künstler so glücklich sein, auch den Beifall desjenigen zu erlangen, dessen Beifall ihn mehr als der irgendeines Menschen in der weiten Welt ehren würde, so wage ich die Bitte, mir die angesuchte Erlaubnis mit zwei Worten gnädigst melden zu lassen.

Der ich mit grenzenloser Verehrung verharre

Euer Exzellenz gehorsamster Diener

Josef Edler von Spaun.«

Die »zwei gnädigen Worte« blieben aus, das Heft wurde ohne jedes Begleitschreiben zurückgeschickt. Ob Verständnis, gar Lob den Hilfslehrer Schubert aufgehalten hätten, ob dadurch der Aufbruch vom Himmelpfortgrund aufgeschoben worden wäre, fragt sich. Ebenfalls mit Hilfe Goethes hat er die Grundfigur seiner Existenz, seiner Kunst gefunden: Den Wanderer. Am 5. Juli 1815 hat er »Wanderers Nachtlied« – das erste, das Goethe schrieb – vertont: »Ach! Ich bin des Treibens müde!/ Was soll all der Schmerz und Lust?«

Im zweiten der beiden Liederjahre fand er ein Gedicht, in dem manche Zeile dürftig ist, mancher Reim wackelt und das allein durch seine Musik den Rang einer »inwendigen« Hymne bekommt: Der Wanderer.

Ursprünglich heißt das Gedicht »Der Unglückliche«. Unter diesem Titel entdeckt er es in dem Bändchen »Dichtungen für Kunstredner«. Hier wird ein *Werner* als Autor angegeben. Schubert kann gar nichts anderes annehmen, als daß es Zacharias Werner sei, der Dichter und Kongreßprediger. Der war es nicht. Die Gleichgültigkeit des Herausgebers gegen die Autoren hatte für eine Unterschlagung des tatsächlichen Verfassernamens gesorgt. Es war Georg Philipp Schmidt, genannt Schmidt von Lübeck, der weit entfernt von Wien, aber zu Lebzeiten Schuberts eine verblüffende Karriere zwischen Altona, Lübeck und der dänischen Insel Fünen durchlief: als praktischer Arzt, Irrenarzt, als Sekretär eines dänischen Ministers, als Bankdirektor und Reichsbankadministrator. Er starb zwanzig Jahre nach Schubert.

Doch sein Gedicht hat er dem Zwanzigjährigen auf dem Himmelpfortgrund, ohne von ihm zu wissen, geschenkt als Grundlage für die Melodie, in der der Fremdling und der Wanderer sich wesenhaft vereinen. Wobei, wie stets, die Musik die Sprache auch dort, wo sie arm ist und holpert, aufnimmt und trägt, bis hin zum letzten Satz der fünften Strophe, der kahl und wortgenau aus der Banalität springt:

»Ich komme vom Gebirge her:
Es dampft das Tal, es rauscht das Meer,
Ich wandle still, bin wenig froh,
Und immer frägt der Seufzer – wo?

Die Sonne dünkt mich hier so kalt,
Die Blüte welk, das Leben alt:
Und, was sie reden, leerer Schall –
Ich bin ein Fremdling überall.

Wo bist du, mein geliebtes Land!
Gesucht, geahnt, und nie gekannt,
Das Land, das Land, so hoffnungsgrün,
Das Land, wo meine Rosen blüh'n;

Wo meine Freunde wandeln geh'n,
Wo meine Toten aufersteh'n,
Das Land, das meine Sprache spricht,
Und *alles* hat, was mir gebricht?

Ich wandle still, bin wenig froh,
Und immer frägt der Seufzer – wo? –
Im Geisterhauch tönt mir's zurück,
Dort, wo du *nicht* bist, ist das *Glück!*«

16.
Doppelbewerbung

Nicht nur den Sohn drängt es fort aus der Enge am Himmelpfortgrund, auch den Vater. Beide bewerben sich bei
einer möglichen besseren Zukunft. Beide reden sich gute
Aussichten ein.

Im April 1815 hatte die zweite Mutter Josefa Theresia zur
Welt gebracht. Ein weiterer Grund für den Vater, sich verbessern zu wollen.

Sie sitzen rund um den sonntäglichen Mittagstisch, die
Brüder, die Schwestern, die Eltern, was mittlerweile nur
noch selten geschieht, und der Vater nimmt die Gelegenheit wahr, endlich wieder einmal ausgiebig lamentieren zu
können, welche Mühe ihm die Verwaltung der Schule be-
reite, daß die Hilfen, die er habe, doch keine seien, welche
Spitzbuben es unter den Schülern gäbe, daß er bei aller
Schinderei mit dem Verdienst kaum zurechtkäme und er
sich entschlossen habe, um die vakant gewordene Lehrer-
stelle am Schotteninstitut einzukommen, was ohnehin alle
erwartet hatten. Die Aufforderung des Vaters, sie könnten

sich etwas mehr strecken und anstrengen, gilt ohnehin bloß noch Franz, der Zeit finden will für seine Musik. Ferdinand und Ignaz, beide inzwischen gestandene Lehrer, werden ihm vom Vater als Beispiel vorgehalten, und nun auch Karl, der sich mit Erfolg als Zeichenlehrer ausbilden läßt.

Nimm dir ein Beispiel an deinen Brüdern, Franz.

Aber die Brüder wiegeln ab. Er ist ein so guter Lehrer wie wir auch, Vater.

Der gibt nicht nach: Was fängst du schon an mit deiner Musik. Nicht leben und nicht sterben wirst du davon können.

Ja, antwortet der Sohn, lasse ich ihn antworten, denn ich halte es für möglich, daß er mit solchen väterlichen Weisheiten in Gedanken sofort zu spielen begann, um nicht von ihnen behelligt zu werden. Ja, Herr Vater, und er könnte ihm antworten, wenn ich nur wüßte, Herr Vater, wo ich mich ansiedeln könnte zwischen Leben und Sterben auf diesem Stückl Ödland zwischen Hier und Nichthier, nicht mehr da und noch nicht dort, aber wenn ich mich nicht täusche, täuschen Sie sich über den Zustand dieses Landstrichs, dieses Seelenstücks, denn nach meiner Erfahrung, Herr Vater, läßt sich durchaus leben in dem Zuwenig, denn da schießen die Einfälle, die immer vom Leben und vom Sterben zugleich zehren, nur so ins nicht vorhandene Kraut, lieber Herr Vater.

Wo bist du eigentlich mit deinen Gedanken, Franz?

Nirgendwo, Herr Vater.

Das ist dir anzusehen.

Ich bitte Sie, Herr Vater, fällt ihm Ferdinand ins Wort, seien Sie nicht zu streng mit ihm. Sie hatten doch auch eine Freude an ihm, als er mit seiner Messe so erfolgreich war.

Schon, schon, nur –

Jetzt wird er erklären, daß Franz die fromme Musik keinen Gulden einbringe, nur den Segen des Priesters und außerdem Holzers und Salieris Bewunderung.

Nichts hast du dafür bekommen.

Doch, Herr Vater, ein Klavier.

Womit für einen Augenblick Ruhe eintritt, und er den verblüfften freundlich getroffenen Vater bitten kann, den Tisch verlassen zu dürfen.

Geh halt.

Er hat den begabten Sohn in seiner Bewerbung ja auch zu seinen Gunsten gerühmt. Davon hat er ihm kein Wort gesagt. Mit einem, wenn auch ehrerbietigen Anflug von Selbstherrlichkeit, hat er von sich als Lehrer und Vater gesprochen:

»Insbesondere macht ihm das Verhältnis seiner 4 Söhne, welche bereits alle bei dem deutschen Schulwesen dienen, diese gnädige Beförderung erwünschlich, indem der Eine zugleich Zeichnungsmeister an dem Mädchen-Institute am Hofe, die Zeichnungsakademie frequentiert (von wo er v. J. im Figuren-Zeichnen den ersten Preis erhielt), der andere unter der gütigen Leitung des ersten k.k. Hof-Kapellmeisters Herrn *von Salieri* nebstbei bei der Tonsetzungskunst mit glücklichem Erfolge obliegt; und so jeder nach seiner Art seiner ferneren Bildung und endlichen Bestimmung wesentlich näher gebracht würde.«

Wobei er die beiden, Ferdinand und Ignaz, die ihm, da sie ihm keine Scherereien machen, ungleich lieber sind als Franz, in der Selbstrühmung als zu blaß ausläßt.

Der Vater wartet. Seine Ungeduld und schlechte Laune läßt er an Familie und Schülern aus.

Du hast als Lehrer nicht viel dazu gelernt, Franz.

Ich will mich mühen, Herr Vater. Zwei Verletzte reden da miteinander, wobei der Ältere im Vorteil ist, maßregeln zu dürfen. Sie belauern sich und haben sich schon längst fortgedacht, in den Erfolg, in den Ruhm. In ihrem Alltag bewegen sie sich als Gefangene, ohne große Aussicht auf Gnade.

Im September 1815 erhält der Vater den abschlägigen Bescheid. Es ist ein normaler Schultag. Prügelnd lehrt er seine Zöglinge das Fürchten. Was erlaubt ihr euch, schreit er und meint sich: Hat er sich zu viel erlaubt?

Im Gespräch mit Spaun und Mayrhofer entfernt sich Schubert vom Himmelpfortgrund, nicht in einem Sprung, sondern allmählich, da er ahnt, daß es eine solche Zuflucht nicht mehr geben würde.

Noch hat er, wenigstens in seiner Phantasie, Therese nicht aufgegeben. Sie musizieren weiter miteinander, jetzt sogar häufiger in der Grobschen Wohnung als im Schulhaus.

Er werde auch als Musiker ein Fortkommen haben, versichert er.

Sie zweifelt. Irgendwann während eines Spazierganges, im Treppenhaus oder als sie von Mutter Grob für einen Augenblick allein im Zimmer gelassen werden, nimmt er noch einmal einen Anlauf, faßt sie an den Händen, versucht sie zu küssen, verspricht, sich alle Mühe zu geben, aber sie reagiert leise und verächtlich: Du bist halt doch bloß ein armer Schlucker, Franzl.

Er muß es ihr beweisen, nicht nur ihr, dem Vater ebenso. Und sich auch.

In der Wiener Zeitung vom 17. Februar 1816 schreibt die Niederösterreichische Regierung eine Musiklehrerstelle an der Deutschen Normalschulanstalt von Laibach aus:

»Mit hoher Zentral-Organisierungs-Hofkommissions-Ver-

ordnung vom 11. Dezember 1815 ist die Errichtung einer öffentlichen Musikschule an der deutschen Normalschul-An-
stalt in Laibach bewilliget worden, für welche hiermit ein
Lehrer gesucht wird, der nebst einer ausgezeichneten guten
Konduite, ein gründlich gelernter Sänger, Organist, und
ein ebenso guter Violinspieler sein, dann nicht nur die
nötigsten Kenntnisse aller gewöhnlichen Blasinstrumente
besitzen, sondern auch die Fähigkeit haben muß, andern
den Unterricht darin zu erteilen.«
An all dem mangelt es ihm nicht, bis auf die didaktischen
Fähigkeiten, die er selber mehr und mehr anzweifelt. Je-
doch ist er sicher, daß ihm Musikunterricht leichter fallen
werde als der allgemeine.
Er bewirbt sich. Spaun, geschult im Kanzleistil, hilft ihm.
Er dürfe keineswegs zu ausführlich werden. Auch nicht zu
demütig. Schließlich bringe er seine Fähigkeiten mit, sein
Talent habe sich schon herumgesprochen.
Ehe er das Schreiben abschickt, treffen sie sich häufig bei
Schober, der mit seiner Mutter und seiner Schwester
Sophie in der Innern Stadt wohnt, und debattieren, bleiben nicht allzu lange ernst, denken sich die verrücktesten,
auffälligsten, dümmsten Bewerbungsbriefe aus. Josef von
Spaun ist mit seinen Brüdern Anton, Franz und Max dabei, dazu Schober und Mayrhofer.
Wird Schubert der Unfug zu viel, zieht er sich ans Klavier
zurück, und es gelingt ihm schon mit den ersten Takten,
die toll gewordene Runde zu beruhigen. Diese Ecossaise
kenn ich, ruft Anton Spaun. Josef brachte unlängst die Noten nach Linz.
Also, schreib schon, Franz, mahnt Josef von Spaun.
»Hochlöbl. k. k. Stadthauptmannschaft«
schreibt er,

und ich schreibe seinen Brief ab und rede mir dabei ein, daß er sich gegen diese Ergebenheitsformeln gewehrt habe, was vermutlich nicht zutrifft, meine Abwehr allein auf die zeitliche Distanz zurückzuführen ist, er sich über Bezeichnungen wie Zentral-Organisierungs-Hofkommission überhaupt nicht wunderte, da die Schranzenwirtschaft zur täglichen Erfahrung gehörte. Sicher machten sie sich mitunter Luft, wurden albern, übertrieben die Übertreibung, aber jetzt, wenn er dieses Gesuch verfaßt, ist es ihm ernst, bitter ernst:

»Hochlöbl. k. k. Stadthauptmannschaft!«,

schreibt er

»Unterzeichneter bittet unterthänigst, ihm die erledigte Musik-Director-Stelle zu Laibach in Gnaden zu verleihen.«

Er unterstützte seine Bitte mit folgenden Beweggründen:

»1. Ist er ein Zögling des k. k. Convicts, gewesener k. k. Hofsängerknabe, und in der Composition Schüler des Herrn von Salieri ersten k. k. Hofkapellmeisters, auf dessen wohlmeinendes Anrathen er diese Stelle zu erhalten wünschet.

2. Hat er sich in jedem Fache der Composition solche Kenntnisse und Fertigkeit in der Ausübung auf der Orgel, Violin u. im Singen erworben, daß er laut beiliegenden Zeugnisses unter allen um diese Stelle nachsuchenden Bittwerbern als der Fähigste erklärt wird.

3. Gelobet er, die bestmögliche Verwendung seiner Fähigkeiten, um einer gnädigen Bittgewähr vollkommen zu entsprechen.

Franz Schubert
der Zeit Schulgehülfe der Schule seines Vaters zu
Wien
am Himmelpfortgrunde No. 10.«

Es fragt sich, ob er ohne das Zureden Schobers oder auch Spauns darauf gekommen ist, sich als den »Fähigsten« vor allen anderen Bewerben zu erklären. So trat »mein« Schubert bisher nicht auf. Aber es könnte sein, daß er sich mit diesem Brief verändert hat und ich nun auch von einem andern erzählen muß, von jenem Schubert, der sich in Geselligkeit vergißt, der aber, geht es um die Musik und seinen Rang als Musiker, mit großer Sicherheit auftritt, gleich, ob er Erfolg hat oder nicht.

Salieri schreibt ein ausgezeichnetes Zeugnis für ihn. Es hilft ebenso wenig wie anderer Fürspruch. Es gab einundzwanzig Bewerber. In die engste Auswahl kamen: Franz Schubert, Franz Kubick, Domkapellmeister zu Görtz, und Franz Sokoll, Komponist aus Klagenfurt. Auf Sokoll fiel die Wahl.

Therese erfährt die niederschmetternde Nachricht von Anna, der zweiten Mutter. Sie kann ihn nicht trösten. Du bist halt ein armer Schlucker, Franz.

In seinem Tagebuch, das er im Juni 1816 begann, hüpfen seine Empfindungen widerspruchsvoll von Satz zu Satz. Es gelingt ihm noch nicht, sich von Therese loszuschreiben. Er liebt sie als eine bessere, vielleicht die beste Möglichkeit seiner Existenz und gibt sie und sich zugleich schon verloren:

»Glücklich, der einen wahren Freund findet. Glücklicher, der in seinem Weibe eine wahre Freundinn findet«, schreibt er, oder: »Ein schreckender Gedanke ist dem freyen Manne in dieser Zeit die Ehe; er vertauschet sie entweder mit Trübsinn oder grober Sinnlichkeit . . .« oder – und da redet er von und gegen sich: »Leichter Sinn, leichtes Herz. *Zu* leichter Sinn birgt meistens ein *zu* schweres Herz.«

Er nimmt keinen Abschied, sucht nicht noch einmal die Auseinandersetzung mit dem Vater – er stiehlt sich davon. Unauffällig verringert er seine Präsenz. Zuerst achtet der Vater kaum auf seine Entschuldigungen, seine Ausflüchte.

Er habe Ignaz die Klasse übergeben müssen. Einen Grund erfindet er gar nicht erst. Er müsse – und dieser Gang sei unaufschiebbar – noch einmal zum Schottenhof, zu Hartwig. Gegen dieses Treffen konnte der Vater kaum etwas einwenden, da Hartwig zu seinen alten Freunden zählte, mit denen er Quartett gespielt hatte und die danach ein kleines Orchester gegründet hatten. Hartwig, ausgezeichnet auf dem Klavier und der Violine, war Mitglied des Burgtheaterorchesters und kürzlich auf den Schottenhof in der Innenstadt umgezogen und wollte dort das gemeinsame Musizieren fortsetzen. Im Augenblick plante er die Aufführung von Schuberts dritter Sinfonie. Ich werde dafür sorgen, Herr Vater, daß die Noten kopiert werden. Es ist wichtig für mich.

An irgendeinem Tag im Sommer 1816 geht er die Stiege im Haus am Himmelpfortgrund hinunter, sagt beiläufig der zweiten Mutter und den kleinen Geschwistern Adieu, bittet sie, dem Herrn Vater auszurichten, daß er zu Herrn von Spaun ziehen werde und ihm deshalb, wenigstens fürs erste, nicht weiter als Schulgehilfe dienen könne. Es ist ein Ärgernis, das der Vater der Schulbehörde gegenüber für eine Weile unterschlägt. Er schämt sich des flüchtigen Sohnes, von dem er nicht einmal angeben konnte, welchen Beruf er habe.

Schubert muß sich mit Spaun ein Zimmer teilen. Das allerdings in einer noblen, ihn beruhigenden Umgebung: Spaun, der nach einer Wohnung sucht, logiert vorübergehend bei seinem juristischen Lehrer, dem Professor Heinrich Josef Watteroth, in der Vorstadt Landstraße. Watteroth verkehrt mit Beamten, Höflingen, Bürgern, Musikern und Literaten.

Spielen Sie Klavier, wann immer Sie mögen, ermuntert er Schubert. Es stört in diesem Hause niemanden; die Tochter Anna könne noch ein wenig auf dem Piano dazu lernen. Anna ist siebzehn, bei weitem ansehnlicher und aufgeschlossener als Therese. Aber er sieht sie nicht, weil er sie nicht hören kann. Sie hat keine Stimme, wie die verlorengegangene Geliebte.

Zu Watteroths Namenstag komponiert er die Kantate »Prometheus«. Ihre Aufführung im Hochsommer 1816 im Gartenhof des Watterothschen Hauses wird zu einem Spektakel, das den gefeierten Professor mit seinen Studenten vereint. Schubert dirigiert das Orchester.

Die Partitur ist verloren gegangen, nicht jedoch ihr Echo. Zum ersten Mal wird Schuberts Name – wenn auch erst ein Jahr nach der Aufführung – öffentlich genannt, in der »Wiener Allgemeinen Theaterzeitung«, in einem Gedicht des Konviktisten Franz von Schlechta: »An Herrn Franz Schubert / Als seine Kantate Prometheus aufgeführt ward: / In der Töne tiefem Beben, / Wie die Saiten jubelnd klangen, / Ist ein unbekanntes Leben / In der Brust mir aufgegangen.«

Das unbekannte Leben war, es könnte sein, an jenem Abend in Schuberts Brust aufgegangen. Zwar stand er nicht zum ersten Mal im Mittelpunkt einer musikalischen Aufführung, doch nie zuvor hatten Stimmung und Freundschaft ihn derart umschlossen. Er spürt den Aufbruch wie ein Glück, wie einen Aufruhr. Einen Moment wärmt ihn die turbulente Gemeinsamkeit. Er kann über sich hinauswachsen, sich seiner gewiß sein.

Die neu gewonnene Freiheit wirft auch ihren Lohn aus. Unterm 17. Juni trägt er in sein Tagebuch ein: »An diesem Tage componierte ich das erste Mal für Geld. Nämlich eine Cantate für die Namensfeier des Hn. Proffessors Watteroth von Dräxler. Das Honorar ist 100 Gulden Wiener Währung.«

Im Spätherbst zieht er zu Schober, der aus Schweden zurückgekehrt ist, und diese Freundschaft findet sofort ihr Muster aus Unruhe und Übermut, Nähe und Unverständnis, Anstand und Gemeinheit.

Schober fällt wie Schubert aus dem Rahmen. Er kann es sich allerdings leisten. Das Familienvermögen erlaubt es ihm, keinem Beruf nachzugehen, wenigstens für eine Zeitlang zu dichten, Musik zu hören und einen Musiker wie Schubert zu fördern. Er ist es, der Schubert überredet, nicht länger als Schulgehilfe dem Vater zu dienen, der ihn bestärkt, auf solche banale Sicherheit zu verzichten. Neben Schober wird er zum Wanderer.

Schober hatte mit seiner Mutter eine geräumige Wohnung in der Innern Stadt, im ersten Bezirk, in der Landskrongasse, bezogen. Das Haus hieß »Zum Winter« – wieder eine jener zufälligen Anzüglichkeiten.

Zu seinem Aufbruch war er überdies mit einem Gedicht beschenkt worden. Auf einer Wanderung waren Johann Mayrhofer und ein Sohn von Watteroth, Hermann, immer wieder auf Schubert, diesen sonderbaren Genius, gekommen, und die Wanderschritte halfen Mayrhofer, ein Lied Schuberts in Sprache vorauszudenken:

»Sag an, wer lehrt dich Lieder, so schmeichelnd und so zart?
Sie rufen einen Himmel aus trüber Gegenwart.

Erst lag das Land verschleiert im Nebel vor uns da –
Du singst, und Sonnen leuchten, und Frühling ist uns nah.

Den schilfbekränzten Alten, der seine Urne gießt,
Erblickst du nicht, nur Wasser, wie's durch die Wiesen fließt.
So geht es auch dem Sänger, er singt, er staunt in sich;
Was still ein Gott bereitet, befremdet ihn wie dich.«

Schubert nimmt diese Rühmung ungeniert entgegen und
komponiert unvergleichlich das Staunen über sich selbst,
seine Gaben und sein Fremdsein.
Ich hab dein Lied schon gedichtet, Mayrhofer.
Was?
Er läuft Schober und Mayrhofer voraus ins Zimmer, wo
das Klavier steht, bittet Frau von Schober um Entschuldi-
gung für die Störung und ob er kurz eine Komposition
spielen dürfe.
Sing du, Schober, du bist am besten bei Stimme.
Was kann Schober dafür, daß ihn die Eingangsphrase
schon so überwältigt, daß er abbrechen muß.
»Sag an, wer lehrt dich Lieder.«
Also beginn noch einmal, Schober, und dann sing es, ich
bitte dich, durch.

17.
Moment musical V
(Nicht zu geschwind)

Spaun hatte 1815 erlebt, wie das Lied vom Erlkönig entstand, an einem Nachmittag, gleichsam zwischen Himmelpfortgrund und Konvikt (da es zu diesem Zeitpunkt

anscheinend noch kein Klavier in der väterlichen Schule gab und Schubert im Konvikt vorspielen konnte, was er im Kopf oder auf Papier schon notiert hatte), wie im Konvikt Ruzicka den Klavierpart spielte, vor Entzücken in die Hände klatschte, besonders angetan von den nötigen Dissonanzen – und jetzt ist Spaun darauf aus, daß gerade dieses Lied (das inzwischen vom großen Sänger Vogl gesungen wurde, dem Sänger, der ganz nach Schuberts Vorstellungen sang und den er nun durch Schober kennengelernt hatte, und das für Schuberts Wiener Ruhm sorgt) der Öffentlichkeit durch einen Druck bekannt werde. Sagen wir, bei Breitkopf und Härtel. Spaun schickt es mit Billigung Schuberts nach Leipzig, von wo sie lang nichts hören und sehr verspätet einen abschlägigen Bescheid bekommen. Die Verspätung hat einen Grund. Es ist ein zweiter Franz Schubert, ebenfalls Musiker, ein Doppelgänger – Du Doppelgänger! Du bleicher Geselle! –, der in Dresden als Kirchenkomponist zuhause ist, seit langem mit Breitkopf und Härtel in Verbindung steht und nun zu seiner Überraschung eine Komposition retourniert erhält, die er nie schrieb, die ihm nie hätte einfallen können, eine Vertonung von Goethes Erlkönig. Er schreibt, die Blätter zur Seite legend, an seinen Freund Gottfried Christoph Härtel: »Noch muß ich Ihnen melden, daß ich vor ongefähr 10 Tagen einen von Ihnen mir schätzbaren Brief erhalten, wo mir dieselben ein von mir sein sollendes Manuskript, *den Erlkönig von Göthe* überschickten, zu meinem größten Erstaunen melde ich, daß diese Kantate niemals von mir komponiert worden; ich werde selbige in meiner Verwahrung behalten, um etwan zu erfahren, wer dergleichen Machwerk an Ihnen auf so eine unhöfliche Art übersendet hat, und um auch diesen Padron zu entdecken, der meinen Namen so gemißbraucht.«

Woraus bedauerlicherweise nicht zu schließen ist, um welche unhöfliche Art der Übersendung es sich handeln könnte, da ja wahrscheinlich Spauns Begleitbrief im Verlag zurückbehalten wurde, ehe ein unaufmerksamer Helfer das Manuskript der »Kantate« an den falschen Schubert zurückschickte, der immerhin um dreißig Jahre älter ist als der Wiener Komponist, jedoch einen Sohn hat – und eine solche Doppelgängerei kann nicht ohne Folgen bleiben –, der später nach des Vaters und des großen Schuberts Tod Schober kennenlernt und sich mit ihm befreunden wird. Auf diese Weise gelangen Partituren des Wiener Schubert in den Besitz der Dresdener Schubert-Familie, allerdings nicht der Erlkönig, der dann eben doch noch an seinen Verfasser, diesen »Padron«, zurückkam, nur nicht mit dem Begleitschreiben des Dresdener Schubert versehen, aus dem der Wiener Schubert hätte erfahren können, was wohl auch Goethe über seine Erlkönig-Kantate dachte, verwöhnt von den Vertonungen Zumsteegs, Zelters, daß diese Komposition nämlich ganz einfach ein »Machwerk« sei.

»Du Doppelgänger! Du bleicher Geselle!«

18.
Aufs Schloß

Noch einmal zieht er ins väterliche Schulhaus, arbeitet wahrscheinlich wieder als Hilfslehrer. Er findet keine andere Wohnung. Dennoch muß er nicht kuschen, den Vater nicht demütig bitten. Der Vater hat endlich eine bessere Stellung bekommen, ein paar Straßenzüge näher zur Innenstadt, doch noch immer in der Nachbarschaft Lichtentals und des Himmelpfortgrunds. In der Vorstadt Roßau war ihm die Position eines Schulleiters angeboten worden. Sein Vorgänger, der die Schule erst ein halbes Jahr zuvor gegründet hatte, zeigte sich seinem Beruf nicht gewachsen, hatte Einkünfte verschleudert oder sonstigen für Denunziationen ergiebigen Unfug getrieben.

Sie ziehen um, ziehen ein in das Haus 147 in Roßau, und er ist einfach wieder dabei in der großen Familie, die auf einem »Aufnahme-Bogen« vom Januar 1818 festgeschrieben steht, nicht allein mit Namen und Geburtsdaten, sondern mit den merkwürdigsten Anmerkungen zur Person.

Über den »öffentlichen Lehrer« Franz Theodor Schubert wie über sein Eheweib Anna wird nichts weiter festgestellt, über den Schulgehilfen Ignaz aber, daß er bucklicht, über den Waisenhaus-Lehrer Ferdinand, daß er verheiratet, über Karl, daß er »laut Zeugnis Landschaftsmaler« ist, über den Musikmeister Franz, daß er »4 Schuh, 11 Zoll, 2 Strich« messe, also ungefähr einenmeterfünfundfünfzig groß ist; über die Töchter Therese, Marie, Josefa wird wieder nichts mitgeteilt, ebensowenig über die später geborenen Söhne Andreä und Anton.

Es ist eine große Familie.

Wieder werden sie sich in der Enge reiben.

Franz wird auf der Liste nicht mehr als Lehrer geführt. Obwohl er dem Vater aushilft, hat er sich durchgesetzt. Sein Beruf ist Musikmeister. Seine Größe wurde nicht aus Bosheit, sondern von Amts wegen notiert: Burschen unter einssiebenundfünfzig konnten nicht mehr zum Militär eingezogen werden.

Er würde nicht lang bleiben. Darin war er sich sicher. Der Kreis seiner Freunde, seiner Bewunderer wurde immer größer; die Stimmen um ihn und über ihn mehrten sich. Seine Kompositionen wurden kopiert, in manchen Wohnungen Wiens gespielt und gesungen. Die Eigenart seines »intuitiven Dichtens« hatte sich herumgesprochen. Wo er zu Gast war, wurde ihm ein Platz eingeräumt, an dem er komponieren konnte. Hatte er damit genug, sorgten die Freunde für Ablenkung und Unterhaltung.

Gewöhnlich schrieb er morgens. Wurde er da gestört, brauste er auf. Mitunter gab er auch gegen die Regel seinen Einfällen nach, setzte sich nur für einen Moment beiseite, schrieb rasch auf, was er ohnehin im Kopf hatte, wie am 21. Februar 1818, tief in der Nacht, bei seinem Freund Anselm Hüttenbrenner.

Er hat Schubarts Gedicht von der Forelle schon in zwei Fassungen komponiert. Jetzt plötzlich beginnen die Zeilen von neuem zu hüpfen. Es ist, als pochten sie an. Er bittet Hüttenbrenner um Notenpapier, zieht eine entschuldigende Miene, rückt den Stuhl ans Fensterbrett und ist für den Freund unerreichbar. Kaum hat er die Arbeit beendet, springt er auf, läuft in der Stube hin und her, bittet Hüttenbrenner um ein Glas Punsch und meint, daß er das Lied unverzüglich Hüttenbrenners Bruder Josef in Linz schicken solle, dem seine Lieder so gefallen, und er schreibt, »nachts um 12 Uhr«, wie er betont, ein Briefchen dazu: »Es freut mich außerordentlich, daß Ihnen meine Lieder gefallen. Als einen Beweis meiner inigsten Freundschaft, schicke Ich Ihnen hier ein anderes, welches ich eben jetzt (. . .) geschrieben habe. Ich wünsche, dß ich bey einem Glas Punsch nähere Freundschaft mit Ihnen schließen könnte. Vale.« Noch etwas mitgenommen vom Dichten wie vom Trinken hantiert er ungeschickt: »Eben, als ich in Eile das Ding bestreuen wollte, nahm ich, etwas schlaftrunken, das Tintenfaß u. goß es ganz gemächlich darüber.«

Hüttenbrenner bleibt in dieser Nacht nichts übrig, als den erschöpften Freund zu sich ins Bett zu nehmen.

Ich mach mich klein, versichert Schubert und lacht in sich hinein.

Doch bevor dies geschah, hat er sich von Schober, bei dem er wohnte, verabschieden müssen und war ins Roßauer Schulhaus gezogen. Bei Schober hatte er sich für länger eingerichtet.

Damit du in Ruhe dichten kannst, Franz, hatte ihm der Freund versprochen. Nur muß er oft genug und keineswegs ungern Schobers Unrast nachgeben.

Sie treffen sich mit Freunden. Er trinkt mehr, als er verträgt. Abends ziehen sie die Wirtshäuser den herbstlich auskühlenden Wohnungen vor.

Die Freundesrunde plant, schickt die Musik Schuberts aus, und das mit wachsender Resonanz.

Wenn es dann im Februar und März 1818 zu den ersten Konzerten kommt, privaten Veranstaltungen, wird Schober schon nicht mehr dabei sein, und er in der Vorstadt Roßau wohnen.

Schober hatte sich überstürzt verabschiedet. Er müsse sofort reisen. Ich kann meinen Bruder nicht warten lassen, Franz. Dich muß ich bitten, eine andere Bleibe zu suchen. Das Zimmer werde ich für den Axel brauchen.

Schober hatte durch einen Boten erfahren, daß sich sein Bruder, Oberleutnant bei den Husaren und stationiert in Frankreich, schwer krank auf dem Heimweg befinde. Er wollte ihm entgegen fahren. Außerdem plante er, falls er den Bruder wieder wohlauf antreffe, gleich weiter nach Schweden zu gehen.

Den unerwarteten Abschied verspürte Schubert wie einen Riß.

Komm bald.

Sie umarmten sich ein ums andere Mal. Ihm gefiel die Kraft, mit der Schober, ungleich größer als er, ihn an sich zog.

Servus Schubert.

Servus Schober.

Er schrieb Schober ein Gedicht ins Stammbuch:

> »Lebe wohl, Du lieber Freund!
> Ziehe hin in fernes Land!
> Nimm der Freundschaft trautes Band –
> Und bewahr's in treuer Hand!
> Leb wohl! Du lieber Freund!«

Schober fuhr früher zurück, als Begleiter seines toten Bruders. Der starb unterwegs.

Im Saal zum »Römischen Kaiser« werden Kompositionen von ihm aufgeführt, eine der beiden Ouvertüren im italienischen Stil, und der Kritiker der »Wiener Allgemeinen Theaterzeitung« charakterisiert hellhörig, was der junge Musiker anstrebt. Er findet die Ouvertüre »wunderlieblich« und ihr Thema »befremdend einfach«.

So könnte es weitergehen. Er will es nicht. Bei Spaun beklagt er sich, daß er nicht aus der Stadt hinauskomme. Der Vater suche immerzu Streit.

Spaun macht ihn mit Karl Unger bekannt, dem Vater der Sängerin Karoline Unger, und der wiederum verwendet sich für Schubert bei dem Grafen Johann Karl Esterházy von Galántha.

Unversehens öffnet sich ein Tor ins Freie. Allerdings nach einem umständlichen, ihm nicht besonders angenehmen Vorspiel. Er wird in die Stadtwohnung des Grafen in der Herrengasse gebeten. Der wolle ihn kennenlernen, seine Fähigkeiten als Musiker, als möglicher Musiklehrer der beiden Töchter, Karoline und Maria, abschätzen.

Er tritt ein in den Salon, bemüht sich aufzutreten. Obwohl das Milieu für ihn neu ist, er sich beklommen fühlt, hat er nicht die Absicht, den Lakai zu spielen.

Ich gehe auf Abstand, sehe die Szene von ferne, aus der letzten Reihe in einem alten Theater. Der Vorhang ist eben aufgezogen worden, die Luft noch in Bewegung. Die Figuren auf der nicht allzu großen Bühne, die als Salon im Empire gebaut ist, wirken unverhältnismäßig klein, beinah schwerelos. So, als schwebten sie eine Handbreit über dem Boden.

Ich kann sie nicht hören.

Ich sehe eine Pantomime:

Ein älterer, in eine übertrieben schmucke Reiteruniform gezwängter Mann sieht, neben einem Sekretär stehend, einem jungen Mann entgegen, der, während er sich in kurzen Schritten nähert, immer wieder die Brille gegen die Nasenwurzel drückt. Vor dem Älteren angelangt, verbeugt er sich. Mit schwungvoller Geste bittet der Ältere seinen Gast Platz zu nehmen, will sich ebenfalls setzen, doch in diesem Moment werden zwei Mädchen von einer Zofe hereingeführt. Der Ältere bleibt stehen, und der Jüngere, der nicht mehr steht und noch nicht sitzt, strafft sich wieder, küßt den beiden Kindern die Hände, was der Ältere belustigt beobachtet, er wiegt den Kopf, wiegt sich in den Hüften, nun darf sich das eine Mädchen setzen, während das andere zum Klavier läuft, sich immer wieder zu dem

124

kleinen Herrn umschaut, sich die Hand vor den Mund legt, offenbar ein Kichern unterdrückt. Sie zieht einen Stuhl vors Klavier, spielt, was ich nicht hören kann. Der Ältere lauscht und beobachtet dabei das Lauschen des Jungen. Der nickt, zieht aus einer Mappe, die er so eng an seinen Körper gepreßt trug, daß sie mir jetzt erst auffällt, ein Notenheft, geht zu dem Mädchen, legt die Blätter auf den Halter, zeigt, deutet, blickt sie fragend an, sie nickt, er nickt, sie lächelt zu ihm auf, er erwidert ihr Lächeln, blickt sich fragend nach dem Älteren um, der macht wiederum eine billigende oder aufmunternde Geste, was den Jungen dazu veranlaßt, einen Stuhl neben das Mädchen zu ziehen. Sie beginnen vierhändig zu spielen. Ich sehe ihre Rücken. Sie spannen und bewegen sich im gleichen Takt. Ich höre nichts und höre doch zu. Der Ältere applaudiert. Die Mädchen eilen aus dem Zimmer und drücken beide die Hände vor den Mund. Die beiden Männer setzen sich. Der Ältere greift nach der Hand des Jüngeren. Ein Zeichen wohl dafür, daß der Vorhang zuzugehen hat. Er weht jetzt schleifend von beiden Seiten herein und überläßt der Phantasie des Zuschauers, was weiter geschieht, geschehen soll.

Graf Esterházy engagiert Schubert für den Sommer als Musiklehrer seiner beiden Töchter. Dazu wünsche er sowieso ausgiebige musikalische Unterhaltung. Er singe selber, seine Frau auch.

Auf Schloß Zseliz fänden sich stets Gäste ein, die musikalische Talente hätten. Auf den Freiherrn von Schönstein könne er sich besonders freuen; er brilliere mit einem vollen Tenor.

Das sind Versprechungen. Sie sind ihm nicht geheuer, doch immerhin ist er den Sommer über finanziell gesichert, fort von Wien, vom Vater, von Therese.

Die beiden kleinen Komtessen, die er zu unterrichten hat, scheinen ihm recht musikalisch. Sie spielen nicht nur vorzüglich Klavier, sondern Maria singt einen exzellenten Sopran und Karoline ebenso. Marie ist in diesem Sommer sechzehn, Karoline dreizehn. Ihre Mutter, die er noch nicht zu sehen bekommen hat, eine geborene Komtesse Festerics de Tolna, soll ebenfalls über eine gute Altstimme verfügen.

Am 7. Juli 1818 wird ihm nun als »Musikmeister von Joh. Esterházy« für fünf Monate ein Reisepaß ausgestellt, nach »Szellesz in Ungarn«. Es ist seine erste größere Reise.

Mit Hitze und Gewittern überfällt der Sommer die Stadt. Er packt, packt wieder aus. Wiederholt gerät er mit dem Vater zusammen, der ihm vorwirft, sich billig an Adelsleute zu verdingen, zu ihrem Gusto, ihrer Gaudi, zu sonst nichts.

Nein, Herr Vater, der Graf Esterházy verschafft mir die Freiheit, die ich nötig habe für meine Arbeit.

Spaun ist den Sommer über in Linz.

Schober versieht ihn mit der nötigen Unruhe: Nimm dir, was du bekommst, Franz, Zeit und Laune, Lust und Liebe.

Ach, Schober.

In den letzten Wochen scheinen die Einfälle zu versiegen. Sein Kopf dröhnt mehr, als daß er tönt. Liest er Gedichte, finden sie kein Echo.

Es ist schlimm mit mir, klagt er Ferdinand. Vielleicht wird es bald aus sein mit dem Dichten.

Mit Spaun hatte es, ehe er nach Linz fuhr, leise Unstimmigkeiten gegeben. Spauns Bruder Anton hatte, zusammen mit Mayrhofer, Kenner und anderen eine Zeitschrift begonnen, »Beiträge zur Bildung für Jünglinge«, die nach

Spauns Meinung zu freisinnig und zu leichtsinnig auftrat. Das empörte Schubert. Nachdem auf der Wartburg Studenten für Freiheit und nationale Einheit demonstriert hatten, war von Metternich jegliche Kontrolle verschärft worden. Das bekamen bald auch die Herausgeber der Zeitschrift zu spüren. Sie wurden von der Polizei besucht, reglementiert. Was nicht nötig gewesen wäre, denn die Zeitschrift ging ein an mangelndem Interesse.

Wenige Tage vor seiner Abreise, der Platz im Postwagen ist bereits reserviert, trifft er zufällig einen Freund aus dem Konvikt, der ihm erzählt, daß seine Mutter am Vortag gestorben sei. Schubert tröstet und wird von einer Trauer überwältigt, die gar nicht mitfühlt, sondern erinnert. Deine Mutter, sagt er; meine Mutter, denkt er. Er verspricht dem Schulkameraden, ein Grablied zu komponieren. Am nächsten Tag schon könne er es bei ihm in der Roßau-Schule abholen: »Hauche milder, Abendluft,/ Klage sanfter, Philomene,/ Eine schöne, engelreine Seele/ Schläft in dieser Gruft.«

Das klang mit, als der Reisewagen Wien verließ. Er hoffte, seine Phantasie würde sich auffrischen angesichts der ständig wechselnden Gegend, der schönen Tag- und Nachtbilder von der Donau, von Wäldern, Feldern, von Dörfern, die sich immer fremder ausnahmen. Die Straße folgte dem Lauf des Stroms, über Preßburg, Komarom, Gran. Schau hin, mahnte er sich. Die Fremde griff ihn an. Verwundert stellte er fest, daß sogar die Landschaft anders redete, sich so unverständlich ausdrückte wie die Menschen. Mit der Zeit jedoch genoß er es, fremd zu sein.

Manchmal, auf der Fahrt und später auf dem Schloß, kam es ihm vor, als ob die sommerlichen Bilder, lauter schöne, doch ferngerückte Ausschnitte, einen schwarzen Rahmen bekämen.

In der Kutsche, auch bei den nächtlichen Aufenthalten in den Poststationen vermied er es, sich mit den anderen Passagieren zu unterhalten. Er kroch in sich.

So überspannt und zugleich erschöpft kam er in Zseliz an und wurde unverzüglich von einer Turbulenz ergriffen, die ihn, wenn auch nicht für lang, die Melancholien der Reise vergessen ließ. Der Graf begrüßte ihn, Maria, Karoline und Albert, ihr kleiner Bruder, stürmten hinzu; die Gräfin trat aus dem Haus, blieb oben auf der Treppe stehen; ein Lakai bemächtigte sich seines Gepäcks, und der Schloßinspektor Johann Már übernahm es, ihm die Domestiken vorzustellen in einem geräuschvollen, heiteren Defilee, Gesichter, die er sich nicht gleich merken konnte, die ihm vertraut wurden im Lauf der Wochen, Anton und Kaspar, die beiden Stallmeister, der Beschließer, die Kammerjungfer Pepi, die Kindsfrau Barbara.

Servus, nickte er. Habe die Ehre.

Er erfuhr, daß es auch zwei Ärzte gäbe, die verhindert seien, und einen Musiker, Herrn Fröhlich, der dem Grafen Gesellschaft leistet.

Die Mädchen sprangen ihm und dem Inspektor voraus über den Hof zum Gesindehaus. Er sprach, sprach in sich hinein:

»Unser Schloß ist keins von den größten, aber sehr niedlich gebaut. Es wird von einem sehr schönen Garten umgeben. Ich wohne im Inspectorat. Die mich umgebenden Menschen sind durchaus gute«, erzählte er den Freunden in Wien, Schober, Spaun und Mayrhofer, und beschrieb sie so, daß sich die Empfindung für Fremde, die ihn auf der Reise nie losließ, wie von selbst wieder einstellte: »Der Herr Inspector, ein Slawonier, ein braver Mann, bildet sich viel auf seine gehabten Musiktalente ein«, schrieb er und ließ den Inspektor auf der Laute »zwei 3/4 Deutsche *blasen*«. »Sein Sohn, ein studierender Philosoph, kam gerade auf die Ferien«, schrieb er und fügte aus größter Ferne den Kinderwunsch hinzu: »Ich wünsche ihn recht lieb zu gewinnen.« Die Frau des Inspektors sei »eine Frau wie alle Frauen, die gnädig heißen wollen«. Und so würde er sie beharrlich anreden: Gnädigste, Meine Gnädigste, Gnädige Frau, Gnädigste Frau Inspektor. Würde den kühlen Grund für seinen Übermut nie aufgeben. »Der Rentmeister paßt ganz zu seinem Amte, ein Mann mit außerordentlichen Einsichten in seine Taschen und Säcke. Der Doktor, wirklich geschickt, kränkelt mit seinen vierundzwanzig Jahren wie eine alte Dame«, schrieb er und ließ beschreibend seine Herrschaft nicht aus: »Der Graf, ziemlich roh, die Gräfin stolz, doch zarter fühlend, die Comtessen gute Kinder«. Und weiter: »Vom Braten bin ich bisher verschont geblieben«, womit er auf seinen Platz am Katzentisch im Gesindehaus anspielte, und schließlich: »Der Koch ziemlich locker, die Kammerjungfer 30 Jahre alt, das Stubenmädchen sehr hübsch, oft meine Gesellschafterin, die Kindsfrau eine gute Alte, der Beschließer mein Nebenbuhler«.

Er hielt sich schon mehr als zwei Monate in Zseliz auf, als er diesen Bericht an die Freunde schickte, das verrutschte Genrebild zeichnete.

Am Rand taucht da einer auf, der unerwartet als Nebenbuhler bezeichnet wird. Es ist der Beschließer Johann Röhrer. Er genießt das Privileg, ein eigenes Häuschen im Park zu bewohnen, bemüht sich um die Gunst jenes sehr hübschen Stubenmädchens, das, wie Schubert schrieb, »oft meine Gesellschafterin« ist.

Josefine Pöckelhofer, von allen Pepi gerufen, wurde in dem Jahr, in dem Schubert nach Zseliz kam, zur Kammerjungfer ernannt. Sie stieg auf.

Es könnte sein, daß sie ihm erst auffiel, als er sich, wiederum aus Liebe, zur Vernunft rief.

Das fing mit Gelächter an, im Spiel.

Dabei war es ihm so ernst wie ihr.

Ich bitte Sie, Komtesse Karoline, die Triolen in der linken Hand doch ein bißchen zu verstärken.

Er schiebt seinen Stuhl neben den ihren, führt ihre Hand. Sie lacht auf, legt die Finger, die er eben noch berührt hat, auf die Lippen.

Könnten wir nicht vierhändig spielen, Herr Schubert? Den »Deutschen«, den Sie unlängst komponiert haben, und die Trios, die Ländler.

Versuchen Sie's doch zusammen mit ihrer Schwester, Komtesse.

Er schaut auf die Mädchenrücken, hört kaum hin, ist nah daran, über den schmaleren, kindlichen mit der Hand zu fahren. Er will es sich nicht zugeben, aber seine unbändigen auf sein Gewissen drückenden Träume wissen es besser: Er hat sich in dieses dreizehnjährige Kind, in die Komtesse Karoline, verliebt. Schaun Sie, Herr Schubert, mir fehlt nicht mehr viel – sie legt die Hand aufs Haar –, grad so viel, und ich bin so groß wie Sie.

Er verzieht sein Gesicht, als habe er eine bittere Medizin schlucken müssen: Womöglich bin ich zusammengeschnurrt über Nacht.

Er mag es, wenn sie lacht, in die Hände klatscht, wenn sie Maria um den Hals fällt. Alles, was sie tut, bezieht er auf sich.

Er darf sich diese Liebe nicht eingestehen.

Ich bin vom Herrn Grafen angestellt, Ihr Klavierspiel und das der Komtesse Marie zu vervollkommnen.

Wie Sie sich ausdrücken, Herr Schubert.

Zu dritt spazieren Sie durch den Park. Unterwegs schließt sich ihnen Fröhlich, der Musiker, an. Er ist ein alter Mann, der ebenso gut oder schlecht geigt, wie er Klavier spielt. Er behauptet, früher mit Erfolg komponiert zu haben. Ohne Punkt und Komma erzählt er von einem Stallknecht, der mit einer Madame aus Gran ein Gschpusi begonnen hat, heimlich natürlich, wobei er vorgab, ihr Holz für den Küchenherd zu bringen, was den Hausherrn nicht verdächtig stimmte, und die beiden seien so übermütig geworden, daß sie's am hellichten Tag getrieben hätten – Schubert unterbricht ihn verlegen: Ich bitte Sie, Herr Fröhlich, das können Sie den Komtessen doch nicht zumuten. Maria, die die letzten Sätze mit einem Kichern begleitet hat, winkt energisch ab: Herr Fröhlich hat uns schon öfter mit solchen derben Geschichten unterhalten. Dem Herrn Papa erzählt er, wenn er mit ihm allein ist, wahrscheinlich noch ärgere.

Aber das sei doch kein Grund –

Fröhlich wiegt den Kopf, schützt gespielt die Bedenken vor, die Schubert hat: Also lassen wir's, Herr Schubert, obwohl die Komtessen geübt sind, das aus meinen Geschichten herauszuhören, was ihnen erlaubt ist.

Bitte, Herr Fröhlich, erzählen Sie zuende.

Der alte Musiker, plötzlich nachdenklich und verlegen, verabschiedet sich mit einer Verbeugung: Es gibt kein Ende, und wenn, das übliche: Mord und Totschlag. Entschlossen macht er kehrt und läßt die Mädchen und ihren Musiklehrer im Schatten einer Kastanie stehen.

Jetzt haben Sie uns alles verdorben, Herr Schubert. Abends, wenn er sich auf sein enges Zimmer zurückziehen darf, streitet er mit sich. Er hält es für unmöglich, ein Kind zu begehren, obwohl sie gar nicht so viel jünger ist als Therese. Und obwohl er annimmt, daß sie ihn sogar herausfordert, sich spürt, ihren Körper. Er weiß, es ist schierer Unfug, auch nur im Traum an eine Verbindung mit der Komtesse zu denken. Der Schubert vom Himmelpfortgrund und eine Esterházy! Er liegt auf dem Bett, starrt an die Decke, ist wütend über solche Gedanken, und daß er, obwohl er den halben Tag mit den Kindern, ihrer Mutter und gelegentlich auch mit dem Grafen musiziert, sich ständig über Musik unterhält, daß er unfähig ist zu komponieren. Ich bin es nicht wert, sagt er laut, schlägt mit dem Kopf gegen das Bettende. Dann ändert er schon wieder seine Meinung, fragt sich. Weshalb nicht? Weshalb soll der Schubert vom Himmelpfortgrund der Komtesse Esterházy seine Liebe nicht erklären dürfen? Und ist sich zugleich im klaren, wie wenig es von ihm weiß, von ihm wissen will, dieses begabte und verwöhnte Kind.

Mitte August erscheint ein Gast, der sich darauf freut, Schubert endlich kennenzulernen, denn er hat Vogl Lieder von ihm singen hören und singt selbst einen beherzten Tenor oder, wie er meint, einen hohen Bariton. Viele, die ihn singen hören, halten ihn für »einen der besten, vielleicht den besten Schubert-Sänger«. Später wird er in erinnerndem Stolz feststellen: »Schubert hatte mich liebgewonnen, machte gern und viel mit mir Musik, er gestand mir wiederholt, daß er von da bei seinen Liedern meist nur meine Stimmlage berücksichtigte.«

Schubert könnte das etwas anders formulieren. Schönsteins Stimme ist die, die er sowieso hört, seine Stimme. Schon darum braucht der Freiherr, als sie der Graf einander vorstellt, gar nicht auf gemeinsame Freunde wie Vogl oder Spaun zu verweisen, denn sie sind sich von Anfang an vertraut, trauen einander. Jetzt stehen, bevor Schönstein und Schubert in einer kleinen Soiree auftreten, zu der Esterházy Bekannte aus der Nachbarschaft eingeladen hatte, jetzt stehen der neue Freund Schuberts und das Kind, das er liebt, für einen Augenblick nebeneinander: Schönstein konzentriert sich, Schubert sitzt schon am Klavier, und Karoline blättert neugierig in den Noten.

Es könnte ein Bild sein.

Von Schönstein wie von Karoline gibt es Porträts. Schönstein ist gut einen Kopf größer als Schubert, auffallend hager; er bewegt sich großzügig, weltmännisch. Sein ebenfalls schmales, in jedem Zug empfindsames Gesicht wird dominiert von sehr hellen, immer aufmerksamen Augen. Über der Oberlippe trägt er einen Husarenbart, und die gewellten Haare rahmen eine hohe Stirn und etwas eingefallene Schläfen. Wenn Karoline in diesem Moment zu ihm aufschaut, springt ein Lächeln unter seine Augen, das ganz unmittelbar und dennoch merkwürdig melancholisch auf den Blick des Mädchens reagiert. Wollen Sie nicht Platz nehmen, Komtesse, fordert er sie leise auf.

Auf den Bildnissen, die von ihr erhalten sind, fällt auf, wie weit die Augen, sehr große Augen, auseinander stehen, von einer beinahe derben, in der Wurzel kräftigen Nase auseinander gedrängt werden. So trägt das zarte, auch im Alter noch kindliche Gesicht, ein dauerhaftes, jeden Schutz herausforderndes Staunen.

Karoline geht gespielt folgsam zu den Zuhörern, setzt sich zwischen die Gräfin und Marie.

Was könnte er spielen, was Schönstein singen? Vielleicht »Auf dem See«, vielleicht »Mahomets Gesang«, ganz bestimmt den »Liebhaber in allen Gestalten«: »Ich wollt' ich wär ein Fisch,/ So hurtig und frisch;/ Und kämst du zu anglen,/ Ich würde nicht manglen . . .«

Zum Schluß dann doch dieses eine erste Lied von nur drei Liedern, die er im Zselizer Sommer und Herbst dichtet, eine ihn erschreckende karge Ausbeute. Doch diese Kantate redet Ton für Ton, Takt für Takt, was ihm in Zseliz zusetzte und was Mayrhofer ihm mitgegeben hatte, nicht als Prophezeiung, sondern einfach als Anregung: »Gib mir die Fülle der Einsamkeit«, »Gib mir die Fülle der Seligkeit« – ein Lebenslied.

Als Schönstein in Zseliz ankam, hatte sich Schubert, um sich Karoline auszutreiben, schon der schönen Pepi zugewandt.

Zuerst in großer Heimlichkeit. Er fürchtete, Karoline könnte doch eifersüchtig sein. Er irrte sich. Die Komtesse fand die Gerüchte über sein amouröses Abenteuer eher amüsant. Sie war eben doch noch nicht fähig zu lieben.

Um so entschlossener warb er um Josefine, die ein wenig älter war als er, durchaus erfahren im Umgang mit Männern, die sich ihrer Haut zu wehren verstand, aber gerührt war von seiner werbenden Aufmerksamkeit – immerhin der Musiklehrer der Komtessen und, wie sie von Fröhlich gehört hatte, in Wien beinahe eine Berühmtheit, ein Künstler auf alle Fälle.

Er ist dir zu klein.

Er sieht nach nichts aus, ein geschrumpfter Schullehrer.

Er weiß nicht, wie man poussiert.

Er hat, stellt sie fest, eine Schwäche für die Komtesse Karoline.

Aus Verlegenheit hat er Josefine, als sie ihm im Park über den Weg lief, die Hand geküßt und sie damit beschämt: Das gehört sich nicht, Herr Schubert, ich bin ein Zimmermädchen und Sie – er flüchtete sich in sein scheues, gefährliches Bubenkichern. Das duldete sie nur einen Augenblick, dann hielt sie ihm den Mund zu: Wie grauslich, wo Sie doch die schönste Musik zu machen verstehen.

Ja, sagte er.

Haben Sie eine Liebste in Wien? fragte sie.

Nein, sagte er.

Sie hatten eine, stellte sie unnachsichtig fest, nicht um ihn zu verletzen, ganz einfach, um ihn sich zu erklären, seine Scheu, seine Absonderlichkeit. Und das schmerzte Sie nicht?

Nein, sagte er.

Und die Komtesse Karoline? Sie wußte, daß sie nach ihr fragen mußte, um ihn überhaupt erreichen zu können. Er sollte von ihr sprechen, damit sie am Ende mit ihm sprechen konnte.

Sie ist ein Kind.

Sie spielt allerliebst Klavier. Und Sie haben Sie gern, Herr Schubert, nicht wahr?

So gern wie die Marie. Ich mag beide Komtessen. Es sind meine Schülerinnen.

Sie ließ nicht nach. Mit jeder Frage macht sie ihn eine Spur unbefangener und sicherer.

Sie ist halt von Adel, die Karoline.

Ja, erwiderte er, die Komtesse Karoline.

Josefine faßte ihn unterm Arm. Wir könnten, meinte sie. Es wäre, versprach sie. Sie brauchte nicht lang, ihn zu überrumpeln, ihn auf die Wiese zu ziehen, in den Schober, zu ihm ins Bett zu schlüpfen, tief in der Nacht, in geübter Lautlosigkeit.

Ich bin deine erste, sagte sie und ein andermal: Mich wundert nichts.

(*Ritardando*. Hier unterbreche ich mich, mische mich ein. Nicht aus Takt, vielmehr um einer Nachrede, die tatsächlich übel ist, zu widersprechen. Ich springe aus der Chronologie von Schuberts Leben, greife vor. Die Begegnung mit Pepi, diese Liebschaft soll Folgen gehabt haben. Schubert erkrankte an der Syphilis. Wann genau, ist nicht bekannt. Wahrscheinlich gegen Ende des Jahres 1822. Der Verlauf der »Französischen Krankheit«, einer damals heftig um sich greifenden Seuche, war vor der Erfindung des Penicillins nicht aufzuhalten. In Krankenhäusern wurden die Infizierten mit Quecksilber behandelt, genauer gesagt: vergiftet. Die Krankheit steigert sich in drei Phasen. Einige Wochen nach der Ansteckung tauchten Knoten am Geschlecht auf – Moritz von Schwind nennt sie in einem Brief »Ausschlag« – und die Lymphdrüsen schwellen. Alle diese Phänomene vergehen, und der Kranke scheint geheilt. Nach der zwölften Woche jedoch stellen sich die gleichen Symptome wieder ein, nur bei weitem bösartiger, die Schwellungen nässen, der Kranke fühlt sich elend, abgeschlagen, die Haare beginnen auszufallen. Es ist der Zustand, der von den Medizinern als Lues bezeichnet wird. Auch hier gibt es eine spontane Rückbildung und scheinbare Gesundung. Nach weiteren drei oder auch nach dreißig Jahren eröffnet die Krankheit ihre abschließende und tödliche Phase, die Progressive Paralyse. Der Befallene wird von innen gleichsam aufgefressen, das Gewebe, die

Nerven, die Leber, das Herz und nicht zuletzt auch das Hirn. Das alles ist Schubert erspart geblieben. Er verließ Josefine, seine beherzte Liebste für einen Sommer, gesund und blieb es noch mehr als vier Jahre. Sechs Jahre später trifft er sie in Zseliz wieder. Nun aber will er mit Nachdruck die andere, im ersten Sommer nicht gewagte Geschichte fortsetzen, und sei es nur, um den Schmerz zu erfahren, dem er mit Hilfe Josefines entging.)

Schönstein erinnerte ihn an seine Pflichten, rief ihn zur Musik zurück. Ich bitte Sie, lieber Herr Schubert, lassen Sie uns nicht im Stich. Sie sind unser Orchester und dessen Kapellmeister zugleich. Mit Maria, deren Sopran von Mal zu Mal kräftiger und klarer wurde, sang er Arien von Mozart und Rossini.

Die Gräfin, die selten bei einem dieser spontan angesetzten Konzerte fehlte, regte an, mit allen im Hause aufzubietenden musikalischen Kräften größere Werke aufzuführen, Haydns Schöpfung und Jahreszeiten, aber auch Mozarts Requiem, das ihr besonders naheging und in dem sie in einer Pose mitsang, als sei sie die Gräfin aus dem Figaro, die über ihr vertanes Leben traure.

Nun geht er, wann immer er Zeit findet, allein spazieren, dehnt die Gänge aus, folgt häufig der Gran, die, sich in einem engen Bett windend, zur Waag führt. Er wandert aus dem Sommer in den Herbst, bekommt die Melancholien nicht los, die ihn dämpfen, geradezu stumpf machen. Er sagt sich die Namen der drei Frauen auf, Therese, Karoline, Josefine, will ihnen in einer Art Litanei die Kraft austreiben, mit der sie seine Gedanken fesseln. Nur in Augenblicken großer Müdigkeit öffnen sich seine Blicke, nehmen Landschaftsausschnitte wahr, eine Baumgruppe am fernen Horizont, das

Spalier hoher Halme und Blumen zwischen Weg und Bach, arbeitende Bauern auf dem Feld, eine sich über den tief grün werdenden Wald wälzende schwarze Wolkenwand.

Schönstein verabschiedet sich. Er wird die Freunde, vor allem Vogl, grüßen, mit dem er Schuberts Duette singen werde. Sehen Sie, mein Lieber, Sie entkommen uns nie und nimmer.

Er steht in der Tür des Inspektorats und beobachtet, wie die gräfliche Familie sich von Schönstein verabschiedet. Karoline fällt ihm um den Hals. Sie ist noch ein ziemlich häßliches Vogerl, hat Schönstein ihm ganz nebenbei und ohne jede Anzüglichkeit gesagt. Aber der schöne Schwan ist zu ahnen. Finden Sie nicht auch?

Er hat ihm aus Verlegenheit nicht geantwortet.

Als die Kutsche am Gesindehaus vorüberkommt, winkt er ihr nach.

Die Tage nehmen ab. Noch immer kommt Pepi ihn besuchen. Sie lieben sich lautlos, behutsam und schon so, als geschähe es in der Erinnerung.

Wann gehst?

Im November, mit der gräflichen Familie.

Bald, sagt sie.

Das Haus friert. Es werden nicht alle Öfen beheizt.

Wirst du wiederkommen, im nächsten Sommer?

Ich weiß es nicht.

Kann es sein?

Ich glaub es nicht.

Sie geht, wie zufällig am Rand der Chaussee entlang, als sie mit den beiden Reisekutschen durchs Tor hinaus Richtung Gran fahren. In der Nacht zuvor hat sie ihm ein ausdauerndes Adieu gegeben. Da schau, die Pepi, bemerkt der Graf überrascht.

Die will ihm halt winken, sagt Marie.

Wem? fragt die Gräfin.

Anstelle von Marie antwortet Karoline: Uns.

Endlich – nachdem ihn die Gräfin seiner Schweigsamkeit wegen getadelt hatte und er bei einem Halt an der Donau geradezu in einen Sonnenuntergang geflogen war – konnte er den Wunsch des Grafen erfüllen und ihm ein Lied komponieren. Das Gedicht dazu trug er schon eine Zeitlang bei sich. Es hatte nur nicht zu klingen begonnen.

Im Gegenteil – er hatte sich gegen seine Bilder gesträubt. Nun öffneten sie sich.

> »O Sonne, Gottes Strahl, du bist
> Nie herrlicher, als im Entfliehen,
> Du willst uns gern hinüberziehen,
> Wo deines Glanzes Urquell ist.«

Er datierte die Noten: »November 1818«. Und als Ort schrieb er, wie um die Monate auf dem Schloß zusammenzufassend: »Zseliz«. Der Graf bedankte sich für die Gabe. Er werde ihn und Schönstein in Wien bald einladen, und sie müßten es ihm präsentieren. Danach gab er Karoline die Blätter, und die behielt sie ihr Leben lang.

Auf die Frage des Grafen, wo er wohnen und zu erreichen sein werde, wußte er keine Antwort zu geben. Vielleicht bei meinen Eltern oder bei Herrn von Schober.

Sie können sich ja die Freiheit nehmen, Herr Schubert.

Er sagte nichts. Diese Freiheit konnte, so verrückt es auch schien, zu einer Art Gefängnis werden. Sie nahm ihn auf und gab ihn nicht frei. Ignaz hatte ihm erst im Oktober in einem Brief seinen Neid und seine Bewunderung bekundet: »Du glücklicher Mensch! wie sehr ist Dein Los zu beneiden! Du lebst in einer süßen, goldenen Freiheit, kannst Deinem musikalischen Genie vollen Zügel schießen lassen, kannst Deine Gedanken wie Du willst hinwerfen, wirst geliebt, bewundert und vergöttert, indessen unsereiner als ein elendes Schullasttier allen Roheiten einer wilden Jugend preisgegeben, einer Schar von Mißbräuchen ausgesetzt ist und noch überdies einem undankbaren Publikum und dummköpfigen Bonzen in aller Untertänigkeit unterworfen sein muß. Du wirst Dich wundern, wenn ich Dir sage, daß es in unserm Hause schon so weit gekommen ist, daß man sich nicht einmal mehr zu lachen getraut, wenn ich vom Religionsunterricht eine abergläubisch lächerliche Schnurre erzähle.«

Nein, zurück in das Roßauer Schulhaus will er um die Welt nicht noch einmal. Er hat Glück. In Wien übergibt ihm ein Diener Esterházys ein Billett von Mayrhofer. Er erwarte ihn in der Innern Stadt, im Haus Nr. 147, im dritten Stock.

Da zieht er ein. Grüß Gott, liebster Freund.

Wie war der Sommer?

Wie halt so ein Sommer auf einem Schloß vergeht. Du wirst's wissen.

Ich weiß es nicht, Franz.

19.
Moment musical VI
(Etwas geschwind)

Es waren einmal zwei Brüder, Franz und Ferdinand. Beide waren sie Lehrer, beide spielten sie Instrumente, machten Musik, komponierten. Nur waren die Gaben ungleich verteilt. Franz fielen Tag und Nacht die schönsten Melodien ein, während Ferdinand sich um jeden Takt plagen mußte. Das hielt er für ungerecht. Darum begann er dem Bruder die Musik zu stehlen. Das tat er auf die merkwürdigste Weise. Er versprach der Schule, an der er tätig war – sie trug den traurigen Namen Waisenhausschule – für eine Feier eine »Deutsche Trauermesse«. Darauf bat er unverzüglich seinen Bruder, eine solche Musik zu komponieren. Er werde dafür sorgen, daß sie als seine Widmung in der Schule aufgeführt werde. Franz diente gerade als Musiklehrer bei einem Grafen in Ungarn, und mit seiner musikalischen Schöpferkraft stand es, was ihn verdroß, nicht zum besten. Dennoch machte er sich gleich an die Arbeit und schickte bereits schon nach wenigen Tagen dem Bruder die »Messe«. Der war überglücklich, führte sie auf, allerdings unter seinem Namen. Das sollte nicht das letzte Mal sein, daß er sich so bereicherte. Der geliehene Ruhm drückte so auf sein Gewissen, daß er in einem Brief an Franz den Tausch gestand. Er erwartete Klage und Schelte und staunte umso mehr über die Überlegenheit, mit der der jüngere Bruder reagierte: »Die Sünde der Zueignung war Dir schon im ersten Brief verziehen . . . Die Trauermesse gefiel Dir, Du weintest dabey und vielleicht bei dem nämlichen Wort, wo ich weinte; lieber Bruder, das ist mir der schönste Lohn für dieses Geschenk, laß ja von keinem andern was hören.«

Und weil damit die brüderliche Unersättlichkeit abgeseg-
net ist, setzt Ferdinand, der ältere Bruder, mit einem weiteren Wunsch gleich nach. Er begehrt einen Gegenstand, an
den ein Triumph des Jüngeren gebunden ist. Das einzige
große Geschenk, das ihm sein Vater je machte: ein fünf-
oktaviges Klavier. Er hat es nach seiner ersten Messe bekommen, die in der Hochzeitskirche seiner Eltern aufgeführt worden war. Nun schreibt Ferdinand kühn an Franz:
»Jetzt noch Eines: Mein Fortepiano wird verkauft u. nun
möchte ich das Deinige an mich ziehen. Bist Du damit ein-
verstanden, so bestimme den Preis, u. die bare Bezahlung
wird folgen.« Und erneut überrascht der Jüngere den Älteren mit seiner Großzügigkeit, die beinahe schon als Gleichgültigkeit verstanden werden könnte: »Mein Fortepiano
ziehe nur an Dich, es wird mich freuen . . . Aber das ist
mir unangenehm, daß Du immer von Bezahlung, Lohn u.
Dank sprichst, gegen einen Bruder, pfui Teufel!« Und Ferdinand spricht, als er diesen brüderlichen Brief liest, die Sätze
laut vor sich hin, als könne er sich mit ihnen bestrafen.
Noch kann er nicht ahnen, daß er den jüngeren Bruder für
Gotteslohn aufnehmen wird. Und dann schreibt der eine
Musik, die er nicht mehr für die seine ausgeben kann.

20.
Mayrhofer

Er hofft, gegen seine innere Unwirtlichkeit, von Mayrhofer in Schwung gebracht zu werden, und erfährt das
Gegenteil. Mayrhofer steckt in einer finsteren Laune,
obwohl er sich, wie er immer wieder versichert, über Schuberts Einzug freue. Und der Vater läßt ihn rufen.

Es schneit und regnet in einem; die Häuserzeilen schnurren fröstelnd zusammen. Er geht zu Fuß. Mayrhofer hat ihm angeboten, eine Droschke zu bestellen. Du wirst dich in einen Eiszapfen verwandelt haben, bis du in Roßau bist.

Der Vater wünscht's.

Du bist ein Schwarzseher, Schubert.

Und du, Mayrhofer?

Sie tauschen ihre trüben Stimmungen aus und trennen sich lachend. Servus, laß dir nicht wehtun, Schubert.

Er schaut die Stadt mit den Augen eines Flaneurs an, den der ungarische Sommer verstieß. Sie weist ihn ab. Wie weit hat er sich von beidem entfernt, von Zseliz und von Wien.

Die Fassaden wirken im Schneedunst noch höher und abweisender.

Er wird sich mit dem Vater streiten müssen.

Daß er nicht in die Roßau zurückgekehrt ist, sondern – ohne dies vorher mitgeteilt zu haben – bei Mayrhofer Wohnung nahm, wird den Alten erzürnt haben.

Ignaz fängt ihn vor dem Haus ab. Sei nachsichtig mit ihm. Ich bitte dich, Franz. Er legt den Arm um die Schulter seines Bruders, als wolle er ihn freundlich bändigen. Gemeinsam gehen sie ins Haus hinein.

Wie immer, wenn ihn Mißhelligkeiten erwarten, wird er gleichgültig. Es ist mir eh egal, Ignaz, sagt er und macht sich unterm brüderlichen Arm klein.

Therese warf ihm einmal vor, er habe im Grund kein »echtes Gefühl«. Und als er sie erstaunt fragte, wie sie darauf komme, antwortete sie ihm verlegen: Vielleicht brauchst du alles Gefühl für deine Musik, und für mich reicht es nicht mehr.

Der Vater begrüßt ihn überraschend freundlich. Warum hast du dich nicht gleich sehen lassen, Franz? Wir haben dich erwartet. Ich habe angenommen, du wolltest wieder im Schulhaus wohnen. Mit Herrn von Mayrhofer hast du mich überrascht.

Er setzt sich in eine Schulbank, drückt mit flachen Händen die Brillenbügel gegen die Schläfen, schaut zum Fenster hinaus auf den Hof.

Ich habe mich in Zseliz daran gewöhnt, für mich zu sein, nach meinem Gusto dichten zu können, Herr Vater.

Diese Zeit hättest du dir auch hier nehmen können.

Aber ich muß eben nicht mehr unterrichten.

Zum wiederholten Male muß ich dich fragen, Franz, wovon du leben willst.

Ich habe Ersparnisse aus dem Sommer, und ich komponiere an einem Singspiel. Herr Vogl will sich dafür verwenden, daß es im Kärntnertor-Theater aufgeführt wird.

Und wenn das auch zutrifft, Franz, für mich sind das nichts als Hirngespinste.

Er kennt die Tonfärbungen, weiß sich auf Lautstärken einzustellen. Dieses Crescendo könnte, er duckt sich vorsorglich, auf Gewalt hinführen.

Ich weiß es nicht besser, Herr Vater.

Aber ich. Ich habe für dich vorgesorgt. Der Vater läuft zum Pult. Der Zorn fährt ihm so heftig in die Schritte, daß er immer wieder innehalten muß, gebremst wird. Zu allem Übel findet er nicht gleich, was er in der Schublade sucht. Schließlich zieht er ein Blatt heraus, überfliegt es mit prüfendem Blick. Ich habe bei der Schulbehörde angesucht, dich wieder als Lehrer einstellen zu können.

Schubert sieht dem plötzlich übergroß scheinenden Mann entgegen, der sein Vater ist, mit dem er oft musiziert hat, den er liebt, wenn er es ihm erlaubt. Er schweigt, wartet ab.

Du solltest mit unterschreiben, Franz. Nun hat die väterliche Stimme beinahe einen flehentlichen Klang angenommen, aber der drohende Unterton bleibt.

So hat er oft gesessen, gestanden – abwartend, die Strafe, das Geschrei und die Prügel sich im voraus ausmalend, was half, wie er jedesmal, sobald das Gewitter über ihn niederging, zufrieden feststellte.

Es ist mir egal. Es geht vorbei. Ich kann gehen. Ich kann aus dem Haus gehen.

Das werde ich nicht unterschreiben, Herr Vater, es ginge gegen meine Pläne. Noch einmal Lehrer sein müssen, und ich würde zugrund gehen.

Du gehst anders zugrund. Das schwör ich dir. Das seh ich voraus. Er ist schon über ihm. In aller Hast hat Schubert die Brille abgenommen, die Hände um den Kopf gelegt, weil er in Erinnerung hat, wie der Vater schlägt, erst auf den Rücken, danach, in blanker Wut auf die schützenden Hände, den Kopf. Was er schreit, was er ihn alles heißt, will er nicht hören. Kaum hat der Alte von ihm abgelassen, windet er sich aus der Bank, läuft zur Tür, dreht sich zum Abschied um. Sie wissen, Herr Vater, wo ich mich aufhalte, bei wem. Wieder hört er die Verwünschung, sich nie mehr in diesem Hause sehen zu lassen, und wieder huscht der Schatten der zweiten Mutter an ihm vorüber: Verübel's ihm nicht, Franz!, wieder atmet er den Dunst des Schulhauses ein, fragt sich, wieso er, da er ihn doch bis zur Übelkeit anwidert, süchtig nach ihm ist.

Mayrhofer hat ihn aufgeregt und überschwenglich empfangen, auf ihn eingeredet, das kleine Zimmer, in dem sie beide nun leben würden, mit ausholenden Gesten geweitet zu einem Salon, der allerdings in die Jahre gekommen war, die Tapeten hingen in Streifen herunter, die Bücherstellage drohte zu knicken, und das Klavier reagierte, als er probeweise die Tasten anschlug, nicht gerade stimulierend. In Mayrhofers Worten hört sich das so an: »Haus und Zimmer haben die Macht der Zeit gefühlt: die Decke ziemlich gesenkt, das Licht von einem großen gegenüberstehenden Gebäude beschränkt, ein überspieltes Klavier, eine schmale Bücherstelle . . .«

Die Wirtin, Frau Sanssouci, die Gnädigste, die sich launig auf Mayrhofers gewittrigen Enthusiasmus eingestellt hat, ist vorbereitet auf Schuberts morgendliche Arbeit. Er störe nicht, wenn er das Klavier benutze.

Ich werde es so oft nicht brauchen.

Aber Sie komponieren doch.

Gerade darum, verehrte Madame Sanssouci.

Solche Wortwechsel sind nach Mayrhofers Geschmack.

Ob sie ihm zum Empfang einen Mokka bereiten solle?

Dafür wäre er herzlich dankbar.

Schon geübt, stellt er fest, wie die Empfindungen aus ihm weichen, er für kurze Zeit schmerzunempfindlich wird. Er muß abwarten, die Gemeinsamkeit mit Mayrhofer ausprobieren. Er ist sein Freund, die Gedichte, die er schreibt, liest er wie Briefe, die an ihn gerichtet sind, doch weiß er nicht viel von Mayrhofer, ahnt seine Eigenheiten, fürchtet sich ein wenig vor seiner Ängstlichkeit, die ihn in Gesellschaft beinah unsichtbar werden läßt, oder den Überfällen von Schwermut, die ihn zu lähmen scheinen. Doch er kann auch heiter und überrumpelnd liebevoll sein.

Du hast etwas von einem Kasperl, Mayrhofer.

Findest du?

Schau dich im Spiegel an. Die lange dünne Nase, das knochige Gesicht, die Augenknopferl. Nur daß es dem gewöhnlichen Kasperl an Dämonie fehlt.

Die ich hab?

Weißt du, Lieber, setz dich hin, schreib ein Gedicht, damit ich komponieren kann.

Sie umarmen sich, halten sich, legen die Stirn aneinander.

So aufgehoben hat er sich für Augenblicke vielleicht noch nie gefühlt, um so mehr fürchtet er, daß alles bald verspielt sein könnte.

Übertrieben dürfen wir uns in unserer Stube nicht bewegen, Mayrhofer, sonst könnten die Wände einstürzen, oder wir geraten allzu nah aneinander. Mayrhofer hingegen scheint auf solche Berührungen aus zu sein, er beginnt mit Annäherung und Distanzierung zu spielen.

Du Strizzi.

Du Schwanzer.

Du Klaner, Dicker.

Du Kasperl.

Sie haben ihren Tag streng geregelt. Da verbünden sich Schuberts Eifer und Mayrhofers Pflicht. Mit einem Adieu verläßt Mayrhofer morgens das Zimmer, legt Schubert mitunter ein Gedicht hin, ein Buch, in dem er las: Ich muß aufs Amt, auf mein Bücherrevisionsamt.

Schubert wird bis in den frühen Nachmittag hinein dichten, ohne daß er sich des Klaviers häufig bedient, am Tisch sitzend, vorgebeugt, mit Fingern den Takt klopfend, wie angeklebt auf dem Stuhl, nur wenn der Faden reißt, auf und ab laufend.

Für den Nachmittag trifft er Verabredungen, schreibt Briefe, legt sich hin, schläft manchmal, bis Mayrhofer ihn weckt.

Fast an jedem Abend gehen sie aus. Ins Wirtshaus, in eine private Gesellschaft, in ein Konzert, ins Theater. Häufig wird Schubert von Vogl eingeladen. Wie von selbst finden sich neue Freunde ein, gehen ältere verloren, weil sie Wien verlassen. Anselm Hüttenbrenner arbeitet in diesem Jahr 1821 auf dem Kreisamt im Graz, doch Josef, sein Bruder, lebt inzwischen in Wien und findet im Lauf des Jahres ein Zimmer in der Wittlinger Straße, ein Stockwerk unter Mayrhofer und Schubert.

Kommen sie heim, häufig spät in der Nacht oder früh am Morgen, angetrunken, aufgewühlt von Gesprächen, deren Verlauf und Sinn sie schon vergessen haben, werfen sie sich angezogen auf ihre Betten, zünden kein Licht an, starren in die Dunkelheit und reden mit immer kürzerem Atem aufeinander zu, indem sie sich über andere auslassen, deren Liebschaften und Verhältnisse. Nur sich sparen sie aus.

Sie erhitzen sich mit Sätzen. Wörter wirken wie Hände, schützend, streichelnd.

Irgendwann, nicht gleich in den ersten Wochen, huscht Mayrhofer durchs Zimmer, bleibt vor Schuberts Bett stehen, wartet auf ein Wort des Freundes, der aber schweigt, liegt wie ein Brett, hält den Atem an, denkt nichts, bis Mayrhofer wieder Schritt für Schritt zurückweicht: Schubert?

Ja?

Hast du nichts gemerkt?

Nein.

Du lügst.

Ja.

Warum?

Deinetwegen.

Du Schani.

148

Sei still, Mayrhofer.

Wieder liegen sie und merken, wie sich ihre Gedanken tou-chieren, gierig und ängstlich zugleich, weil sie mehr wol-len, als sie sich im Augenblick erlauben, wie beide fast mit dem gleichen Atemzug aufgeben, von einer Melancholie überschwemmt werden, die alles ausschließt neben dem bebenden, hilflosen Ich. Morgens, bevor Mayrhofer das Zimmer verläßt, die Tür absichtlich laut hinter sich ins Schloß zieht, postiert er sich neben Schubert, schaut auf ihn herunter. Als er dies das erste Mal tat, war er völlig ver-wirrt: Du schläfst mit Brille?

Wieso? Schubert fährt sich mit der Hand ins Gesicht. Ja, ich schlaf mit Brille.

Merkst du das nicht?

Doch, wenn ich träume, seh ich einfach besser.

Mayrhofer setzt sich lachend auf den Bettrand: Schau an, du bist nicht nur ein großer Komponist, sondern auch noch ein bedeutender Philosoph.

Schubert setzt sich auf, ein unausgeschlafenes Kind, das sich gegen den Tag wehrt: Und du, Mayrhofer, bist nicht nur ein tüchtiger Bücherrevisor und ein begabter Poet, son-dern auch ein lieber Freund.

Das kann er ihm am andern Tag schon bestreiten. Da zan-ken sie sich wie zwei alte Waschweiber, keifen, gehen auf-einander los, und Schubert, unbezweifelbar der Kräftigere, setzt dem Freund oft heftig zu.

In den ersten Monaten kommt er nicht dazu, auch nur eines der Gedichte, die ihm Mayrhofer schenkt, zu komponieren. Vogl drängt ihn, mit seinem Singspiel fertig zu werden, einer Posse mit dem Titel »Die Zwillingsbrüder«, die ihn nicht sonderlich anregt. Die Zselizer Dürre wirkt noch nach.

Was bekümmert dich, Mayrhofer?

Daß du Vogl den Vorzug gibst. Ist dir das wirklich ernst?

Aber nein. Aus Verlegenheit fassen sie sich erst zaghaft an den Händen, beginnen wie Kinder einen Drehtanz, poltern am Ende, kichern, lachen: Wenn uns jetzt noch einer aufspielen könnte, Franz! Aber tanzen und klavierspielen in einem, das kannst nicht einmal du.

Wart's ab, Mayrhofer.

Sonst verschanzt du dich doch immer hinterm Klavier.

Und du, Mayrhofer, verziehst dich in ein düsteres Eck.

Der Lärm hat Frau Sanssouci alarmiert, die wissen möchte, was die beiden Herren vergnüge. Sie laden sie ein, Platz zu nehmen und ihrer Vorführung zuzuschauen, die sie eben für einen Moment abgebrochen hätten.

Bloß weil uns die Luft ausgegangen ist.

Dann drehen sie sich wieder, ein langer dünner und ein kurzer dicker Bär.

Wie die Kinder! Madame Sanssouci klatscht in die Hände, ist sich dabei aber nicht sicher, ob diese alten Buben sich nicht doch ein wenig daneben benehmen.

Noch ist keines von Schuberts Liedern in einem Verlag erschienen. Die Noten beginnen, in der Stadt zu wandern.

Franz Jäger, ein Tenor am Theater an der Wien, besucht ihn, begleitet von Vogl, und überredet ihn, »Schäfers Klagelied« von Goethe für ihn neu zu fassen.

Es ist eines jener Lieder, die er im Schulhaus am Himmelpfortgrund komponiert und die Spaun Goethe geschickt hatte.

Er läßt sich nicht zweimal bitten.

Zum ersten Mal ist ein Lied von ihm in einem öffentlichen Konzert zu hören und bekommt kritische Resonanz:

»Eine schöne Komposition, mit der entzückenden Stimme des Herrn Jäger voll Gefühl gesungen.«

Während er Jäger im Konzertsaal lauscht, erinnert er sich an den Tisch, an dem er damals saß, am 30. November 1814, an die fortdrängende Bewegung, die durch ihn hindurchging, während er als Schäfer oben auf dem Berg anhielt, hinunter ins Tal blickte, aus der seine Liebe fortging. Er erinnert sich, wie ihn die Lust überkam, durch die Tonarten zu hasten, von c-moll bis Es-Dur und weiter über As-Dur, as-moll, Ces-Dur zurück zu Es-Dur.

>»Hinaus in das Land und weiter,
Vielleicht gar über die See.
Vorüber ihr Schafe vorüber!
Dem Schäfer ist gar so weh.«

Er las, und in seinem Kopf sang es schon, was er las. Jetzt, im »Römischen Kaiser«, seinem Lied zuhörend, fällt ihm ein, wie er in der letzten Strophe ein einziges Wort hinzufügte, das aber, denkt er, dazugehörte, weil es der innere Rhythmus des Liedes verlangt: »Vorüber ihr Schafe, *nur* vorüber!«

(*Ritardando*. Ich denke, daß er es gedacht haben könnte. Nur ein *nur*. Drei Buchstaben, die, so eingefügt, den Satz bitterer und heftiger machen. Hier hastet, verfrüht, der Wanderer über den Horizont. »Nur weiter denn, nur weiter, / Mein treuer Wanderstab.« Aus dem Hirtenstab wird der Wanderstab. Auch da hat der Siebzehnjährige den Vers Goethes um eine Silbe verändert, erweitert. Wiederum drei Buchstaben, die Hingabe und Gewalt unscheinbar aufnehmen.

»Da droben auf jenem Berge
Da steh' ich tausendmal,
An meinem Stabe gebogen
Und schaue hinab in das Tal.«

An meinem Stabe *hingebogen* komponiert er. Bestimmt nicht nur, weil es der Rhythmus so fordert.)

Nicht erst seit er bei Mayrhofer wohnt, ist vom Fürsten mehr und mehr die Rede. Neuerdings jedoch scheint der Fürst in allen ihren Gesprächen gegenwärtig, ein böser, sie zum Streit aufwiegelnder Geist.

Scheiß auf den Fürsten.

Willst du still sein, du blöder Musiker, wovon hast du schon eine Ahnung.

Davon, was der Fürst anrichtet.

Nichts weißt du.

Ich merk es dir an, Mayrhofer, er zerstört dich, er frißt dich auf, dein Fürst.

Er ist mein Dienstherr, Schubert.

Quittier doch den Dienst.

Mayrhofer springt auf, läuft zum Klavier, reißt den Mund auf, will etwas sagen, schnappt nach Luft, schüttelt verzweifelt den Kopf, reißt die Jacke vom Kleiderhaken, wirft Schubert, dem längst klar ist, wie gemein er mit dem pflichttreuen Freund umging, einen fragenden Blick zu und stürmt hinaus.

Schubert läuft ihm nach: Ich bin zu weit gegangen.

Mayrhofer versucht, ihn abzuschütteln: Was begreifst du schon.

Ich – Schubert legt seinen Arm gegen den Rücken des Freundes, so, daß er ihn wie eine Lehne spürt –, ich versteh dich besser, als du meinst, Mayrhofer.

Nachts, nebeneinanderliegend, beschwören sie die zwei Sphären, in denen sie leben oder existieren oder vegetieren müssen, in der einen Sphäre Atem holend, die Hoffnungen und Phantasien verwegen ausspielend, in der andern den Atem anhaltend, dem Ersticken nah, liebedienernd der Pflicht nachgehend.

So bist du nicht geplant, Franz.

Nein, ich hab, sagt mir mein Bruder Ignaz, mein lieber Freund Mayrhofer, ich hab meine Freiheit. Ich kann in Freiheit leben. Bittschön, Liebster, ich hab nicht aufgeschrien, ich füge mich, nur möcht ich ganz leis die Finsternis und dich in der Finsternis fragen, was ich schon von meiner Freiheit hab.

Daß du sie dir nehmen kannst, Franz, daß du sie dir nimmst.

Nur mühsam erobert der Frühling in diesem Jahr die Stadt, als traute er sich gegen den kräftigen Winter nicht.

Schubert bieten sich genügend Gelegenheiten, den Frost zu vergessen. Einer der Studenten, die im Watterothschen Haus an der Aufführung des »Prometheus« teilnahmen, erscheint ungefragt und doch erwartet mit einer Einladung: Sein Vater, der Professor Ignaz Sonnleithner, habe an der Kantate Gefallen gefunden und wolle die Titelrolle selber singen.

Schubert hatte von den Musikabenden im Gundelhof gehört. Sonnleithner, der an der Universität Handelsrecht lehrte und als Advokat bei den Wiener Bürgern beliebt war, veranstaltete mit Freunden und Musikern, die er einlud, jeden Freitag Soireen. Insgeheim hatte Schubert mit einer Einladung gerechnet. Er solle am Klavier den Orchesterpart übernehmen.

Mayrhofer verdroß es, nicht dabei sein zu können. Josef Hüttenbrenner hingegen konnte auftrumpfen, erzählte bereits vom Gundelhof-Zirkel, und er werde in dem kleinen Chor mitsingen.

Von da an sind die Freitage besetzt; Schubert sorgt dafür, daß Mayrhofer zugelassen wird. Vogl, berühmt und geehrt, ist ohnedies in jeder musikalischen Runde willkommen.

Seit Schubert mehr Aufmerksamkeit gewinnt, ist Mayrhofer um sein Äußeres besorgt, daß er nicht in beschmutzter Bekleidung auftrete, sich vorher gewaschen und rasiert habe.

Sonnleithner ist es unverständlich, wieso kein Verleger sich der Lieder annehme. Schubert habe sich vermutlich zu wenig darum gekümmert.

Was soll ich mir von diesen Halsabschneidern die Zeit stehlen lassen, Herr Professor.

So macht sich Sonnleithner selbst auf die Suche nach einem Verleger. Es gelingt ihm, Diabelli zu gewinnen. Allerdings müßten er und einige Freunde sich selbst an den Kosten beteiligen, zu stattlichen vierzig Prozent.

Die neuen Freunde lassen ihn die alten nicht vergessen. Der Kreis wird größer, nimmt die Gestalt eines schützenden Rings an. Darin, und nur auf dieser Spielfläche, läßt es sich leben. Sie kann in Wien sein und anderswo. Der hütende Ring wandert mit.

»Ein Schelm bist Du, das ist richtig!!!«, schreibt er an Anselm Hüttenbrenner im Mai 1819. »Ein Jahrzehend verfließt schon, eh Du Wien wieder siehst. Bald sitzt ihm das, bald jenes Mädchen in dem Kopf, ey so hohle der Teufel alle Mädchen, wenn du Dich gar so von Ihnen behexen läßt. Heurathe in Gottes Nahmen, so hat die Geschichte ein Ende. – Freylich kannst Du auch sagen, wie Caesar, lieber in Grätz

der Erste, als in Wien der zweyte. Nun dem sey wie immer,
ich bin einmahl fuchsteufelswild, dß Du nicht da bist.«
Anselm Hüttenbrenner wird seinem heiter-dringlichen Ruf
erst Monate später folgen. Die Pflicht hält ihn in Graz.
Und Mayrhofer wird von seinem unerbittlichen Dienst-
herrn, dem Fürsten Metternich, offenbar ganz beansprucht. Seine Gedichte dunkeln immer mehr ein. Eines
der untröstlichsten hat Schubert, kaum war es von Mayrhofer geschrieben, aufgenommen und in f-moll – »langsam« – fortgesetzt:

> »Im Wald, im Wald, da grabt mich ein,
> Ganz stille, ohne Kreuz und Stein:
> Denn was ihr türmet, überschneit,
> und überrindet Winterszeit.«

Vogl sang das Lied, kaum war es fertig, Mayrhofer vor, der,
das Gesicht in den Händen verborgen, seinem eigenen
Grabspruch zuhörte.
Wie komm ich ihm aus? seufzte er.
Du bist, mein lieber Freund, am Leben.
Ich spreche nicht vom Tod, ich spreche vom Fürsten.
Der Fürst. Der Fürst! Schubert breitete theatralisch die
Arme aus, hüpfte im Zimmer herum, ließ die Arme wieder
sinken, als wären sie ihm zu schwer geworden.
Komm, wir sind eingeladen vom Senn. Ich will ihn nicht
warten lassen. Wir haben uns lange nicht gesehen.

Der Sommer nahm das kleine Zimmer in Beschlag. Schubert stand noch früher auf, um wenigstens eine oder zwei
Stunden ohne Atemnot und Schweißausbrüche arbeiten
zu können.

Die Empfindlichkeiten gegen den andern nahmen zu. Sie schrien sich an, schlugen aufeinander ein, bis Frau Sanssouci ins Zimmer stürmte, die beiden außer sich geratenen Männer beruhigte.

Vogl rettete ihn und wohl auch Mayrhofer. Er lud Schubert ein, ihn nach Steyr zu begleiten, seiner Vaterstadt, in der er jedes Jahr die Opernferien verbringe.

Bleib, Schubert.

Es wird uns guttun, wenn wir für ein paar Wochen auseinander sind.

Was soll ich ohne dich?

Schreib Gedichte, Mayrhofer, und ich mach dir, wenn ich zurückkehre, die Musik dazu.

Zum Abschied küssen sie sich.

Mayrhofer muß aufs Amt. Schubert wartet, bis Vogl ihn abholt.

Servus, Lieber.

Er atmet durch. In diesem Sommer geht es nicht aufs Schloß, wird er nicht an den Katzentisch verwiesen, darf er seinen Gastgebern ebenbürtig sein.

Als belebte Kulisse baut sich Steyr an der Enns auf, schiebt wie eine Bühne den Hauptplatz zwischen die schönen lichten Häuserzeilen, und oft genug wandern die Freunde hinaus – »Die Gegend um Steyr ist über alle Begriffe schön« –, lassen sich an Waldrändern nieder, Gruppen von Ausflüglern, die ihre Farben ebenso ausspielen wie das Konzert leiser und lauter, heller und dunkler Stimmen, sie ziehen an Flußufern entlang, feiern den Tag und die anbrechende Nacht in den von Windlichtern erhellten Wirtsgärten.

Erst einmal muß er den turbulenten Empfang verkraften. Kaum sind sie in Steyr angelangt, hat er sein Zimmer bei dem Berggerichtsadvokaten Schellmann am Hauptplatz, am Rande der Bühne, bezogen, geht ein Gewitter nach dem andern nieder. Die Welt droht unterzugehen; der Himmel speit Feuer. In seiner Angst flieht er unter die Leute, sucht Gesellschaft spielt zur Erheiterung aller das gebeutelte Kind.

»Ich befinde mich jetzt recht wohl«, schreibt er am 13. Juli 1819 an Ferdinand, »nur will das Wetter nicht günstig sein. Es war hier gestern den 12. ein sehr starkes Gewitter, welches in Steyr einschlug, ein Mädchen tödtete und zwei Männer am Arme lähmte. In dem Hause, wo ich wohne, befinden sich 8 Mädchen, beynahe alle hübsch. Du siehst, daß man zu thun hat. Die Tochter des Herrn v. K (oller), bei dem ich und Vogl täglich speisen, ist sehr hübsch, spielt brav Klavier, und wird verschiedene meiner Lieder singen.«

Acht Mädchen und eines dazu, das seine Lieder singt – in eineinhalb Sätzen sorgt er für ein reizvolles Bildchen, das sich nicht nur der Bruder von ihm und seinem Sommerleben machen soll. Daß er ein vielliebender, vielgeliebter Kavalier sein könnte, bleibt allerdings ein launig geschürter und schleunigst widerrufener Verdacht. Nach Therese erkundigt er sich nicht mehr. Die Erinnerung an das Kind auf dem Schloß, an Karoline, erlaubt er sich ab und zu, wie einen Blick auf ein verstecktes Medaillon.

Er muß seine Aufgeräumtheit nicht vortäuschen. Niemand macht ihn zum Lakaien. Sie erwarten allenfalls von ihm, daß er mit ihnen musiziere, sich mit ihnen unterhalte, wenn schon nicht als Gleichgesinnter, dann wenigstens als Gleichgestimmter.

Zu Vogls einundfünfzigstem Geburtstag dichtet Stadler, der Freund aus dem Konvikt, eine Kantate, die er komponiert, und die Feier in Kollers Haus vergnügt und rührt alle. Josefine von Koller singt den Sopran, ein Sänger aus Steyr den Baß und Schubert selbst den Tenor. »Sänger, der vom Herzen singet / Und das Wort zum Herzen bringet.« Schubert bedankt sich bei dem berühmten Freund und Förderer nicht ohne List. Der »Sänger« wird in mächtigem Pathos angeredet, in dem sich Verehrung und Abstandnahme wie von selbst verbünden.

Von Steyr aus reisen sie nach Linz, nach Salzburg. Er besucht alte Freunde aus dem Konvikt, Kenner und Kreil, vor allem die Familie Spaun.

Erfüllt von Landschaftsbildern, kommt er an und geht wieder fort. Vogl wird von seiner Euphorie mitgerissen.

Nur mit Spaun gerät er für einen klirrenden Moment aneinander. In Karlsbad hatten sich die Vertreter der europäischen Fürsten getroffen und unter dem Einfluß Metternichs beschlossen, die strengste Zensur einzuführen und alle studentischen Verbindungen sofort aufzulösen.

Spaun hält die Maßnahmen zwar für rabiat, doch für notwendig.

Mit nichts wirst du mich überzeugen können, Spaun, vor allem nicht mit dieser Art von Staatsraison. Poesie und Musik kennen sie nicht.

Du mußt dir doch nicht unsern Kopf zerbrechen, Schubert.

Könnte es nicht geschehen, Spaun, daß ohne mein Zutun und dein Kopfzerbrechen unsere halbwegs freundliche Welt sich verfinstert und wir nichts anderes sein dürfen, als staatstreue Lemuren?

Ich bitte dich, Schubert. So kenne ich dich nicht.

Aufs äußerste angespannt, ziehen sie es vor, nur noch über Alltäglichkeiten zu sprechen. Über Schuberts Erlebnisse in Steyr, seine neuen Arbeiten. Und Spaun kündigt an,

bald wieder nach Wien zu ziehen. Nach dem Gespräch
fühlt er sich niedergeschlagen. Auf keinen seiner Freunde
konnte er sich so verlassen wie auf Spaun. Er bat Vogl zu
warten. Er beeile sich. Er habe bei Spaun etwas vergessen.
Spaun begriff sofort, weshalb Schubert umgekehrt war,
und es schossen ihm Tränen in die Augen.
Mein Freund.
Nimm mir meine Schärfe nicht übel.
Das hätte ich nie getan.
Befreit läuft er davon, Vogl nach. Sie erreichen noch zur
rechten Zeit den Wagen nach Steyr.
Die Gedanken an Mayrhofer lassen ihn danach nicht los.
Er muß ihm gleich schreiben. »Wenn es dir so gut geht, wie
mir, so bist du recht gesund«, und schließt: »Jetzt lebe wohl
bis auf dem halben September.«
Noch ein Monat ist ihm vergönnt. Es ist sicher kein Zufall,
daß er in den Klavierstunden mit Josefine von Koller,
denen gelegentlich auch ihr Vater und Vogl als Gäste bei-
wohnen, immer wieder auf Beethoven kommt, auf dessen
Sonaten, und daß ihm in einem Ausbruch von Scham einfällt, wie er sich, noch auf dem Konvikt oder kurz danach,
von Beethovens Musik abwendet, den Meister sogar in
einem Brief verhöhnt hat. Jetzt an diesem heiteren Ort
fällt es ihm leicht, seine Bewunderung zu erneuern, ganz
beiläufig auszusprechen und dabei sicher zu sein, nicht
mehr Beethovens Alphabet zu buchstabieren.
Damit Josefine eine neue Komposition üben könne, aber
auch aus dieser frisch gewonnenen Selbstsicherheit,
schreibt er in einem Zug die Sonate in A-Dur und versetzt
seine Zuhörer, als er sie zum ersten Mal spielt, in entzücktes
Staunen: Das Thema des ersten Satzes – Allegro moderato –
holt, gelassen singend, das Glück dieser Sommertage ein.

Ein Freund und Nachbar seiner Gastgeber in Steyr, Sylvester Paumgartner, der recht und schlecht Cello spielt, regt während einer Soiree, die er Schubert zu Ehren gibt, ihn an, doch ein Quintett zu komponieren, in dem er sein wunderschönes Lied von der Forelle variiere. Da war ein Funken geworfen. Er brauchte nur ein paar Tage für die Komposition und brachte den Auftraggeber in Verlegenheit – er war dem Cello-Part nicht gewachsen.

Laß mich nicht warten, hat Mayrhofer ihm geschrieben. Der Fürst.
Der Fürst!
Mayrhofer empfängt ihn so grau, wie ihm das Oktoberwien vorkommt. Er sei jetzt der vom Fürsten bestellte Bücherzensor. Ich, Schubert, dem die Poesie heilig ist, kann Sätze streichen, Wörter und Ideen madig machen, ich kann einem Buch das Leben verbieten, kann es ersticken, meucheln, Schubert, ich, Johannes Mayrhofer, Dichter und Zensor. Weißt du, wer grade mit dir spricht, wer dir den Arm um deine Schulter legt mit dir auf dem Weg zur »Krone« ist. Weißt du, ob der Zensor oder der Poet? Er stellt sich vor Schubert auf, ein miserabler Schauspieler, mit den Armen schlenkernd, zappelnd.
Ich bitte dich, mach dich nicht lächerlich, Mayrhofer.
Ich mich? Er wird laut. Passanten auf der Gasse werden auf ihn aufmerksam. Ich werde lächerlich gemacht, Schubert. Du weißt es. Er reißt an Schuberts Jacke. Erst als die anderen Freunde zu ihnen stoßen, Stadler und Senn, gibt er nach, fällt wieder in sich zusammen, ein huschiges Männchen, der Zensor des Fürsten. Und der Fürst ist nicht mehr allein. Zu ihm gesellt sich der Graf, Graf Sedlnitzky, der Polizeichef Wiens.

Senn spricht von ihm, Mayrhofer fällt ihm sofort ins Wort.

Wenn du wüßtest, was ich Schreckliches über den Grafen weiß – aber sein Wissen behält er für sich.

Seit dem Karlsbader Treffen stellen seine Gendarmen den Studenten nach, als wären sie herrenlose Hunde.

Was wir vielleicht auch sind, findet Senn.

Schubert hat den Eindruck, daß der große, kräftige Mann leuchtet, eine große Kraft ausstrahlt. Er verehrt Johannes Senn und geht ihm trotzdem, wenn es nur möglich ist, aus dem Weg. Das war schon auf dem Konvikt so gewesen. Der *Tiroler* wurde Senn von den Konviktisten ausdrücklich genannt – und das nicht ohne Spott, der Starrsinn, das hochfahrende Gebaren Senns waren damit gemeint.

Als ein Konviktist von Direktor Lang für unsinnig lange Zeit mit Karzer bestraft wurde, blieb eine kleine Gruppe nicht ruhig, versuchte, dem Delinquenten beizustehen, und Senn war ihr beredter Anführer. Schubert hatte sich im Hintergrund gehalten. Nicht nur das – der Aufruhr war ihm unheimlich, er fürchtete, jede Parteinahme könnte seine Position im Konvikt gefährden. Senn mußte, obwohl er sein Stipendium dringend nötig hatte und ein brillanter Schüler war, vom Konvikt. Er ging auftrumpfend. Schubert vergaß ihn nicht, traf ihn bald wieder, war nun freier im Umgang mit ihm. Senn hatte nichts von seinem Freisinn, seiner aufbrausenden Rechtlichkeit verloren. Er studierte jetzt Jurisprudenz. Die Politik Metternichs forderte ihn von neuem heraus. Das hinderte ihn allerdings nicht, mit Spaun zu verkehren, dessen Anstand unanfechtbar sei, obwohl er für den Fürsten Partei ergreife.

Senn hatte einen Studentenverein gegründet, dem vor allem Tiroler angehörten.

Schubert vermied die konspirativen Treffen und geriet dennoch, wenn auch unfreiwillig in den Strudel von Subversion und Verfolgung.

Ich darf nicht zur Kenntnis nehmen, was der Senn erzählt, ich darf es einfach nicht.

Mayrhofer hielt sich auf dem Heimweg und nach dem Abschied von Senn und Stadler die Ohren zu, sprang von einer Seite der Gasse auf die andere, dies so heftig und wütend, daß wie von selbst bei Schubert der Eindruck entstand, er verdopple, er spalte sich.

Was der eine hört, muß der andere verschweigen, rief er immer wieder.

In den ersten Nächten nach der Heimkehr aus Steyr hatte er sich zu Mayrhofer gelegt, und wenn der eingeschlafen war, stand er vorsichtig auf und schlüpfte in sein Bett.

»In monderhellten Nächten/ Mit dem Geschick zu rechten/ Hat diese Brust verlernt.«

Er sang es ihm vor.

Der Fürst. Der Fürst!

Senn hatte ihn zu sich geladen, in die Wohnung. Ich bitte dich, laß, wenn es möglich ist, deinen Mayrhofer zu Haus. Ehe er bei uns Trübsal bläst und uns jeden Spaß vergällt.

Der Fürst. Der Fürst!

Nur ist es der Graf, der seine Büttel ausschickt.

Schubert trifft Senn allein an. Die andern Gäste, zwei Kommilitonen, kämen etwas später.

Senn ist spröde im Gespräch. Stockend, sich immer wieder in einer längeren Atempause unterbrechend, läßt er sich über Schuberts Goethe-Lieder aus, die wenigen, die er kenne, sie gefielen ihm, weil die Komposition sich ebenso ernst nehme wie die Poesie. Da nimmst du dir vor Goethe eine Freiheit heraus –

Ich? Schubert setzt erstaunt das Weinglas ab.

Es ist gut, ich übertreibe wie oft.

Danach hätten sie sich, erzählt er Mayrhofer später, über Stadler und Kenner unterhalten. Senn habe wissen wollen, ob er noch bei Salieri Kontrapunkt studiere.

Plötzlich hätten Rasende an die Tür geklopft.

Es ist ein Trommelwirbel. So treten Sendboten des Grafen auf. Senn erschrickt, erstarrt, nur für einen Augenblick. Schubert springt hoch, behält das Glas in der Hand, als habe er vor, den Hereinstürzenden zuzuprosten. Ich sollte singen, geht es ihm durch den Kopf. Aber nichts fällt ihm ein, keine Zeile, keine Melodie. Als sie schon im Zimmer stehen, zu viert, drei in Uniform, einer in Zivil, summt er die Forelle vor sich hin. Warum gerade sie? Ihm fällt ein, daß Schubart zehn Jahre auf einer Festung eingesperrt saß.

Der Zivilist stellt sich vor als Polizeioberkommissär Leopold von Ferstl. Sie hätten Ordre, die Wohnung des Johann Senn nach subversiven Papieren zu durchsuchen.

Was verstehen Sie darunter, fragt Senn und teilt in theatralischen Gesten den drei Gendarmen den Bereich zu, den sie durchwühlen sollen. Nehmen Sie den Schreibtisch. Sie den Kleiderkasten. Sie das Bett. Der Herr Oberkommissär sollte vielleicht die Bodenritzen erforschen. Wer weiß, was ich da versteckt halte.

Er werde zu allem eine Ordnungsstrafe bekommen.

Wenn schon, Herr Kommissär.

Endlich, atemlos und aufgeregt, tauchen die zwei Kommilitonen Senns auf, sie hätten schon im Haus von dem Überfall gehört.

Wie zuvor schon Senn und Schubert, müssen sie sich ausweisen.

Was der Herr Oberkommissär denn zu erforschen vorhabe, fragen sie mit gespieltem Ernst. Senn zieht die Schultern fragend hoch; seine Augen sind dunkel vor Wut.

Nach einem Furz von gestern werden sie vielleicht suchen, sagt der eine.

Oder nach zwei konspirierenden Arschabdrücken, meint der andere.

Mir sind die Herren Polizisten ganz und gar egal, erklärt Senn, bittet die Freunde, rund um den Tisch Platz zu nehmen, schenkt ihnen und sich Wein ein. Sie stoßen an, beginnen sich zu unterhalten, als gäbe es den polizeilichen Einbruch nicht.

Der Kommissär steht in der Stube wie bestellt und nicht abgeholt.

Die drei Gendarmen kramen lustlos zwischen Hemden, Kissen und Papieren. Nach Papieren.

Ich begreif's nicht. Schubert staunt über sich. Es gelingt ihm zu reden. Was die alles dürfen. Mir nix, dir nix – er sucht nach einem halbwegs höflichen Ausdruck; Senn ergänzt lächelnd: Einer Furzidee nachzustellen.

Und das in höherem Auftrag.

Der Fürst. Der Fürst! schreit Mayrhofers Stimme in seinem Kopf.

Es reicht. Der Kommissär braucht den Gendarmen nichts zu befehlen, sie wissen, ausgezeichnet dressiert, was sie zu tun haben. Sie packen Senn. Er müsse mit auf die Wache, werde arrestiert, und die drei anderen Herrschaften möchten bitte folgen.

Ich bin eingekastelt worden, ist das erste, was er Mayrhofer, der beunruhigt auf ihn wartet, zu sagen weiß. Mit dem Senn und zwei andern. Er erzählt, kann gar nicht auf-

hören, wiederholt sich, gerät in Wut, diese Knechte, sag
ich dir, Mayrhofer.
Wem sagst du das, Schubert?
Leopold von Ferstl hat dem Grafen Sedlnitzky zu berichten:
»Rapport . . . über das störrische und insultante Benehmen, welches der in dem burschenschaftlichen Studen-
tenvereine mitbefangene Johann Senn, aus Pfunds in
Tyrol gebürtig, bey der angeordneter massen in seiner
Wohnung vorgenommenen Schriften-Visitation und Be-
schlagnahme seiner Papiere an den Tag legte und wobey
er sich unter andern der Ausdrücke bediente, *er habe sich
um die Polizey nicht zu bekümmern, dann die Regierung sey zu
dumm, um in seine Geheimnisse eindringen zu können.* Dabei
sollen seine bey ihm befindlichen Freunde . . . in glei-
chem Tone eingestimmt, und gegen den amthandelnden
Beamten mit Verbalinjurien und Beschimpfungen losge-
zogen seyn.« Senn wurde von den Schergen des Fürsten
unsichtbar gemacht, den Freunden entrissen. Vierzehn
Monate lang saß er in Haft. Danach wurde er nach Tirol
abgeschoben.
Schubert und er sahen sich nie wieder.
Schuberts Name verschwand aus den Akten, so wie er es
erhoffte.

Die Musik, seine Musik wurde zur Tarnkappe.
Schrei mich nicht an, Mayrhofer.
Wer schreit? Ich? Du?
Sie streiten nicht nur mehr zu Hause, immer häufiger auch
in Gesellschaft. Wie ein zänkisches altes Paar, findet Schober, der aus Schweden zurückgekehrt ist. Wenn du willst,
kann ich dir noch mehr bieten, Schober.

Mayrhofer, ein Derwisch, ein Schattentänzer, zückt den Schirm und dringt mit ihm auf Schubert, ein, in blanker Wut: Ich spieß dich auf, du Zwerg, du kleiner Racker, ich spieß dich auf, du Würstl.

Geh, schleich dich, du Schneider, du Schnaderl, du Bladerl, du wilder Verfasser.

Zwei Jahre leben sie miteinander, teilen sich ein Zimmer, schlafen ab und zu in einem Bett, streiten, tauschen sich aus, brauchen sich.

Mayrhofer weiß, daß er dem Freund bis zur Erschöpfung zusetzt. Daß er die Substanz ihrer Zuneigung angreift. Sein wüstes Doppelleben kann er nicht einmal dem besten Freund zumuten.

Geh, Lieber, geh.

Der Fürst. Der Fürst! schreit er.

»Seine frohe, gemütliche Sinnlichkeit und mein in sich geschlossenes Wesen traten schärfer hervor und gaben Anlaß, uns mit entsprechenden Namen zu bezeichnen, als spielten wir bestimmte Rollen. Es war leider meine eigene, die ich spielte«, noch nach Jahren, nach Schuberts Tod, erinnert sich Mayrhofer als Doppelgänger.

Du gehst.

Du gehst?

Geh.

Wer sprach es aus?

Schober hat mir angeboten, bei sich zu wohnen.

Du gehst.

Lieber, sagt der eine.

Und der andere auch.

21.
Moment musical VII
(Etwas langsam)

Johannes Senn und Johannes Mayrhofer – der Widergänger und der Doppelgänger. Ich lese ihre Lebensspuren vom Ende her. Sie finden so gut wie nie zusammen, aber im nachhinein kann ich sie verbinden.

Der eine, Mayrhofer, bleibt in seiner Pflicht, mehr und mehr zerrissen von dem gelebten Widerspruch, der andere, Senn, wird ausgestoßen und kehrt – es fragt sich, wie reumütig – zurück in die Pflicht, zieht die Uniform an, wird Soldat, Offizier, bei den Tiroler Kaiserjägern; der eine, der Zensor und Poet, stürzt sich 1830, als er vom vergeblichen Aufstand der Polen gegen die Russen hört, in die Donau und wird von einem Passanten gerettet, der andere, der einstige Aufrührer, zieht 1831 mit seinen Truppen nach Italien; der eine, Mayrhofer, beginnt, »um die Finsternisse zu hellen«, die Kunst der Antike zu studieren, der andere wird vorzeitig aus der Armee entlassen und arbeitet als Schreiber bei einem Advokaten; der eine, der Zensor, legt 1824 seine Gedichte zur Subskription auf, der andere, der nun auch seinen Posten als Schreiber verloren hat, von Gelegenheitsarbeiten lebt und sich mit Bedacht zu Tode säuft, veröffentlicht seine Gedichte 1838, »im Kampf mit den Verhältnissen, seiner Umgebung und der Zensur«; der eine, Poet und Zensor zugleich, wirft sich 1838, als die Cholera Wien heimsucht, gehetzt von den Geistern, die er gar nicht mehr zu rufen braucht, aus dem dritten Stock einer Behörde in Wien, lebt noch zwei Tage und zwei Nächte und stirbt; der andere, der verbannte Student und dichtende Offizier, verfällt vollends dem

Alkohol und zieht sich zum Sterben 1857 ins Militärhospital von Innsbruck zurück; der eine wie der andere, Mayrhofer und Senn, beide ausgestoßen aus ihren Hoffnungen, lädiert in ihren Ansprüchen, zur Ordnung gerufen von der Politik des Fürsten, werden in ihrer Trauer festgehalten vom singenden Freund, der sich allmählich auf den Winter einstellt, auf eine nie endende Reise. In den Gedichten der beiden Weggefährten findet er die Themen angestimmt – in dem des einen:

> »Nie wird, was du verlangst, entkeimen
> Dem Boden, Idealen fremd;
> Der trotzig deinen schönsten Träumen
> Die rauhe Kraft entgegenstemmt.
> Du ringst dich matt mit seiner Härte,
> Vom Wunsche heftiger entbrannt:
> Mit Kranichen ein strebender Gefährte
> Zu wandern in ein mildes Land.«

In dem des andern:

> »Es klagt, es sang
> Vernichtungsbang,
> Verklärungsfroh,
> Bis das Leben floh.
>
> Das ist des Schwanen Gesang!«

22.
Wiener Leben

Ich sehe die Topografie der Stadt so, wie er sie lebte. Ich ziehe Gassen nach, ordne Häuserblocks, schraffiere Plätze, suche nach Namen, bringe sie gelegentlich durcheinander.

Es gibt Häuser, die wichtig werden in seinem täglichen Leben, das nun ein Stück meines Gedächtnisses ist, Wohnungen, die sich öffnen, ihn aufnehmen. Wien, die große, sich imperial gebärdende Stadt, wird zur Landschaft, in der die Donau Straßen und Kai aufnimmt, als wären sie Nebenflüsse und Bäche, in der Häuserzeilen wie Wälder den Weg verdunkeln.

Das Lebensmuster wird zum Stadtplan. Enge, karg möblierte Zimmer; kleine Wohnungen, in denen er so gut wie nie allein ist; abendlich festliche Salons, in denen er auftritt, meist als Mittelpunkt, geliebt, verehrt, gehänselt; Höfe und Gärten, noch warm vom Sommertag, noch hell am frühen Abend, in denen gesungen, gegessen, getrunken, geredet und gestritten wird.

Diese Welt wird von Bürgern bestimmt und verwaltet, nicht vom Adel. Beherrscht wird sie von der Bequemlichkeit und von der Angst, von der Gediegenheit und der politischen Polizei (von einer immer wieder ausbrechenden, die Vorstellung der Welt dämonisch erweiternden Phantasie) und von Metternich, der 1821 vom Kaiser Franz zum Hof- und Staatskanzler ernannt wird und dessen insektengleiches Wesen sich jetzt vollkommen ausleben kann: »Ich fühle mich in der Mitte eines Netzes wie meine Freundinnen, die Spinnen, die ich liebe, weil ich sie so oft bewundert habe«, womit sich der große europäische Kontrolleur genau und nicht ohne metaphorischen Sinn darstellt und sich keineswegs widerspricht, wenn er, die einzelnen Aufrührer und Widergänger im Blick, konstatiert: »Unser Volk begreift nicht, warum es sich zu Bewegungen verstehen sollte, wenn es in Ruhe sich dessen erfreuen vermag, was die Bewegung den andern verschafft hat. Die persönliche Freiheit ist vollständig, die Gleichheit aller Gesellschaftsklassen vor dem Gesetz eine vollkommene, alle tragen die gleichen Lasten. Titel gibt es zwar, aber keine Vorrechte.«

(*Ritardando*. Ich schreibe Metternichs Grundsätze ab, und es gelingt mir nicht gleich, sie auf Schubert zu beziehen. Diese Sätze reden über seinen Kopf hinweg und erreichen mich unmittelbar. Der Fürst könnte sie heute gesprochen haben. Die Bewegungen, wie er die Revolutionen und Aufstände nennt, sind vorüber. Was sie anstrebten, ist dem Volk, wenigstens in Europa, zugute gekommen. Nun bedarf es keiner Umwälzung mehr, sondern im Gegenteil und dringlich der Beruhigung und Ordnung. Was stört, wird zur Ruhe gebracht, befriedet. Die Gewitter haben einem geklärten Himmel zu weichen. Die Künste, ob Musik oder Poesie, Malerei oder Theater, entfernen sich von den weltbewegenden Themen, begnügen sich mit dem selbstzufriedenen Ich, dem Gemüt und der Gemütlichkeit, die Bilder werden freundlich und die Ideen bieder – dabei merken die Spinnenwächter, die Selbstgerechten und Zufriedenen, den doppelten Boden nicht, die hohle, brüchige Wand. Die unterdrückten Ängste nehmen nämlich Gestalt an, die Finsternisse schwappen in den kühlen Komfort, die Dämonen nagen am gesättigten, gestillten Ich.)

Da erscheint Schubert wieder, da hat er Mayrhofer verlassen, doch er ist nicht, wie er es androhte, um den Freund eifersüchtig zu machen, schon zu Schober gezogen. Nur wenige Häuser neben Mayrhofers Quartier in der Wipplingerstraße 15, findet er ein Zimmer. Wer es ihm vermietet hat, ist nicht bekannt. Doch wie das Zimmer aussah, oder eine Ecke in ihm, hat Moritz von Schwind mit der Feder gezeichnet, und dies in einer Weise, daß sich das Detail in Gedanken ergänzen läßt.

Immerhin ist ein kleiner Flügel vorhanden, ein Klavier, auf dem sich Noten und vor allem Bücher häufen, dem Äußeren nach Anthologien, Sammlungen von Gedichten. Unter dem Klavier steht eine hölzerne Kiste, die ebenfalls Bücher enthält, wahrscheinlich die restliche »Bibliothek«, da ihr Besitzer, von einer Unterkunft zur andern wandernd, gar nicht mehr dazukommt, sich vollständig einzurichten. Stuhl und Klavier – mehr braucht er nicht; so wie es Schwind andeutet, wird die Kammer sehr sparsam eingerichtet gewesen sein. Tisch, Bett, Kommode, noch zwei oder drei Stühle. Im Winter ist das Zimmer eisig und heiß im Sommer.

Er wohnt zum ersten Mal allein. Das genießt er, solange er arbeitet. Danach wird ihm das Zimmer zum Gefängnis. Obwohl er es sich nicht eingesteht, fehlt ihm Mayrhofer.

Nachmittags fängt er ihn nicht selten ab. Er wartet am Fenster, und sobald Mayrhofer auftaucht, immer schwarz gekleidet und umgeben von einer düsteren Aura, ruft er hinunter. Manchmal lehnt es der Freund ab, ihn in die Nacht hinein zu begleiten. Du hast Kompagnons genug, Schubert, was brauchst du mich Trauervogel.

Es stimmt: Schuberts Anhängerschaft wächst und wird farbiger. Neben die alten Vertrauten wie Vogl, Spaun,

Schober und Mayrhofer, treten der junge Maler Moritz von Schwind, der Dramatiker Eduard von Bauernfeld, Franz Grillparzer, der Maler Leopold Kupelwieser, die Fröhlich-Schwestern Anna, Barbara, Josefine und Katharina.

Sie alle mischen sich ein, haben Teil am Lauf seiner Geschichte, wie auch Therese Grob oder Karoline Esterházy, wie die Konviktisten Kenner und Randhartinger, wie Ruzicka oder Salieri, wie Hummel oder Beethoven.

Ich lasse sie auftreten und vergesse manchen von ihnen wieder. Ich bin sicher, daß ich sie gelegentlich sogar verwechsle wie er auch.

Er fürchtet sie häufig genug als einzelne und wünscht sie lieber in größerer Gesellschaft, als Stimmen, als Farben.

Dieses Gewirk von Freundschaften, Bekanntschaften, flüchtigen Beziehungen bringt ihm immerhin so viel Geld ein, daß er 1821 bescheiden davon leben, überleben kann. In der Stadt ist er bekannt, sein Name wird in Kritiken genannt, er wird eingeladen. Seine ersten Lieder erscheinen in Kommission bei Cappi & Diabelli. Vogl hat sein Versprechen gehalten. Das Singspiel »Die Zwillingsbrüder« wird an der Hofoper aufgeführt. In der »Allgemeinen Musikalischen Zeitung« kann er die erste ausführliche Kritik über eines seiner Werke lesen:

»Herr *Schubert* . . . war uns bisher durch einige verdienstvolle Romanzen bekannt.«

(Sonderbar dieser Gebrauch des Wortes »verdienstvoll«: Der Künstler als Mitglied einer Gesellschaft, die sich der Künste bedient und es als Verdienst betrachtet, wenn etwas zu ihrer Unterhaltung gelingt, zum Beispiel eine Handvoll »Romanzen«.)

»Von seiner Oper, die er bescheiden unter dem Titel: Posse erscheinen läßt, wurde zwar schon Ende 1818 gesprochen, doch bekamen wir sie trotz mächtiger Verwendung erst jetzt zu Gesichte.«

(Ein von Ironie eingefärbter Hinweis auf den Einfluß und die hartnäckigen Bemühungen Vogls und wahrscheinlich anderer; ein Beweis für die wachsende Aufmerksamkeit, die Schuberts Kompositionen finden, nicht zuletzt für den werbenden Lärm, den seine Freunde entfalten.)

»Sie beurkundet ihren Verfasser als einen talentvollen Kopf, voll Kraft und Erfindungsgabe, ein Hauptvorzug, da sich alles andere *erringen* läßt; sie beweist aber zugleich, daß Herr *Schubert* mehr Fähigkeit zum Tragischen als zum Komischen hat, daher wir ihm sehr raten, das erstere Fach für jetzt wenigstens zu wählen.«

(Allerdings hat er diesen Rat des Rezensenten, der sich zwar wichtig nahm, doch intelligent hinhörte, erst drei Tage nach der Uraufführung zur Kenntnis nehmen können. Bei der Premiere fehlte er. Er hatte sich gesträubt. Das könnte er nicht aushalten. Er sei auf alles, was ihn erwarte, nicht vorbereitet. Er würde seine lieben Helfer blamieren. Womit die Freunde wieder ihren Schubert haben, der sich unsichtbar machen möchte, sich in den schützenden Ring flüchtet, der alle braucht und ganz für sich sein will. Vielleicht hat er geahnt, wie die Premiere enden wird.)

Auch das hat der Rezensent festgehalten: »Der Schluß gab zu einem Parteienkriege Anlaß, indem Herrn *Schuberts* Freunde ihn herausrufen wollten, viele Schlangen aber dagegen sich vernehmen ließen. Der größere Teil der Zuhörer blieb ruhig bei diesem Streite, der die Kunst nicht eigentlich betraf, denn der Verfasser hatte weder das eine noch das andere, sondern bloß Ermunterung verdient. Herr *Vogl*, dessen Sorgfalt und Pflege wir größtenteils den jungen Tonsetzer verdanken, erschien, meldete daß Herr *Schubert* nicht zugegen sei, und dankte in dessen Namen.«

Schubert wartet in einem Wirtshaus nahe dem Kärntnertor. Er unterhält sich mit Bekannten, die nicht in die Premiere gegangen, sondern bei ihm geblieben sind, um auf ihn zu achten. Seine schweigende Freundlichkeit läßt jeden ihrer Sätze nichtig werden. Er gerät in eine Gefühllosigkeit, die er schätzt, eine Art aufmerksamer Abwesenheit: Alles, Menschen und Dinge rücken näher, werden unverhältnismäßig faßbar, doch zugleich so künstlich, so »gedacht«, daß sie wie eine Erinnerung erscheinen. Nach der Aufführung stürzt die Meute erhitzt und aufgeregt in den Raum. Viktoria, Schubert! Es ist ein Sieg! Die Leute haben wie verrückt applaudiert.

Die Auskünfte und Antworten erreichen ihn wie verspätet, wie in einer anderen Sprache gesprochen.

Wer hat ihm dann, drei Tage darauf, die erste Kritik gebracht? Auf sie wird er erpicht gewesen sein. Auf solche Momente hat er gewartet. Wahrscheinlich ist es Vogl gewesen.

Er wartet zuhause. Du wirst mir das Blatt bringen? Er ist unruhig, unfähig, still zu sitzen, sich zu konzentrieren. Jetzt fehlt ihm Mayrhofers Beistand. Um sich abzulenken, blättert er in den Noten der »Zwillingsbrüder«. Jeder Takt, den er liest, für sich wiederholt, jede Arie, jedes Duett bekommen mit einem Mal einen dilettantischen Anstrich. Ihm wird klar, daß die Unlust, der er schon des Textes wegen bei der Arbeit öfter nachgab, sich wie Firnis auf die Noten gelegt hat.

Er lauscht, ohne ans offene Fenster zu gehen, auf die Stimmen, die von der Straße her hochspringen. Er läuft die Stiege hinunter, tritt vors Haus und wieder zurück in den Eingang. Es ist heiß. Der Schweiß rinnt ihm in den Nacken.

Was regt er sich über eine Arbeit auf, über die er längst hinaus ist, die ihn nicht mehr beschäftigt.

Sonnleithner hat ihn an einem seiner Freitagabend-Konzerte mit Hermann Neefe, dem Dekorateur des Theaters an der Wien, zusammengebracht, und der hatte, noch unsicher, aber offenkundig mit Vorsatz, Schubert angeregt, für sein Haus eine Oper oder ein Singspiel zu schreiben; er habe, wenn Schubert sich interessiere, bereits ein Libretto zur Hand, ein Dekorations- und Maschinenstück mit dem Titel »Die Zauberharfe«; wenn er sich davon anregen lassen wolle, könnten sie sich bereits anderntags treffen, und er ließ sich anregen, aber nicht, weil er das Libretto schätzte, der Stoff ihm behagte – aus einem anderen, elenden Grund, den er sich bloß zwischen Wein und Schlaf eingestand: Daß die Einfälle ihn im Stich ließen, Gedichte ihn so gut wie nicht mehr anregten und die Sonaten und Sinfonien, die er geplant und in kleinen Sprüngen schon notiert hatte, nicht gelangen.

Zu dem Zeitpunkt, da ihn endlich eine Lichtspur von Ruhm traf, die Freunde für sein Fortkommen sorgten, und er sich die Stadt zu eigen machen konnte wie eine Wohnung, irrte er tatsächlich durch eine Wüste, und die Rufe, Zurufe der Freunde, hörte er aus der Ferne.

Vogl ist nicht allein, Schober begleitet ihn. Er sieht sie, versteckt sich in der Haustür. Jetzt ist ihm seine Neugier peinlich. Schober hat ihn bemerkt, ruft; Vogl winkt mit der Zeitung.

Ich lese es erst oben in der Stube. Dafür haben sie Verständnis, jedoch nicht für seinen Wunsch, ihn allein zu lassen.

Ich bitte euch.

Aber er werde keineswegs übel, sondern lobend besprochen. Sie können nicht verstehen, daß jeder Satz, der ihm gilt und der dennoch für die Öffentlichkeit gemünzt ist, ihn trifft und befremdet und daß er sich beim Lesen, selbst wenn er mit Mozart und Beethoven in einem Atem genannt wird, wie Schober und Vogl betonen, ausgezogen und beschmutzt vorkommt.

Das sind doch Zwischenstücke, Bagatellen, Übungen – mehr nicht. Und darüber verfassen sie halbe Romane.

Schober und Vogl erschrecken über die Heftigkeit, mit der Schubert das Singspiel, auf das er gesetzt hat, wütend verwirft.

Jetzt werden die alten, früheren Lieder wach, gehen um.

Sie singend und spielend, bearbeitet er sie mit größtem Eifer.

So läßt er sich mehr und mehr treiben und hofft, daß die Zeit der Dürre irgendwann endet, und – so tröstet er sich – wenn das nicht der Fall sein werde, könnte er die Jahre damit aufbrauchen, indem er größere und kleinere Gesellschaften mit seinen Liedern und seinem Klavierspiel unterhalte.

Die Verrisse der »Zauberharfe«, die ein halbes Jahr nach den »Zwillingsbrüdern« aufgeführt wird, schmerzen ihn wohl; doch er hat sich auf sie vorbereitet.

Die Freunde täuscht er. Vielleicht ist er um eine Spur lauter und läßt sich rascher als früher dazu bewegen, nach den Liedern Walzer zu spielen, zum Tanz zu improvisieren.

Servus Mayrhofer.

Grüß dich, Schwind.

Servus Schober.

Er läuft neben ihnen her, ihnen nach. Wird er zum Klavier gebeten, ziert er sich keinen Moment. Er verschanzt sich hinter dem Instrument, muß sich nicht auf Gespräche einlassen, die ihn verdrießen, muß nicht tanzen. Er wird am

Klavier besucht, sie erkundigen sich nach seinem Befinden, bringen ihm ein Glas Wein, machen ihm Komplimente, was Moritz von Schwind, der mit seinen sechzehn Jahren wie ein Troll aus dem Sommernachtstraum auftritt, besonders kunstvoll gelingt.

Nach einer wirren, nachtlangen Unterhaltung im »Seiterhof«, in der, wie Spaun am Ende mißlaunig zusammenfaßte, über Gott und die Welt gesprochen wurde, lief er den Freunden auf der Gasse davon, wanderte durch die schlafende, von wenigen, aber um so heftigeren Geräuschen beunruhigte Stadt und schrieb in einem Zug ein Gedicht, das vom »Geist der Welt« spricht, doch ebenso von seinem Befinden:

> »Laßt sie mir in ihrem Wahn,
> Spricht der Geist der Welt.
> Er ists, der im schwanken Kahn
> So sie mir erhält.
>
> Laßt sie rennen, jagen nur
> Hin nach einem fernen Ziel,
> Glauben viel, beweisen viel
> Auf der dunkeln Spur.
>
> Nichts ist wahr von allen dem,
> Doch ists kein Verlust;
> Menschlich ist ihr Weltsystem,
> Göttlich, bin ich's mir bewußt.«

Am 21. November 1820 heiratet Therese Grob. Es könnte sein, er hat es von einem seiner Brüder erfahren, obwohl sie sich zu der Zeit selten sehen. Die entschiedene Trennung vom Roßauer Haus wirkt nach, trifft alle.

Die Therese hat gestern geheiratet, Franz.

Ich hab mir's denken können.

Er gibt nicht preis, wie ihn diese Mitteilung, die er erwartete, niederschmettert.

Ich sehe Ignaz und ihn am Graben. Der erste Schnee ist gefallen. Die Räder der Pferdedroschken werfen Morast zur Seite. Sie laufen wie auf Stelzen nebeneinander, der Kleine und der Bucklige.

Ich hab mir's denken können. Er hält für einen Moment an, drückt die Brille gegen die Nase.

Ignaz ist ihm um zwei Schritte voraus. Ohne daß er sich zu dem Bruder umschaut, fragt er: Soll ich sie grüßen und ihren Herrn Gemahl? Du kennst ihn doch.

Ich bitte dich, es zu tun.

Sie tauschen von Verlegenheit gedrechselte Sätze aus.

Vielleicht werde ich sie wieder singen hören, die Theres.

Es könnte sein. Nur hat sie seit längerem nicht mehr in der Lichtentaler Kirche gesungen.

Es ist egal.

Ignaz hat sich wieder auf die Höhe des Bruders zurückfallen lassen. Sie biegen ums Eck in die Wipplingergasse. Der Bucklige zieht fröstelnd die Jacke an der Brust zusammen.

Kommst du mit hinauf?

Ich muß in die Schul.

Jaja, du mußt in die Schul.

Er blickt dem Bruder nach und wundert sich, wie sehr ihn der Anblick rührt: Als liefe jemand aus ihm heraus und fort. Servus, Ignaz, sagt er in sich hinein. Die Therese – nicht ohne Genuß stilisiert er seine Wehmut über den längst eingestandenen Verlust. Ein Gedicht Heinrich Hüttenbrenners, ein Bruder Anselms, wird zur zufälligen, ihn stimulierenden Folie. Er singt sich das Lied eines Jünglings, der »auf dem Hügel / Mit seinem Kummer« zusieht, wie man sein Röschen zu Grabe trägt. Die einbrechende Nacht gibt ihm ein himmlisches Versprechen: »Und wie die Sterne kamen, / Der Mond heraufgeschifft, / Da las er in den Sternen / Der Hoffnung hohe Schrift.« Die Melodie, die er dafür findet, geht ganz schlicht, als hätte er sie sich aus der Kindererinnerung gerufen.

Es ist eines der wenigen Lieder, das er in den Jahren 1820 und 1821 schreibt. Er versucht sich an Sinfonien, Quartetten und kommt über Entwürfe nicht hinaus. Die Pausen zwischen den Anläufen, einer oft verbissenen Arbeit, füllt er mit geschäftiger Geselligkeit. Die alten Lieder werden zum Trost. Sie werden gesungen, nicht mehr nur in Wien.

Eine Notiz in der »Dresdner Abendzeitung« vom 26. April 1821 gibt den Enthusiasmus seiner Anhänger wieder: »Einige Lieder, von dem jungen talentvollen Komponisten *Schubert* in Musik gesetzt, haben darin die meiste Sensation erregt. Vor allem gefiel der *Erlkönig,* welchen *Vogl* mit seiner bekannten Meisterschaft vortrug und der wiederholt werden mußte. Diese herrliche Komposition muß ergreifen, sie ist jetzt hier bei *Cappi und Diabelli* im Stich erschienen, und ich bin überzeugt, daß es mir jeder der Leser, der sich dieses Meisterwerk anschaffen will, Dank wissen wird, daß ich ihn darauf aufmerksam machte.«

Solche schwarz auf weiß festgehaltenen Triumphe sammelt er, vergißt sie wieder, und Ferdinand, der regelmäßig vorbeischaut, nimmt sie an sich, um sie dem Vater zu zeigen, damit er nicht mehr so schreckliche Befürchtungen hege. Hätte der Vater allerdings nur die geringste Ahnung von den kleinen Katastrophen und Schlampereien, die zum Alltag seines Sohnes gehören, wüßte er sich bestätigt.

Zwar ist Schubert häufig eingeladen, die meisten seiner durchaus vermögenden Freunde sorgen auch für sein leibliches Wohl, aber auf die anderen Mißhelligkeiten werden sie erst nach und nach aufmerksam. Daß der Vermieter ihn aus dem Zimmer hinauszuwerfen droht, weil er Monate im Rückstand sei; daß der Schneidermeister, der ihm wohlgesonnen ist, allmählich ungeduldig wird, da ihm der Lohn für den Anzug trotz aller freundlichen Mahnungen nicht ausgezahlt werde.

Ich bitte Sie, wie konnte ich das nur vergessen.

Ich bitte Sie, gedulden Sie sich noch bis morgen.

Ich bitte Sie, tragen Sie es mir nicht nach.

Er vergißt es, verdrängt es.

Wie kann er sich an solche Kleinigkeiten erinnern, wenn er von Zweifeln gehetzt wird, wenn er an einem Oratorium über den armen Lazarus komponiert und abends damit beschäftigt ist, seinen Freunden und Freundinnen als der zu erscheinen, den sie erwarten: der Bürger als Orpheus.

Der Buchhändler Josef Huber, neben dem zu spazieren Schubert vermeidet, da er um mehr als zwei Köpfe größer ist als er, neuerdings mit dem Maler Leopold von Kupelwieser einer seiner entschiedensten Förderer und bald auch sein Zimmerwirt, schildert in einem Brief den Anfang jener sie alle verbindenden und verbündenden Einrichtung: die Schubertiaden. Es sind jene Abende, die vor allem ihm und seiner Kunst gelten, an denen sich die Gesellschaft um ihn als tönenden Mittelpunkt schart und, derart angeregt, weiter bis tief in die Nacht oder den Morgen die gute Laune, die beständige Hochstimmung feiert. Solchen Lustbarkeiten folgt nicht selten ein wüster Kater.

Huber schrieb an seine Braut, die wiederum – solche Verquickungen waren in dem Kreis der Schubert-Freunde die Regel – mit Sophie, der Schwester Franz von Schobers, befreundet war:

»Vergangenen Freitag habe ich mich recht gut unterhalten, da die Schober in St. Pölten war, hat Franz den Schubert abends eingeladen und 14 seiner guten Bekannten. Da wurden eine Menge herrliche Lieder Schuberts von ihm selbst gespielt und gesungen, was bis nach 10 Uhr Abends dauerte. Hernach wurde Punsch getrunken, den einer aus der Menge gab und da er sehr gut war, wurde die ohnedies schon fröhlich gestimmte Gesellschaft noch lustiger, so wurd es 3 Uhr morgens als wir auseinandergiengen . . . Gerne lasse ich alles, was man Unterhaltung nennt darum zurück.«

Der Brief steht als Motto am Anfang eines Bilderbogens, der, ausgebreitet, immer ähnliche Szenen festhält, obwohl keine der anderen gleicht. So wird es sich nicht wiederholen, daß *nur* Männer sich treffen, das musikalische Vergnügen in einer Sauferei ausartet und Schubert seinem Bruder Ferdinand mitteilen muß, arbeitsunfähig zu sein, »da ich wegen gestriger Lumperey heut marody war«.

Die Frauen, vor allem die Schwestern Fröhlich, werden dafür sorgen, daß ein wenig länger musiziert und ein wenig früher Abschied genommen wird, was die Männer nicht daran hindert, die spätere Nacht in einem nahegelegenen Gasthaus zu eröffnen.

Die Gastgeber der Schubertiaden wechseln, obwohl eine Zeitlang bei Schober einmal in der Woche, freitags, fester Termin ist und an zwei anderen Wochentagen miteinander gelesen wird. Die Gastgeber heißen – es sind längst nicht alle – Witteczek, Enderes, Spaun, Fröhlich, Sonnleithner, Schober, Watteroth, Bruchmann, Geymüller.

Wer zu den Abenden eingeladen ist, wird von den musikalisch interessierten und gesellschaftlich regen Bürgern beneidet. Jene, die zum inneren Zirkel zählen, werden zunehmend süchtig. Eine junge Frau beklagt sich bei Schuberts Intimus Leopold Kupelwieser: »Solange Sie fort sind, war eine einzige Schubertiade beim Bruchmann, aber andere Gesellschaften, wo Ihre Freunde nicht hinkommen, sollen viele sein.«

Er mochte diese Stimmen, Mädchenstimmen, Frauenstimmen. Er mochte sie eher aus der Ferne und im Nachlauschen; oder eingebunden im Gesang.

Grillparzer hat Katharina Fröhlich, seine ewige Verlobte, beobachtet, wie sie, nahe dem Flügel sitzend, Schuberts Spiel lauscht. Es ist, als ob ihn der Geist von Schuberts Musik ansteckt – er wirbt und nimmt zurück; er singt und er verschweigt.

> »Still saß sie da, die Lieblichste von allen,
> aufhorchend, ohne Tadel, ohne Lob;
> das dunkle Tuch war von der Brust gefallen,
> die, nur vom Kleid bedeckt, sich atmend hob;
> das Haupt gesenkt, den Leib nach vorn gebogen,
> wie von den flieh'nden Tönen nachgezogen.
> . . .
> Da trieb's mich: nun soll sie's hören,
> was mich schon längst bewegt, nun werd' ihr's kund;
> doch sie blickt her, den Künstler nicht zu stören,
> befiehlt ihr Finger, schwicht'gend an dem Mund;
> und wieder seh' ich horchend sie sich neigen,
> und wieder muß ich sitzen, wieder schweigen.«

Oft merkt Schubert während des Spielens, daß manche Gäste, darunter auch die Freunde, den Abend keineswegs bloß seinetwegen besuchen. Sie machen ihre Geschäfte, sie treiben Politik. Und fallen, da sich alles um den kleinen Schubert dreht, hier den Wächtern Metternichs nicht auf.

Es kann sein, er ist an einem der Abende, bei Schober, plötzlich aufgesprungen, hat das Klavier und die Gesellschaft verlassen. Und Schwind, der ihm nachläuft, bekommt erst nach einem hastig tastenden Wortwechsel mit, worum es Schubert geht, was ihn hinausgetrieben hat.

Daß sie nicht immer zuhören, kann ich noch dulden. Sie bleiben ja dabei diskret.

Schwind widerspricht ihm: Ich habe mich über Witteczek und den Neuen geärgert. Nicht einen Moment haben sie ihr Geflüster unterbrochen.

Schubert lacht: Der Witteczek kannte halt schon, was ich spielte.

Da muß er nicht kommen, kann sich ja anderswo verabreden.

Jetzt erst fällt Schubert auf, daß er seinen Mantel vergessen hat, seinen Hut.

Ich habe meinen Mantel oben gelassen, Schwind. Könntest du ihn mir herunterbringen, den Hut dazu. Schwind faßt ihn zaghaft am Arm. Er traut sich kaum, Schubert zu berühren. Das hat er sich noch nie erlaubt. Komm mit. Du strafst uns, die wir nur deinetwegen uns treffen, einiger weniger wegen, die dich auch lieben, Schubert.

Er läßt sich rasch überreden. Auf der Treppe wispert er, sodaß Schwind sich anstrengen muß, ihn zu verstehen: Weißt du, Schwind, genau genommen benutzen die mich als musikalischen Hanswurst.

Oben, in der Wohnung, warten sie, noch immer verstört, schweigend. Schwind verblüfft es, wie launig Schubert die Befangenheit der andern überspielt.

Sie hätten sich über seinen jähen Abgang gewundert oder sogar entsetzt.

Natürlich, selbstverständlich. Ihn habe nur eine momentane Unruh geplagt, ein Einfall, den er nicht hätte haben können aus irgendwelchen mißlichen Gründen, aber hatte haben wollen. Ich bitt euch, nehmt mir das nicht übel, eine Eingebung, die keine gewesen ist.

Das ist alles. Er setzt sich ans Klavier, spielt einen jener »Deutschen«, die den Damen in die Beine gehen. Jetzt könnts ihr tanzen.

Schober reißt ihn heraus, nimmt ihn mit. Von jetzt an wird er die Rolle des Vertrauten beanspruchen, der den Freund auf seine Weise bei Laune und am Leben zu halten versucht. Schober wird zum Animateur, im Guten wie im Argen.

Obwohl er für Schubert Gedichte schreibt, Libretti, obwohl er keineswegs ahnungslos mit den Dämonen des Freundes umgeht, tritt er doch auf wie ein Komparse aus Hoffmanns Erzählungen.

Habe ich ihn schon porträtiert?

Ich mag ihn, ziehe ihn allen gepflegten Biedermännern vor, den Schober, dem Schubert sein Schobert. Er ist ein Jahr jünger als Schubert. Geboren wurde er in Schweden, in Malmö, doch nach dem frühen Tod des Vaters, eines deutschen Hofrats, kehrte er mit seiner Mutter und seiner Schwester nach Wien zurück, von wo die Mutter stammte. Er ging aufs Konvikt ins Kremsmünster, studierte nicht sonderlich angestrengt Jurisprudenz, zog es vor zu dichten, zu malen, sich auf der Bühne zu produzieren.

»Schober ist uns allen im Geist überlegen, im Reden nun gar! Doch ist manches an ihm gekünstelt, auch drohen seine besten Kräfte im Nichtstun zu ersticken.«

An Geld mangelt es ihm nicht. Schubert wird von ihm unterstützt, ganz selbstverständlich, ohne Vorwurf.

Bei Frauen hat er Erfolg; ein Maulheld ist er auf alle Fälle.

Leopold Kupelwieser hat ihn mit dem Bleistift gezeichnet, und wenn er auch Schober die enge Bindung zu Schubert neidete, konnte er sich dem ein wenig öligen Charme dieses Mannes nicht entziehen. Er macht Eindruck, sieht glänzend aus, wie viele dieser Herren der Restauration in den Salons, bei Konferenzen, auf Bällen auszusehen hatten, ein Typ, der im Widerspruch stark wurde – der Biedermann von Welt. So ist er anzusehen: unter dunklem, dichtgekräuseltem Haar eine alabasterne, zu Falten unfähige Stirn. Die Brauen kräftig über warmen, werbenden, immer ein wenig feuchten Augen. Eine starke Nase von klassischer Linie und darunter der gepflegte Bart, der die knäbische Oberlippe verbirgt und die sinnliche Unterlippe betont. Das Kinn ist in Schobers Fall mächtig und sehr geeignet, auf dem hohen Kragen aufzuliegen.

Mit ihm reist Schubert nach Atzenbrugg, St. Pölten und Oxenburg, verbringt dort unter Freunden den Sommer und Herbst.

Im Juni hat er ohne Schwung, und schon von Zweifeln aufgehalten, sich zweimal an einer Sinfonie versucht. Er hört sie nicht mehr.

Bin ich ein Sommermensch? fragt er übermütig Schober.

Im Sommer schon, Schubert.

Und im Winter, Schobert?

Für den Winter, Schubert, laß ich dich ohne Antwort.

»Ich hätte nur gewunschen, Du wärst da gewesen«, schreibt Schober, nach Wien heimgekehrt, am 4. 11. 1821 an Spaun, »und hättest die herrlichen Melodien entstehen hören, es ist wunderbar, wie reich und blühend er wieder Gedanken hingegossen hat.«

Schubert hatte Tänze komponiert, »Atzenbrugger Deutsche Tänze«.

»Unser Zimmer in St. Pölten war besonders lieb, die 2 Ehebetten, ein Sofa neben dem warmen Ofen, ein Fortepiano nahmen sich ungemein häuslich und heimisch aus . . . Schubertiaden waren ein paar . . .«

Kaum waren sie in Wien angekommen, überrumpelt ihn Schober.

Wir fahren bei dir vorbei, holen deinen Krempel, und du ziehst zu uns. Mama und Sophie wünschen deine Anwesenheit, wie ich auch. Kein Wort, Schubert, keine Widerrede.

Er widerspricht nicht.

23.
Ein Traum

An einem Sonntag hat er aus der Ferne Karoline Esterházy gesehen. Sie saß in einem Landauer, zusammen mit einer älteren Dame, die er nicht kannte, unterhielt sich über eine anscheinend lustige Angelegenheit, denn sie prustete immer wieder in die Hände, dann warf sie ihren Kopf zurück – und so blieb ihr Bild vor seinem inneren Auge stehen. Er lief weiter, sah sich nicht um, sah die atemlose, heitere junge Frau, kein Kind mehr, und dennoch ein Kind, das er zu lieben nicht vergessen hatte. Und das nun triumphierend wiederkehrte. Wie es der Zufall, den er herbeiwünschte,

wollte, erhielt er eine Einladung des Grafen Esterházy, noch in diesem Juni, der ihm die Stadt vergällt, die er mit Schober bald verlassen wird, ein Konzert zu geben, Schönstein werde singen, worauf er sich besonders freut. Als er in der Esterházyschen Wohnung Karoline begrüßt, nimmt sie ihn, meint er, kaum wahr, hält sich sogar mit dem Applaus zurück, gickert und gackert mit einem jungen Mann, den er nicht kennt und kennen will. Und er konzentriert sich ganz auf Schönstein, für den er kurz zuvor noch »Rastlose Liebe« transponiert hat. »Wie soll ich fliehen?/ Wälderwärts ziehen?/ Alles vergebens!/ Krone des Lebens,/ Glück ohne Ruh,/ Liebe, bist du.« Danach hat er die beiden »Deutschen« komponiert, über die er, noch zuhause, in schöner Schrift schrieb: »Für die Comtesse Caroline«. Er hat ihr, gleich nach dem Konzert, die Blätter schenken wollen, doch nun greift er, wieder daheim und nach einem knappen Adieu bei den Esterházys, zur Feder und streicht mit Druck, daß die Tinte spritzt, die Widmung durch.
»Immer zu! Immer zu!
Ohne Rast und Ruh!«
Ferdinand lädt ihn ins »Rote Kreuz« ein, er wolle mit ihm das Programm der »Musikfreunde« durchsprechen, denn es sei auch an seine Lieder gedacht, und er spaziert nach langem einmal wieder in den Himmelpfortgrund, horcht auf vergangene Sätze, die in ihm laut werden, atmet eine Luft ein, die dem Jungen schmeckte, fragt Ferdinand, nachdem sie sich rasch über das Programm einig sind, nach Thereses Hochzeit aus, ob sie gesungen habe, später im Kreis der Verwandten und Bekannten, und Ferdinand erzählt unwillig, ja, sie habe zwei Lieder gesungen, das »Gretchen« und »Nähe des Geliebten«, nur sei von ihm nicht gesprochen worden, was er begreifen werde, was er

zu begreifen vorgibt, doch er unterbricht Ferdinand mitten im Satz, verabschiedet sich und verläßt hastig die Gaststube –

»Immer zu! Immer zu!

Ohne Rast und Ruh!«

Er erscheint vorzeitig bei Schober zum Leseabend, täuscht den Freunden vor, er folge ihren Deklamationen aufmerksam, weigert sich, selbst zu lesen, er sei, was sie bitte verstehen möchten, heute allzu echauffiert von der Arbeit. Dabei hat er keinen Strich getan. Er trinkt zu viel, läßt sich nachschenken, und irgendwann, nachdem die meisten schon aufgebrochen sind, schleppen ihn Schober und Schwind in seine Wohnung, ziehen ihm die Jacke und die Stiefel aus, betten ihn und lassen ihn allein mit dem Wunsch, daß er allerliebst träumen möge, ein Wunsch, der schon in seinen Schlaf hineintönt, denn alles, was er sich angetan, was die Liebe mit ihm angestellt hat, alles, was er ersehnt und was er nur in seinen Liedern wagt, alle Kinderbilder, die seiner Liebe vorausgingen, die spätere Verletzungen schon aufnahmen, brechen als Traum in seinen Schlaf. Diesen Traum schreibt er am frühen Morgen ohne aufzuschauen auf, als diktiere es der Schläfer dem eben Erwachten:

»Den 3. July 1822

Mein Traum.

Ich war ein Bruder vieler Brüder u. Schwestern. Unser Vater, u. unsere Mutter waren gut. Ich war allen mit tiefer Liebe zugethan. – Einstmahls führte uns der Vater zu einem Lustgelage. Da wurden die Brüder sehr fröhlich. Ich aber war traurig. Da trat mein Vater zu mir, u. befahl mir, die köstlichen Speisen zu genießen. Ich aber konnte nicht, worüber mein Vater erzürnend mich aus seinem Angesicht verbannte. Ich wandte meine Schritte und mit einem Herzen voll unendlicher Liebe für die, welche sie verschmähten, wanderte ich in ferne Gegend. Jahre lang fühlte ich den größten Schmerz u. die größte Liebe mich zertheilen. Da kam mir Kunde von meiner Mutter Tode. Ich eilte sie zu sehen, u. mein Vater von Trauer erweicht, hinderte meinen Eintritt nicht. Da sah ich ihre Leiche. Thränen entflossen meinen Augen. Wie die gute alte Vergangenheit, in der wir uns nach der Verstorbenen Meinung auch bewegen sollten, wie sie sich einst, sah ich sie liegen.

Und wir folgten ihrer Leiche in Trauer u. die Bahre versank. – Von dieser Zeit an blieb ich wieder zu Hause. Da führte mich mein Vater wieder einstmahls in seinen Lieblingsgarten. Er fragte mich ob er mir gefiele. Doch mir war der Garten ganz widrig und ich getraute mir nichts zu sagen. Da fragte er mich zum zweytenmahl erglühend: ob mir der Garten gefiele? Ich verneinte es zitternd. Da schlug mich mein Vater u. ich entfloh. Und zum zweytenmahl wandte ich meine Schritte, u. mit einem Herzen voll unendlicher Liebe für die, welche sie verschmähten, wanderte ich abermals in ferne Gegend. Lieder sang ich nun lange lange Jahre. Wollte ich Liebe singen, ward sie mir zum Schmerz. Und wollte ich wieder Schmerz nur singen, ward er mir zur Liebe.

So zertheilte mich die Liebe und der Schmerz.

Und einst bekam ich Kunde von einer frommen Jungfrau, die erst gestorben war. Und ein Kreis sich um ihr Grabmahl zog, in dem viele Jünglinge u. Greise auf ewig wie in Seligkeiten wandelten. Sie sprachen leise, die Jungfrau nicht zu wecken.

Himmlische Gedanken schienen immerwährend aus der Jungfrau Grabmahl auf die Jünglinge wie lichte Funken zu sprühen, welche sanftes Geräusch erregten. Da sehnte ich mich sehr auch da zu wandeln. Doch nur ein Wunder, sagten die Leute, führt in den Kreis. Ich aber trat langsamen Schrittes, innerer Andacht u. festem Glauben, mit gesenktem Blicke auf das Grabmahl zu, u. ehe ich es wähnte, war ich in dem Kreis, der einen wunderlieblichen Ton von sich gab; u. ich fühlte die ewige Seligkeit wie in einen Augenblick zusammengedrängt. Auch meinen Vater sah ich versöhnt u. liebend. Er schloß mich in seine Arme und weinte. Noch mehr aber ich.«

24.
Das Fensterbild

Die Zeit mit Schober hebt beschwingt an. Die Schobers bewohnen das zweite Stockwerk im Göttweigerhof in der Spiegelgasse. Die Wohnung kannte Schubert schon von Besuchen, doch ihm zuliebe hatte Franz von Schober dafür sorgen lassen, daß die Kammer, die sie gemeinsam bewohnten, neu und bequem eingerichtet wurde. Schober ließ mit Vorliebe Möbel nach seinen Entwürfen schreinern, so auch die Betten und einen schönen hohen Spiegelschrank.

Jetzt, als er sich einrichtete, seine Kleider in Schrank und Schubladen räumte, das Notenpapier auf dem kleinen Tisch am Fenster deponierte, Schober ihn durch die anderen Zimmer führte, wobei er Madame von Schober und Sophie begrüßen konnte, jetzt erst fiel ihm auf, wie jeder Einrichtungsgegenstand, die Vorhänge ebenso wie die

Tapeten und Möbel, darauf aus war, Helligkeit einzufangen und wiederzugeben, sei es das Licht, das durch die Fenster floß oder die Lichtervielfalt des Abends. Das vergnügte ihn ebenso, wie das heiter geregelte Leben der kleinen Familie. Es stand fest, wann mittags und abends zu Tisch gerufen wurde, auch daß man sich nachmittags, wenn Zeit war, im Salon von Madame Schober für eine halbe Stunde traf. Den Morgen konnte jeder nach seinem Belieben verbringen. Frau von Schober standen eine Köchin und zwei Dienstmägde bei. Fast jeden Abend wurden Gäste erwartet. Im Salon fand er, er hatte schon vorher öfter darauf gespielt, ein ordentliches Klavier.

Hier, hoffte er, würde er angeregt und ungestört arbeiten können, gehütet von einem Freund, umgeben von Annehmlichkeiten. Die Schubertiaden wurden fortgesetzt; er komponierte konzentriert weiter an der Oper »Alfonso und Estrella«. Schober hatte ihm einige Monate zuvor, im September 1821, das gewünschte Libretto feierlich überreicht: Nun fehlt nur noch deine Musik, Schubert, und das Publikum wird dir zu Füßen liegen. Wie immer übertrieb er, spielte sich und den Freund in eine Stimmung hinein, die er genoß wie einen leisen Rausch. Und dann, Schubert, werden Schubert und Schobert dem Mozart paroli bieten. Damit allerdings ging er Schubert zu weit. Den Mozart laß, Schober, er ist mir heilig. Worauf Schober sich tief verbeugte, mit dem Rücken zu ihm: Bitte demütigst um Pardon, Maestro Mozart, doch ich habe es so gemeint, wie ich gemeint hab, auch wenn es der Schubert nicht so nimmt, wie ich es meine, also können wir beide es nicht so meinen, wie wir es eigentlich hätten meinen wollen, wenn wir uns überhaupt erlauben dürfen, zu meinen.

Laß es, Schober.

In der Stadt wird sogar über Lieder gesprochen, die noch nicht zu hören waren oder die er womöglich noch gar nicht komponiert hatte. In der »Wiener Allgemeinen Musikalischen Zeitung« munkelt ein Rezensent: »Wir kennen noch mehrere im Manuskripte vorhandene Gesänge von demselben Verfasser, die bei ihrem öffentlichen Erscheinen unseren musikalischen Zirkeln noch manchen schönen Genuß verheißen.«

Hilf mir, Schober, es ist dein Libretto. Sie sitzen, die Stühle nebeneinander, an dem für die Arbeit zu kleinen Tisch, wie zwei Schüler, älter gewordene Konviktisten. Dieser Satz klingt doch nicht. Wenn ich dich Holde sehe, vergeht mir rasch mein Schmerz. Das müßte doppelsinniger sein, Alfonso spürt seinen Schmerz, glaubt aber nicht an ihn. Und nicht so schnell. Andante. Er summt, horcht in sich hinein.
Schober sieht ihn von der Seite an, rückt noch um eine Spur näher an ihn heran. Was soll mein Alfonso denn sagen, Schubert?
Hör her, mein Schober. Könnte es nicht so gehen, ungefähr? Und er singt: Wenn ich dich Holde sehe, so glaub ich keinem Schmerz.
Im Februar ist Schubert mit der Arbeit fertig. Er hofft, mit Schober, auf eine baldige Aufführung. Ich weiß es besser. Erst 1854 wird »Alfonso und Estrella« auf einer Bühne zu sehen sein, in Weimar, von keinem Geringeren dirigiert als von Franz Liszt.

Josef von Spaun fragt Schober in einem Brief aus Linz, nicht ohne freundschaftlichen Neid, was denn das poetisch-musikalische Triumvirat alles erschaffen habe?

Womit er den derzeitigen Kern der Schubertiaden meint, Schober, Schubert und Kupelwieser.

»Berede ihn, daß er mir einmal ein paar neue Lieder schikke . . . Wo waren diesen Winter Schubertiaden, wie steht's mit der Krone, deren Leute ich grüßte, spielt die Uhr schon Schubert's Lied?«

Ja, das tut sie, hat Schober vermutlich geantwortet.

Es ist eine ihrer Gasthausgeschichten.

Sie hatten sich im Gasthof »Zur ungarischen Krone« die Köpfe heißgeredet, nicht direkt über Musik und Poesie, sondern über Sängerinnen, über Weiber. Keiner wußte sich hier mehr und mit den unterschiedlichsten Erinnerungen hervorzutun als Schober. Nachdem Mayrhofer schon gegangen, Kupelwieser betrunken und Schubert erschöpft war, fragte der Wirt, ob er die Pfeifen einer eben erworbenen Spieluhr nach einem Lied des verehrten Herrn Schubert stimmen könne. Darauf hatte er die Aufmerksamkeit aller. Sie verstrickten sich in eine Debatte, welches Lied sich besonders eigne, kamen pfeifend, summend, trällernd von einem zum andern und wurden erst still, als der Wirt, ohne auf den Stand der Auseinandersetzung zu achten, schrie: Ich habe mich für das »Heidenröslein« entschieden.

Sie lauschten dem lauten Einwurf nach mit offenem Mund, geschlossenen Augen, den Kopf auf dem Tisch oder im Nacken, verschwitzt und außer Atem. Warum nicht?

Ja!

Und du, Schubert, was meinst du?

Habt ihr mich gefragt?

Sie stoßen mit ihm an und merken nicht, wie nüchtern er geblieben ist.

Er bittet Schober, Spaun auch zu schreiben, daß er Beethoven seine »Variationen über ein französisches Lied« gewidmet habe. Selbstverständlich mit seiner Erlaubnis. Er wollte es ihm in die Wohnung bringen, hatte ihn dort aber nicht angetroffen. Herr Schindler habe ihm versichert, er werde dem Meister die Noten gleich überreichen.

Für den Sommer planen Schobers, nach Atzenbrugg zu ziehen. Die Vorfreude auf Schubertiaden im Grünen, auf Abendmusik unter offenem Himmel, frischen sie immer von neuem auf. Es fallen ihm wieder Lieder ein. Als er an einem Abend Mayrhofer abholt, entdeckt er auf dessen Schreibtisch, der noch unlängst sein Komponiertisch gewesen war, ein frisch geschriebenes Gedicht. Er liest es, erst leis, dann laut, womit er bei Mayrhofer Verlegenheit auslöst, dann fragt er nach Notenpapier und muß es nur noch aufschreiben. Mayrhofer schaut ihm über die Schulter und bricht in Tränen aus.
»Im kalten, rauhen Norden / Ist Kunde mir geworden / Von einer Sonnenstadt.«
Schubert drängt, sie kämen zu spät zu Sonnleithner. Vogl neige neuerdings zur Ungeduld. Sie erwartet eine Schubertiade wie viele andere in diesem Jahr.
Die Wohnungen, die Gärten sind ihm vertraut. Er kennt die Eigenheiten der Klaviere und könnte, noch im Traum, jede und jeden Beteiligten nach ihrer Stimme aufrufen, vom Sopran bis zum Baß.

Je länger er bei Schober wohnt, um so empfindlicher wird er für Nuancen im Gespräch, für Anspielungen und Gesten. Allmählich bemerkt er, wie die Grenzen zwischen Leichtigkeit und Leichtsinn verwischen. Selbst Madame

Schober hat ihr Vergnügen an Zweideutigkeiten; wird ihr bei Gesellschaften der Hof gemacht, spielt sie durchtrieben mit. Sophie sorgt für die Kommentare danach. Die Ordnung, die ihn, als er einzog, so sehr beeindruckte, erweist sich als eine hilfreiche, aber brüchige Maskerade.

Die Sprache, die er täglich zu hören bekommt, ergötzt sich an vertuschten Schweinereien, Anzüglichkeiten. Wenn Madame Schober sich darüber erheitert, daß der Ignaz geradezu unersättlich sei, von Sophie ein Zuckerl zu erbetteln, denkt sich lachend jeder das Seine und sieht ihren Anbeter, den Geometer Ignaz Zechenter, mit den Augen der Schobers. Manchmal hat Schubert in solchen Augenblicken das Gefühl, als einziger Bekleideter unter Nackten zu sitzen und sich eben darum furchtbar unanständig zu benehmen. Sobald Schober über Frauen spricht, hört er nur noch zu, sagt kein Wort, was Schober auch nicht erwartet. Schober ist zufrieden, wenn sein Freund lächelt. Von Körpern redet er, von Gesichtern, Fratzerln und Arschbakken, und es kann geschehen, daß Schubert von solchen Wörtern in den Schlaf verfolgt wird, die sich in einem Spiel zusammensetzen zu schwellenden Leibern und, sobald er sie berührt, wieder auseinanderfallen. Dann wacht er auf, erhitzt und voller Lust. Derzeit ist Schober mit zwei Damen der Gesellschaft beschäftigt, oder sie beschäftigen ihn. Er behauptet, es sei ihm lieber, mit zweien zu poussieren. So lenke ihn die eine stets von der andern ab.

Komm mit zu den Maderln, Schubert.
Von den käuflichen Frauen in den Gassen an der Donau konnte er schwärmen. Sie seien lieb, verstünden sich auf alle Wünsche, auch die verrücktesten. Geh, komm schon.

Einmal hat er nachgegeben, spät, nach einer Schubertiade bei Mayrhofer. Er war neben Schober hergelaufen, ohne auf den Weg zu achten. Wein und Müdigkeit machten ihn schwindlig. Er torkelte etwas. Schober faßte ihn am Arm. Unter den Türen flackerten Lampen, und aus den Häusern lärmte es.

Schober zögerte kurz vor einem Hauseingang, schien mit sich zu Rate zu gehen, zog ihn weiter: Hier machen wir einen Besuch, hier weiß ich eine, die könnte dir gefallen, Schubert, und die wirst du auch wieder ohne Verdruß vergessen können.

Schober zerrte ihn hinter sich her.

Eine gepuderte Maske, in der zwei wasserblaue große Augen steckten, schwebte in der offenen Tür über einem Feuer, starrte ihnen entgegen.

Nein, Schober. Er riß sich los, taumelte zurück, sah Schober in einem leuchtenden Schlund stehen und sich sehr langsam zu ihm umdrehen: Wos is?

Die Frage weckte ihn. Mit einem Schlag war er bei sich. Ohne Antwort lief er davon.

Du bist mir, erzählt er Schober später und versucht sich dem Spott des Freundes zu entziehen, du bist mir vorgekommen wie eine abscheuliche Vereinigung von Giovanni und Komtur, und das Höllenfeuer leckte schon an deinen Füßen.

Das sei eine phantastische Vorstellung, findet Schober und will anzüglich wissen, als wen er sich denn sehe, zurückweichend vor dem Höllentor.

Schubert nimmt die Brille ab, zwinkert in Schobers Richtung, verblüfft ihn mit seiner Antwort: Wie kam ich mir vor? Wie Leporello, der den Alptraum hat, Giovanni sein zu müssen, und erst im letzten Moment sich entscheidet, doch Leporello zu bleiben.

Die Marie – sie essen zu Mittag, sitzen um den runden Tisch, Schubert hebt die Gabel vor ein Auge und schaut durch die Zinken –, die Marie, hat mir Kupelwieser gesteckt, soll mit ihrem Gemahl, dem Ottenwalt, nicht mehr gut auskommen. Sophie widerspricht ihm, sie wisse es anders. Auch Schubert hält das für undenkbar. Aber es ist ihnen klar, daß Schober eine Geschichte verderben will, die ihm verdorben wurde. Er hatte vor sechs Jahren um Marie, die Schwester von Josef von Spaun, geworben. Mit Erfolg. Die junge Frau liebte ihn, sie planten zu heiraten. Die Spaunsche Familie rief sie unerbittlich zurück. Erstens sei der Schober schauderhaft unkirchlich, zweitens ein Lebemann von übelstem Ruf und drittens ein undurchsichtiger Charakter. Sie verschwand einfach, ließ ihn stehen ohne jede Erklärung, ohne Abschied. Ihm war es ernst gewesen. Schubert wußte es; er hatte damals Spaun diese rabiate Entscheidung vorgeworfen.

Nun trägt Schober seine Wunde zur Schau und läßt sich nach Lust und Laune trösten. Geh hin zu den Maderln, Schubert.

Laß mich in Ruh, Schobert.

Das Bild jedoch, die glühende Haustür und das schwebende Kreidegesicht, läßt ihm keine Ruh.

Er sucht nach ihm, wandert tagsüber, die magischen Vereinfachungen der Nacht vermeidend, durch die Gassen an der Donau, gibt sich als einer, der geschäftig unterwegs ist, doch seine Blicke sammeln ein.

Die Tür findet er nicht. Oder er findet mehrere, die einander gleichen und geschlossen bleiben.

In einem offenen Fenster jedoch sieht er das Spiegelbild eines Mädchens, einer Frau, nicht deutlich, wie eine Ophelia im Glas schwimmend, mit offenen Haaren, einem bleichen zerrinnenden Gesicht und einem langen Hals. Die gespiegelte Gestalt wirkt unberührbar und verlockend. Sie kann es gar nicht geben, sagt er sich, als er zurückschaut, und das Fenster nichts mehr spiegelt.

Er gibt nicht auf. Immer wieder stiehlt er sich aus der Schoberschen Wohnung, schützt, wenn er von Sophie oder Schober aufgehalten wird, eine wichtige Verabredung vor, spaziert, von Mal zu Mal gelassener, durch das Mädchen-Revier, wird von dieser und jener auch wiedererkannt, die Frauen nicken ihm zu, fordern ihn aber nicht auf, als wüßten sie, daß er einem Irrbild nachstellt.

Das verfolgt ihn, selbst als er mit dem vertrauten Troß in den Atzenbrugger Sommer zieht und ihn wieder wie im vorangegangenen Jahr eine Kette von Festlichkeiten, Nachtschwärmereien, Scharaden und Schubertiaden beschwingt.

Schobers Onkel, Josef Derffel, verwaltet das Schloß, das dem Stift Klosterneuburg gehört, ein Areal, das die Sonne geradezu auf sich zieht, beherrscht von dem ocker gestrichenen, zweiflügeligen Schloß, das, sobald Hof und Garten von Menschen belebt sind, sich als schöne Kulisse zurücknimmt und dem ungleich kleineren Pavillon im Park es überläßt, Spielraum zu sein.

Dort in der kühlen, lichtdurchfluteten Rotunde, spielt er gleich am ersten Nachmittag Schobers Lied, das er vor genau fünf Jahren komponiert hat, ein Jubiläum, das er nicht gleich verrät: »Du holde Kunst, in wieviel grauen Stunden,/ Wo mich des Lebens wilder Kreis umstrickt,/ Hast du mein Herz zu warmer Lieb entzunden,/ Hast mich in eine beßre Welt entrückt.« Während er singt, beobachtet er Schober und wünscht, jetzt in seinen Gedanken lesen zu können.

Die Freunde führen ihm in einer Scharade den Sündenfall vor, und Schober, als wolle er ihm insgeheim eine Antwort geben, stellt die Schlange dar.

Alles, was um ihn herum geschieht, rückt nah. Es kommt ihm vor, als berührten ihn die Dinge, Menschen und Worte mit ihrer Aura, und diese übermäßige Nähe führt dazu, daß ihm nichts entgeht, er die Gedanken und Gefühle zu spüren meint, die Mißlaunigkeit von Madame Schober ebenso wie das Glück Kupelwiesers, der Johanna Lutz, seiner Liebsten, mit Blicken nachstellt.

Auf einem späten Spaziergang zu zweit kommt Schober, nicht mehr nüchtern, ins Schwelgen, beschreibt Frauen hier wie dort, bringt Gesichter und Leiber durcheinander: Schaust du dir Johanna an, wie sie den Poldi poussiert, könntest du dich vergessen. Aber ich hab mir die Marie aus der Küche gefangen für diese paar Wochen, und er schildert sie ihm, die Wadel, den festen Bauch, die Brüste, wie zwei Wogen, sag ich dir, wie zwei Wogen kommen sie auf dich zu.

Geh laß, Schober.

Jedes Wort springt um und wird in seiner Phantasie zum Bild. So kann er nicht lieben.

Auf einem Ausflug nach Kremsmünster entdeckt er, auf einem Tisch liegend, die Gedichte Platens. Er blättert in dem Band, findet das Gedicht, das für ihn spricht. Das Lied entsteht im Gegenrhythmus. Aus dem Geschwind der Worte wird ein »Mäßig«: »Mein Herz ist zerrissen, du liebst mich nicht!/ Du ließest mich's wissen, du liebst mich nicht!/ Wiewohl ich dir flehend und werbend erschien,/ Und liebebeflissen, du liebst mich nicht! / Du hast es gesprochen, mit Worten gesagt, / Mit allzugewissen, du liebst mich nicht!« Er kann nicht wissen, daß diese Klage des Dichters einem Knaben gilt. Das wäre ihm gleich.

Allmählich geht er dem Sommer verloren. Läuft er an der einstöckigen Front des Schlosses entlang, ertappt er sich dabei, daß er die geöffneten Fenster danach absucht, ob unversehens das gewünschte Bild dort erscheint. Auf der letzten Atzenbrugger Schubertiade verwirrt er die Runde mit dem Platen-Lied. Beinahe ungehalten erkundigt sich Kupelwieser, welcher Stimmung er denn nun wieder da nachgegeben habe.

Er schaut verschmitzt über das Klavier weg und spielt keineswegs als Antwort einen »Deutschen«. Schober findet ihn zunehmend unberechenbar.

Der Herbstnebel kriecht von der Donau herauf, erobert den grauen, schmutzigen Stadtrand.

Wie kann er sie noch finden?

Geflüster begleitet ihn, eine Stafette von Rufen.

Mit einem Mal erscheint sie. Nicht als Spiegelbild. Sie steht in einer Tür. Das Licht fällt so auf sie, daß er wie im Fenster nur Kopf und Hals erkennt.

Er will weitergehen, das Bild mitnehmen wie schon einmal. Ihr Anblick hält ihn an. Er steht und schaut. Er sieht sie ganz und ist sich nicht mehr sicher, ob es das Mädchen aus dem Fenster ist.

Sie ruft. Er versteht, was sie ihm zuruft, und möchte es doch nicht hören. Schritt für Schritt geht er auf sie zu. Ihr Lachen begleitet ihn.

Komm schon. Sie faßt seine Hand, zieht ihn hinter sich her, eine Stiege hinauf, durch ein Spalier von halbnackten Frauen, von Atem und Neugier.

Da hast du dir aber ein herziges Zwergerl gefangen. Er stolpert. Jemand greift ihm helfend unter die Achsel, hebt ihn auf den Treppenabsatz.

Ich darf meine Augengläser nicht verlieren, denkt er. Der Satz bleibt flehentlich in seinem Gedächtnis stehen. Bloß die Brille nicht verlieren.

Da bittet sie ihn, die Brille abzunehmen. Sie hat ihn in eine Kammer geführt, die kaum erhellt ist vom Licht auf der Gasse.

Ich werde blind sein wie ein Maulwurf.

Was mußt du viel sehen.

Er hebt die Hände schützend vor die Brille, doch sie drückt sie behutsam zur Seite, nimmt sie ihm ab, sagt: Ich paß schon auf. Ich leg sie hier aufs Kastel. Er hört sie, spürt sie.

Sie zieht ihn an sich, drückt seinen Kopf gegen ihre Brüste, zieht ihn auf sich. Er atmet mit ihr. Sie hat ihm, ohne daß es ihm auffiel, die Jacke ausgezogen. Sie streift ihm die Hosen herunter.

Er atmet mit ihr, oder sie atmet mit ihm. Sie macht ihn heiß, reibt ihn.

Er sucht nach ihrem Mund, aber sie schiebt seinen Kopf auf das Kissen.

Er verliert jeden Gedanken, vergißt sich, hört seinen hastenden Atem. Sie ist heiß. Er spürt sie wie eine offene Wunde. Komm schon, sagt sie.

Sie ist es doch nicht, denkt er, sie kann es nicht sein. Wieder hilft sie ihm, sich anzuziehen, reicht ihm die Augengläser.

Wie heißt du? fragt er.

Sie lacht. Geh schon, sagt sie, stiehl mir nicht meine Zeit.

Sie kann es nicht sein, sagt er sich.

Auf der Stiege erwartet ihn das Spalier von Körpern. Sie bringt ihn bis zur Tür. Er stolpert auf der Schwelle. Als er sich umblickt, ist die Tür geschlossen.

Er hastet in die Stadt hinein. Einen Moment spielt er mit dem Gedanken, auf die Roßau zu gehen, in die Schule, zum Vater, aber er hätte zu viel erklären müssen.

Schober fragt nicht, wo er gewesen sei, spielt allerdings in Andeutungen seine Ahnungen aus.

Ein paar Tage lang kämpft er gegen den Wunsch an, den Besuch zu wiederholen, bis sich seine Erinnerung merkwürdig einschwärzt, das Fensterbildnis verschwindet. Nur eine ihm unerklärliche Angst bleibt, er habe etwas bei dem Mädchen vergessen.

Am 30. Oktober 1822 nimmt er sich den Mut, beginnt mit einer Sinfonie. Seine bisher letzte, in C-Dur, hat er vor vier Jahren beendet, war zuerst wohlgemut und schließlich unzufrieden mit dem Ausgang.

Er ist sich beinahe gewiß, in dieser Nacht erkrankt zu sein. Das Licht und das Spiegelbild zwingt er in einem ausholenden, den Formen der Klassik treuen Satz in die vorgegebene Ordnung, doch mit dem zweiten Thema, mit dem er aus der Erinnerung auszubrechen versucht, stürzt er ab, wissentlich. Die Generalpause hält den Schmerz aus. Ob die Zuhörer es merken werden? Nach dem zweiten Satz kann es keine Fortsetzung geben. Aber dem gefundenen Takt wird er weiter folgen, dreiviertel, vierachtel, dreiviertel.

Ich bin krank, könnte er Schober gestehen, ich habe mich angesteckt.

Vom Vogl, der die Hofoper verläßt, erfährt er, daß »Alfons und Estrella« nicht aufgeführt werde.

Er könnte sich bei Schober erkundigen, ob er einen Arzt aufsuchen soll. Er vergißt es.

Weil es gar nicht anders sein kann, findet ihn jetzt, an dieser Station seines Wegs, »sein« Lied wieder.

Bei einer Schubertiade lernt er einen Schüler Hummels kennen, der, so erfährt er, exzellent Klavier spiele, und es sich leisten könne, seinen Neigungen nachzugehen. Der Edle Liebenberg de Zsittin besitze einträgliche Güter.

Der Mann redet auf ihn ein. Erst hört er kaum hin, bis Liebenberg andeutend zu singen beginnt oder rhythmisch zu sprechen. »Die Sonne dünkt mich hier so kalt,/ Die Blüte welk, das Leben alt,/ Und, was sie reden, leerer Schall –/ Ich bin ein Fremdling überall.«

Wie er gerade auf dieses Lied komme?

Er habe Schönstein den »Wanderer« singen hören und Jäger auch. Liebenberg sieht sich um, wirft einen Blick über die Gesellschaft, deutet auf Vogl: Könnte der verehrte Herr Vogl den »Wanderer« jetzt nicht singen?

Ich will ihn fragen. Aber ehe sich Schubert entfernt, gibt Liebenberg, ein wissender Geist am Wegesrand, ihm den Auftrag, auf den er gewartet hat: »Die Sonne dünkt mich hier so kalt« – wenn Sie Variationen schrieben über diese Stelle im Lied, fürs Klavier, Sie könnten mit einem Geschenk rechnen, Herr Schubert.

Er arbeitete an dem Auftrag, den er sich im Grunde selber erteilt hatte, den halben November. Daß er nicht nur den Anstoß zu einer Fantasie gegeben hatte, die viel später den Titel »Wandererfantasie« bekam, sondern daß er Schubert über die Grenze half, konnte Liebenberg nicht wissen. Nun mußte er nicht mehr suchen und versuchen; er befand sich auf dem Weg.

Ich muß für eine Weile nach Hause, auf die Roßau. Schober reagiert auf Schuberts Entschluß panisch. Was er ihm getan habe? Warum er ihn fliehe? Wie er ihn derart verletzen könne? Wie soll ich diese Trennung der Mutter und Sophie, den Freunden erklären? Schubert, ich bitte dich.

Dabei wissen die Eltern und Brüder nichts. Er wird einfach auftauchen, ein Gast, der hofft, willkommen zu sein.

Ich wundere mich über gar nichts, stellt der Vater zur Begrüßung fest und auch, daß er mitgenommen aussehe, müde.

Die zweite Mutter schließt ihn in die Arme. Er könne in die Kammer hinter der zweiten Schulstube ziehen. Dort störe ihn niemand.

Sie ordnen ungewöhnlich zurückhaltend und hilfreich seinen Tag.

Mit Ferdinand sieht er den »Fidelio« im Kärntnertor-Theater.

Vor Silvester 1822 besucht ihn Schober und überredet ihn, den Jahreswechsel mit einer Schubertiade zu feiern.

Du kannst uns nicht im Stich lassen, Schubert.

Ich will es auch nicht, Schober.

In einem langen Gedicht wird Schober dem Freund ausdrücklich huldigen und eine der schwindenden Horen ihm sagen lassen:

> »Dem Sänger hab' ich Weisen eingegeben,
> noch seid ihr ja von ihrem Klang gerührt,
> und in der Dinge Geist und inn'res Leben
> hat euch die Kraft des Denkers eingeführt.«

Um Mitternacht drängt sich die angeheiterte Gesellschaft zu einem Pulk zusammen. Schober drückt ihnen Fackeln in die Hände, Laternen; sie stürmen hinunter auf die Gasse, um das Neujahr auszurufen, auszuschreien.

Kupelwieser ist an seiner Seite, dann Sophie.

Die Stadt lodert auf, die Türme des Doms stechen finster in einen wechselhellen Himmel, in dem die Sterne wie verloren schwimmen.

Er hat Schmerzen. Seit ein paar Tagen nässen die großen Pusteln auf seinem Glied und an den Hoden. Auf dem Handinnern bilden sich runde Geschwüre, als hätten sich Münzen abgedrückt.

Ich bin krank, gesteht er Schober, als er sich verabschiedet.

Ich auch, mein Schubert, ich bin besoffen.

Er läuft davon, auf die Roßau, und jeder Schritt wird zur Pein.

Wahrscheinlich hat er sich zu spät einem Arzt, August von Schaeffer, anvertraut. Er kennt ihn über Spauns, die ihn als ihren Hausarzt empfohlen haben. Er ist ihm auch auf einigen Schubertiaden begegnet. Während der Untersuchung hält er den Atem an vor Schmerz und vor Scham.

Schaeffer fragt nicht, wo er sich die Krankheit geholt habe.

Die Behandlung werde langwierig sein. Ich werde Sie plagen müssen, mein lieber Schubert.

Er bittet ihn, die Hosen auszuziehen. Der Arzt spachtelt aus einem Mörser eine Salbe, streicht sie auf einen Leinenfleck und fatscht die wunden Stellen. Er könne den Verband jederzeit wegnehmen und wieder auflegen. Die Salbe enthalte eine Mixtur aus geriebenem Guajak-Holz und Quecksilber. Er kündigte an, welche Unbilden und Plagen Schubert zu erwarten hätte. Die Schwellungen würden zuerst noch stärker, die Wunden aufbrechen; eine Art von Brand könnte auftreten; der Mund werde ihm austrocknen und vielleicht auch wund werden; es werde schmerzhafte Schwellungen am Hals und unter den Armen geben; die Haare würden ihm ausfallen.

Ich danke Ihnen, Herr Doktor.

Ich bin für Sie da, Herr Schubert.

Nichts läßt er aus in dem dahinschleichenden Jahr 1823. Alle Prophezeiungen des Arztes erfüllen sich. Dennoch hat er genug Kraft, hin- und herzuziehen zwischen der Roßau und der Schoberschen Wohnung am Göttweigerhof und im Herbst auch auf Reisen zu gehen. Der Linzer Musikverein ernennt ihn und Vogl zu Ehrenmitgliedern.

Im Mai heiratet Sophie von Schober ihren Geometer. »Meine Gesundheitsumstände erlauben mir noch immer nicht, außer Haus zu gehen«, schreibt er einem Bekannten.

(*Ritardando*. Die wenigen Auskünfte und Mitteilungen über seine Krankheit verteilen sich über das ganze Jahr. Sie wird nie benannt. Nur einmal ist zu lesen, daß er Haare verliere, eine Perücke trage. Was verschwiegen wird, erzähle ich nach. Er hat Spuren gelegt, und er ist bereit aufzubrechen. Dem Wanderer ist es ernst. Am 10. April 1823 kündigt er die mißliche Zusammenarbeit mit seinem Verlag, mit Cappi & Diabelli: »Zum Schluße muß ich Sie noch ersuchen, mir meine sämmtlichen Manuscripte sowohl der gestochenen als der ungestochenen Werke gefälligst zu senden.« Zur gleichen Zeit etwa tritt er von einem Auftrag zurück und beendet seinen Dienst an der geselligen Kunst, den sein Publikum bisher für selbstverständlich hielt. Er antwortet seinem Förderer Sonnleithner auf die Frage, ob er für eine kommende Schubertiade nicht ein Quartett für vier Männerstimmen komponieren könne: ». . . die Leute haben es genug. Es könnte mir freylich gelingen, eine neue Form zu erfinden, doch kann man auf so etwas nicht sicher rechnen. Da mir aber mein künftiges Schicksal doch etwas am Herzen liegt, so werden Sie, der Sie auch daran Theil zu nehmen mir schmeichle, wohl selbst gestehen müssen, dß ich mit Sicherheit vorwärts gehen muß, u. keineswegs mich der so ehrenvollen Aufforderung unterziehen kann.«)

Im Herbst wird es Schober zuviel; er gibt auf, flieht. Weißt du, Schubert, daß ich mich vor dir zu fürchten beginne? Schubert war erst vor kurzem wieder zu Schobers gezogen, in der Hoffnung, daß seine Krankheit im Abklingen sei. Aber bald stellte sich heraus, daß die Wunden immer neu aufbrachen, die letzten Haare unter der Perücke ausgingen.
Sag es, wenn ich euch zur Last falle.
Das nicht. Schober wehrt energisch ab. Du hast dich verändert, Schubert. Ich mich auch. Womit er Schubert und sich nur vorbereitet auf das, was ihm auszusprechen schwer fällt. Zwischen Tür und Angel, leis und hastig, wagt er es: Ich geh fort aus Wien, Lieber. In Breslau bekomme ich ein Engagement am Theater. Für zwei Jahre. Weiter kommt er nicht. Schubert hat sich in die Türnische gedrückt, starrt ihn wie einen Geist an, beginnt, in vehementem Crescendo zu kichern, kann gar nicht mehr aufhören. Worauf Schober, verdutzt und verärgert, die Tür aufstößt und meint, wenn er sich beruhigt habe, könne er zu ihm kommen, und sie würden ihrer beider Pläne und Absichten besprechen.
Das taten sie, nicht ohne sich zu betrinken. Schober mußte zwei Anläufe nehmen, ehe Schubert begriff, daß er für ihn bereits Quartier gemacht habe. Er könne, wenn er nichts

besseres wüßte, zum Pepi Huber, zum »langen Huber«
auf die Stubenhofbastei ziehen. Der werde ihn von sich
aus noch einladen.

Komm bald zurück, Schober.

Ich versprech es dir. Ich brauche bloß einen Abstand.

Nimm ihn dir, Schober, und schreib, wie er dir bekommt.

Servus, Lieber.

Servus, mein Lieber.

Als Reisegeschenk und Talisman steckt er Schober ein
Gedicht zu, das er im Sommer auf der Roßau schrieb,
ohne Hoffnung, wieder zu gesunden:

> »Tiefer Sehnsucht heil'ges Bangen
> Will in schön're Welten langen;
> möchte füllen dunklen Raum
> Mit allmächt'gem Liebestraum.
>
> Großer Vater! reich' dem Sohne,
> Tiefer Schmerzen nun zum Lohne,
> Endlich als Erlösungsmahl
> Deiner Liebe ew'gen Strahl.
>
> Sieh, vernichtet liegt im Staube,
> Unerhörtem Gram zum Raube,
> Meines Lebens Martergang
> Nahend ew'gem Untergang.
>
> Tödt' es und mich selber tödte,
> Stürz' nun Alles in die Lethe,
> Und ein reines kräft'ges Sein
> Lass', o Großer, dann gedeih'n.«

Am Heiligen Abend 1823 schreibt Schwind an Schober in Breslau: »Schubert ist besser, es wird nicht lang dauern, so wird er wieder in seinen eignen Haaren gehen, die wegen des Ausschlags geschoren werden mußten. Er trägt eine sehr gemütliche Perücke –«

Da wohnt Schubert schon zwei Monate beim langen Huber, der zwar kein Klavier besitzt, ihn jedoch nicht stört, wenn er am Tisch oder am Fenster komponiert und die ersten Lieder seiner nun nicht mehr endenden Reise »spielt«:

> »Das Wandern ist des Müllers Lust,
> Das Wandern!
> Das muß ein schlechter Müller sein,
> Dem niemals fiel das Wandern ein,
> Das Wandern.«

25.
Moment musical VIII
(Geschwind)

Jetzt, in seinem Krankenjahr, erscheint er ihm von neuem – der Zensor. Eine Gestalt am Rande der Bühne, grau, unscheinbar und mächtig.

Nichts kann ihn mehr verwundern, als Kupelwieser, der ihm das Libretto für die Oper »Fierrabras« geschrieben hat, warten muß auf die freundliche Genehmigung und die Änderungswünsche des Zensors, wobei in diesem Fall zwei unterzeichnen, der Polizeioberkommissär des Kärntner-Viertels, Philipp Letocha, und der Hofkonzipist der Polizei- und Zensurhofstelle, Alois Zettler, der dem Manuskript sein *omissis deletis* gewährt, was bedeutet, daß dieses Stück aufgeführt werden kann, falls die inkriminierten Stellen gestrichen oder verändert werden: Roland darf kein »Hispanischer General« sein, und Franken und Frankreich darf es in der Oper nicht geben.

Doch begonnen hat es viel früher, 1821, mit einer Widmung des »Erlkönig« für den Chef des Kärntnertor-Theaters, den Grafen Moritz von Dietrichstein, der erst einmal schriftlich sein Einverständnis bekunden mußte, damit die Zensur die Dedikation genehmigen konnte,

und weiter ging's mit dem Grafen Esterházy, dem er ebenfalls fünf Lieder widmen wollte und dessen Zustimmung für die Zensur zu spät kam,

und weiter geht's, nach dem »Fierabras«, mit dem Verbot eines ganzen Librettos, des »Grafen von Gleichen« von Eduard von Bauernfeld, in dem – und das erhitzt den bigotten Zensor bis zum äußersten – ein Fall von Bigamie vorkommt,

und weiter geht's mit einem zustimmenden »Excudatur«, ausgestellt am 26. Februar 1827 von der Wiener Zensur für drei Lieder nach Gedichten von Johann Friedrich Rochlitz, für »Alinde«, »An die Laute«, »Zur guten Nacht«,

und weiter geht's mit einem, der namentlich auftritt, der zu lesen bekommt, was er noch nicht hören kann, dem Zensor Schodl, der sinnigerweise zum ersten Mal tätig wird, als er am 12. Mai 1827 dem Terzett »Die Advokaten« das »Excudatur« erteilt und am 2. Juli 1827 dem Quartett für Männerstimmen »Wein und Liebe«, und schließlich, am 24. Oktober, gibt er wiederum sein »Excudatur« für ein Konvolut von Liedern, die vom Komponisten so undeutlich, so flüchtig geschrieben sind, daß er sie gar nicht weiter liest, was ihn wie den Komponisten vor Ärger bewahrt –

aber was kann ein Zensor schon vermuten hinter einem Titel wie »Winterreise«?

Und weiter geht's, zum besseren Ende, mit einem Gedicht Grillparzers, der Beethoven einmal damit vergnügte, daß er ihm in sein Konservationsbuch über die Zensoren schrieb: »Wenn die nur wüßten, was Ihr denkt, wenn Ihr Eure Musik schreibt«:

> »Tonkunst, dich preis' ich vor allen,
> höchstes Los ist dir gefallen,
> aus der Schwesterkünste drei
> du die frei'ste, einzig frei . . .«

26.
Die schöne Müllerin

»Im Winter zu lesen« steht über den Gedichten von der »Schönen Müllerin«. Ihr Dichter hofft, wünscht, daß seine Lieder gespielt und gesungen würden. In dem Berliner Salon der vielumworbenen Luise Hensel geschah das auch:

> »Ich lad' euch, schöne Damen, kluge Herrn,
> Und die ihr hört und schaut was Gutes gern,
> Zu einem funkelnagelneuen Spiel
> im allerfunkelnagelneusten Stil –
>
> . . .
>
> Doch wenn ihr nach des Spiels Personen fragt,
> So kann ich euch, den Musen sei's geklagt,

nur e i n e präsentieren recht und echt,
Das ist ein junger, blonder Müllersknecht.

Denn ob der Bach zuletzt ein Wort auch spricht,
So wird ein Bach deshalb Person noch nicht.
Drum nehmt nur heut' das Monodram vorlieb:
Wer mehr gibt, als er hat, der heißt ein Dieb.«

Das Bändchen, in dem Schubert die Lieder fand, war drei
Jahre zuvor erschienen: »Gedichte aus den hinterlassenen
Papieren eines reisenden Waldhornisten«. Der szenische
Epilog spornt ihn an; den Spielraum braucht er nur singend auszuweiten. Wilhelm Müller, von dem er bisher
nichts kannte, schenkte ihm mit diesem Gedichtkreis ein
gewandeltes Verständnis von Freiheit. Selbst Metaphern
konnten hier listig und renitent werden: das Grün, das
Jägergrün! Von nun an konnte sich ihm niemand mehr in
den Weg stellen, ihn aufhalten. Mit dem ersten Takt, dem
ersten Lied brach er endgültig auf.
Es muß im Herbst des Jahres 1823 gewesen sein, als er in
dem Buch las. Wo hat er es gefunden? Von wem bekam er
es? Vielleicht von Huber, der viel las? Ich lasse es eine der
Fröhlich-Schwestern sein, Josefine oder Katharina. Er
ist zurückgekehrt aus Atzenbrugg, wohnt noch auf der
Roßau oder ist schon zu Huber gezogen, die Krankheit
plagt ihn, Schober hat Wien verlassen, da werden er und
Mayrhofer von den Fröhlichs eingeladen. Solche kleinen
Empfänge sind ihm angenehm, keine Schubertiaden,
doch immerhin wird musiziert. Josefine singt, er kann Klavier spielen nach Belieben. Am Ende steckt ihm Katharina das Bändchen zu. Die Gedichte seien ihr nah gegangen, sie könne sich denken, daß sie auch ihm gefielen.

Sagt er: Ich habe von ihm gehört. Er wird Griechen-Müller genannt. Da er so beherzt Partei ergreift für die Griechen.

Er hat sich nie darüber geäußert.

Genau so wenig wie Müller, der die Lieder der »Schönen Müllerin« noch gehört haben könnte.

Sie ziehen aneinander vorbei, berühren sich nicht, und gehören unversehens zusammen. Brüder, Doppelgänger. Auch wenn sie voneinander so gut wie nichts wissen, nie Briefe gewechselt, keine gemeinsamen Freunde haben, erfüllt der Musiker doch des Poeten Wunsch. Der hatte im Dezember 1822 in sein Tagebuch eingetragen: »Ich kann weder spielen noch singen, und wenn ich dichte, so sing' ich doch und spiele auch. Wenn ich die Weisen von mir geben könnte, so würden meine Lieder besser gefallen als jetzt. Aber, getrost, es kann sich ja eine gleichgestimmte Seele finden, die die Weise aus den Worten heraushorcht und sie mir zurückgibt.«

Ich danke Ihnen, Demoiselle Fröhlich.

Werde ich von Ihnen hören, lieber Schubert?

Seien Sie gewiß.

Er ist weiter in Behandlung, nun bei zwei Ärzten, Schaeffer und Bernhardt. Die Schmerzen wandern, der ganze Körper wird von ihnen erfaßt. »Schubert ist nicht ganz wohl. Er hat Schmerzen im linken Arm, daß er gar nicht Klavier spielen kann. Übrigens ist er guter Dinge.« Das ist Moritz von Schwinds Ton. Er stellt die Übel fest und beruhigt auch gleich.

»Im Winter zu lesen«, im Winter zu singen.

Weit zurück, auf einem Bild, das die Erinnerung in einer tiefen Perspektive wiedergibt, steht, von der Mutter herausgeputzt, der Prüfling als Müllerkind, in einem weißen

Anzug. Auch das Fensterbild fehlt nicht, jetzt aber wie ein Schatten auf dem Wasser, dem Bach; wie ein Sprung im Glas. Und, auf magische Weise, erscheint der Doppelgänger wieder, dieses Mal nicht als Person, sondern als unstetes Naturstück, als Elementargeist – es ist der Bach, der vom ersten Lied an das Tempo bestimmt, den Rhythmus, der den Wanderer mitnimmt und schließlich aufnimmt.

Moritz von Schwind ist ihm in diesen Wochen am nächsten. Schwinds Neigungen, in Bildern zu sehen, Ausschnitte aus einem größeren Prospekt zu schneiden, Unscheinbares zu vergrößern, hilft Schubert, während er noch am Beginn, im Voraushorchen immer wieder die dreiundzwanzig Gedichte liest.

In seinen Briefen an Schober und andere Freunde erzählt Schwind von mehreren Schuberts. Der, von dem er weiß, daß er an einem Liederkreis »dichtet«, hat kaum etwas zu tun mit dem, der über seine ewig verrutschende Perücke klagt oder über Gliederschmerzen, oder mit dem, der betrunken aus der Kneipe kommend, auf der Gasse in einem schauderhaften Wutausbruch über Mayrhofer herfällt, der, ebenfalls angetrunken, Schubert einen kleinen, dicken Mohren nennt.

Du Höllenhund, du angeschwärztes Gerippe, du Wortklauber von Metternichs Gnaden, du – mit beiden Fäusten schlägt er auf Mayrhofer ein, der, überrascht von dem Angriff, erst verspätet seine stets vorhandene Waffe, den Schirm, zücken will, was Schubert, längst kundig in solchen Scharmützeln, verhindert, indem er den Schirm mit einem heftigen Fußtritt Mayrhofer aus der Hand schlägt.

Schwind mischt sich nicht ein, er sieht zu. An einem der kommenden Tage gibt er Schubert diesen Streit wieder.

Das erfindest du, Schwind. Deine Phantasie möcht ich haben.

Es ist wahr. Es hat sich so abgespielt, du hast dem Mayrhofer den Schirm mit solcher Wucht aus der Hand getreten, daß er wie ein Pfeil wegschoß. Mayrhofer schaute erst auf seine Hand, dann auf dich, den Mohren, wie er immer wieder schrie, du angesoffener, kleiner, fetter Mohr, so hat er geschrien und wollte auf dich einschlagen, aber du bist mit einem Satz seinem Arm, den er wie einen Dreschflegel benützte, entkommen und hast in der Dunkelheit auf dem morastigen Gassenboden nach dem Schirm gesucht.

Schubert nimmt die Brille ab, als könnte er auf diese Weise nicht mehr sehen, was Schwind mit wachsendem Vergnügen zum besten gibt.

Auf allen Vieren bist du herumgekrochen, auf allen Vieren! Wo ist der verflixte Schirm? hast du gerufen. Immer wieder. Ich hab mir gedacht, das könnte der Schubert auch singen: Wo ist nur der verflixte Schirm? Das hat nun auch der Mayrhofer gefragt. Wie ein Schatten ist er an dir vorübergehuscht. Doch du hast ihn am Fuß erwischt, festgehalten, so ist er ebenfalls hingefallen, und hat noch wüster als vorher geschimpft und geschrien, und dann habt ihr beide auf einmal nach dem Schirm gehascht, habt daran gerissen, kniend, hockend, stehend, wieder hockend, bis du zu lachen begannst und Mayrhofer zu heulen und ihr euch in die Arme fielt. Das ist wahr, ich schwör dir, Schubert. Ich hab dich nach Hause gebracht. Der Huber hat den Kot aus deinem Gehrock gebürstet.

Ist das der Wanderer?

Nicht einen Takt lang zweifelt er, wohin der Weg den aus einem Bilderbuch hinausziehenden Müllerburschen führen wird. Er komponiert das Ende schon mit.

Der Bach, der nach der Meinung des Dichters »doch nicht Person« sein kann, wird zum Weggefährten. Und zum Lehrmeister. »Vom Wasser haben wir's gelernt,/ Vom Wasser!/ Das hat nicht Rast bei Tag und Nacht,/ Ist stets auf Wanderschaft bedacht,/ Das Wasser.«

Noch hält der Wanderer inne, schickt seine Gedanken voraus. Bis im zweiten Lied »Wohin?« das Wandern in ausschreitenden Achteln ernst wird und der elementare Gefährte sichtbar wird: »Hinunter und immer weiter/ Und immer dem Bache nach.« Der Bach wird zum Gegenüber im Gespräch. Er führt den Wanderer zur Müllerin hin, soll ihm Antwort geben auf die bange Frage: »Sag, Bächlein, liebt sie mich?« Er soll, wenn der Müllerbursch seine Liebe erfüllt glaubt, das Rauschen sein lassen. Er soll, wenn der grüne Jäger als Rivale auftaucht, ihm wild nachstellen. Er soll die untreue Müllerin schelten.

Für die Dauer einiger Gedichte jedoch versickert er, hilft nicht, nimmt nicht mit: Wenn der »weiße« Müllergesell vor lauter Eifersucht »grün« wird, die Farbe grün einmal als »gut«, ein andermal als »bös« erfährt. »Mein Schatz hat's Grün so gern« heißt es erst und im Lied darauf: »Wenn's nur so grün, so grün nicht wär'« (womit Wilhelm Müller, der sich heftig mit der Preßzensur auseinandersetzte, vermutlich auch auf die Farbe von Uniformröcken anspielte).

Das vorletzte Gedicht entfaltet sich nun wirklich zum Dialog zwischen Müller und Bach. Das Element tröstet den Untröstlichen: »Und wenn sich die Liebe/ Dem Schmerz entringt,/ Ein Sternlein, ein neues/ Am Himmel erblinkt.« Der Takt ändert sich. Der Wanderschritt hält nicht mehr die Melodie, das Gespräch wird im Rhythmus einer stokkenden Sarabande geführt; der letzte Schritt wird schon vorbereitet. Der Bach nimmt den aus der Liebe gefallenen

Wanderer auf und singt ihm das wiegende Totenlied: »Die Treu' ist hier,/ Sollst liegen bei mir,/ Bis das Meer will trinken die Bächlein aus.«

Wie so oft bei Schubert stehen Trauer, Erschöpfung und Entrückung nicht in moll, sondern in Dur.

Im Winter zu lesen, im Winter zu singen.

Ich weiß nicht, wer die Lieder als erster sang, ausprobierte, ob Vogl, Häger, Tietze. Schönstein, dem Schubert den Zyklus widmet, singt sie später, im Sommer, und Schubert transponiert drei der Lieder für den »hohen Bariton«. Aber ich kann mir denken, daß der erste Sänger wie viele, die ihm folgten, nicht begriff, wie todestrunken dieser Wanderer ist, der für einen lerchenjubelnden Augenblick auf die Unsterblichkeit seiner Liebe setzt.

Da sehe ich's wieder, das weißgewandete Müllerkind am Anfang einer langen, von hohen Häusern flankierten Gasse, in der sich, irgendwann auf dem Weg, ein Fenster öffnet, in dem ein schönes, aber flüchtiges Bild schwimmt.

Am 31. Januar 1824 feiert er im Kreis von Freundinnen und Freunden seinen 27. Geburtstag. Neuerdings wird er stets begleitet von seinem »zweiten Arzt«, Doktor Bernhardt.

Über die »Müllerin« wird nicht gesprochen. Behält er die Erinnerung an sie noch für sich, fällt es ihm schwer, sich von den Liedern zu lösen?

Sie trinken nicht, sie saufen wild und ohne das Bedürfnis, sich miteinander unterhalten zu wollen. Sie gratulieren ihm, schließen ihn in ihre Arme, die Frauen küssen ihn eins ums andere Mal. Bernhardt hebt ihm die Perücke ab wie einen Deckel vom Topf. Irgendeiner kotzt aus dem Fenster und streitet sich danach mit einem Passanten, der

etwas von dem Segen abbekommen hat. ». . . und wiewohl alle sehr besoffen waren, so wünschte ich doch, daß
Du . . . dabei gewesen wärest. Im höchsten Rausch konnt'
ich sehen, wie jeder ist. Alle waren mehr oder weniger
dumm, Schubert schlief«, schreibt Schwind an Schober
und ein paar Tage danach: »Schubert hält jetzt ein vierzehntägiges Fasten und Zuhausebleiben. Er sieht viel besser aus und ist sehr heiter.« Schwind gibt allerdings seinen
Eindruck wieder: Er möchte Schubert heiter sehen. Er will
die Wetterwendischkeit, den raschen, erschreckenden
Wechsel der Launen nicht wahrhaben. Schubert wiederum täuscht den jüngeren Freund. Er geht mehr und mehr
mit sich selber um, führt Selbstgespräche, beginnt wieder
ein Tagebuch: »Keiner, der den Schmerz des Andern, und
Keiner, der die Freude des Andern versteht! Man glaubt
immer, zu einander zu gehen, und man geht immer nur
neben einander. O Qual für den, der dieß erkennt!«
Im Frühjahr kann er die Perücke abnehmen. Sein Kopf
zeigt einen »niedlichen Schneckerlanflug«, wie Schwind
feststellt; die Mohrenlocken wachsen kräftig nach.
Aber die Schmerzen in den Armen hören nicht auf, sind,
im Gegenteil, manchmal so stark, daß er tagelang nicht
Klavier spielt.
In der Wiener Zeitung vom 17. Februar 1824 wird das gro
ße Werk endlich angekündigt: »Bei *Sauer* und *Leidesdorf*,
Kärntnerstraße Nr. 941, ist neu erschienen: *Die schöne Müllerin*. Ein Zyklus von Liedern, gedichtet von W. *Müller*. Für
eine Singstimme gesetzt mit Klavier-Begleitung von Franz
Schubert.«
Die von Bernhardt verordnete Kur, die ihn nötigt, mehr
Tee als Wein zu trinken und sparsam und fleischlos zu essen, hilft.

Er geht wieder mehr aus, läßt sich huldigen.

Im Saal der Gesellschaft der Musikfreunde wird das a-Moll Quartett zum ersten Mal aufgeführt, »es ist im ganzen weich, aber von der Art, daß einem Melodie bleibt wie von Liedern, ganz Empfindung und ganz ausgesprochen«.

Schober fehlt ihm doch sehr, seine Waghalsigkeit und sein Leichtsinn. Ihm konnte er sich anvertrauen, ohne daß gleich über Gott und die Welt gegrübelt werden mußte. Er brauchte ihm die Finsternisse nicht auszureden, er teilte sie wortlos mit ihm.

Wie es ihm gelingt, die Menschen in seiner Umgebung zu täuschen, zeigen zwei Briefe an eine Person, Stimme und Gegenstimme. Leopold von Kupelwieser hält sich seit einiger Zeit in Rom auf, der neuesten Malermode folgend, und spart auch nicht mit enthusiastischen Schilderungen der Gesellschaft im Café Gréco. Seine Liebste, Johanna Lutz, berichtet ihm regelmäßig über die Wiener Unterhaltungen, die Unternehmungen der Freunde: »Schwind klagt, daß ein anderer Ton in ihre Gesellschaft gekommen, seit Du und Schober nicht mehr hier seid. Es sind neue Leute da, gute Bursche, aber etwas derb . . . Der Schubert war auch da. Der war aber sehr lieb. Er war recht lustig, was mich freute.«

Worüber sich bestimmt auch Kupelwieser freute, der sich um das Befinden Schuberts Sorgen machte, doch nur wenig später berichtigt Schubert die freundliche Täuschung mit einem unvergleichbaren Ausbruch. Nie zuvor und nie danach hat er sich so preisgegeben. Der »pittore tedesco« Leopoldo Kupelwieser in Roma bekommt es unverstellt zu hören:

»Lieber Kupelwieser! Schon längst drängt' es mich, Dir zu schreiben . . . Du bist ja so gut u. bieder. Du wirst mir gewiß manches verzeihen, was mir andere sehr übel nehmen würden. – Mit einem Wort, ich fühle mich als den unglücklichsten, elendsten Menschen auf der Welt. Denk Dir einen Menschen, dessen Gesundheit nie mehr richtig werden will, u. der aus Verzweiflung darüber die Sache imer schlechter statt besser macht, denke Dir einen Menschen, sage ich, dessen glänzendste Hoffnungen zu Nichte geworden sind, dem das Glück der Liebe u. Freundschaft nichts biethen als höchstens Schmerz, dem Begeisterung (wenigstens anregende) für das Schöne zu schwinden droht, und frage Dich, ob das nicht ein elender, unglücklicher Mensch ist? – ›*Meine Ruh ist hin, mein Herz ist schwer, ich finde sie nimer und nimermehr*‹, so kann ich wohl jetzt alle Tage singen, denn jede Nacht, wen ich schlafen geh, hoff ich nicht mehr zu erwachen, u. jeder Morgen kündet mir nur den gestrigen Gram. So Freude- und Freundelos verbringe ich meine Tage, wenn nicht manchmal Schwind mich besuchte u. mir einen Strahl jener vergangenen süßen Tage zuwendete. – Unsere Gesellschaft (Lesegesellschaft) hat sich, wie Du wohl schon wissen wirst, wegen Verstärkung des rohen Chors im Biertrinken und Würstelessen den Tod gegeben, denn ihre Auflösung erfolgt in 2 Tagen, obwohl ich schon beynahe seit Deiner Abreise sie nicht mehr besuchte.«

Mit seiner Kunst ist er längst nicht am Ende. Das weiß er. Die Abwesenheit der alten Freunde bekümmert ihn jedoch genauso wie sein physisches Befinden. Der »rohe Ton«, der ihn belästigt und gegen den er sich wehrt, ist ihm im Grunde gar nicht so fremd, nur sind es nicht die Vertrauten, die ihn anstimmen, und offenbar haben sich zunehmend Ungebildete und Ungehobelte in die Lesegesellschaft gedrängt, die ja gegründet worden war, um gemeinsam schöne Literatur zu lesen, sie sich zu erklären und gelegentlich zu musizieren.

Allem Übel, das er sicher mitunter übertreibt, steht entgegen, daß ihm beim Komponieren alles gelingt. Auf die Müllerin-Lieder folgt das große Oktett, das Graf Ferdinand Troyer bei ihm in Auftrag gegeben hat und das im April 1824 in seinem Haus aufgeführt wird. Schuppanzigh, unbestritten einer der bedeutendsten Geiger der Epoche, spielt dabei die erste Violine.

Warum, fragt er sich, bleibt er in der Stadt, wenn die Freunde sie verlassen haben? Er fühlt sich besser, läßt sich von den wandernden Schmerzen nicht mehr so irritieren. Ein Bote sollte kommen, ihm eine Reise schenken.

Ob er die Reise anregt oder ob er ohne sein Zutun eine Einladung erhält, bleibt gleichgültig. Karl von Schönstein, der adlige Sänger, bittet ihn im Auftrag des Grafen Esterházy, den Sommer in Zseliz zu verbringen und das Klavierspiel der beiden Komtessen zu fördern.

Am 25. Mai nimmt er die Post. Alles wiederholt sich und doch nicht.

Es geht ein anderer auf Reisen als der erwartungsvolle Junge vor sechs Jahren. Lang hat er mit der Krankheit gekämpft, sich verschlossen, eingeschlossen, den Freunden oft eine ihn peinigende Komödie vorgespielt.

Jetzt bricht er nicht nur auf, er bricht aus. Er hält nun beides aus, der Wanderer, das »gute« und das »böse« Grün.

Was Johanna Lutz sieht und Leopold von Kupelwieser gleich mitteilt, ist als Zeichen des Aufbruchs zu verstehen: »Der Schubert hat Deinen Brief noch erhalten. Er muß aber jetzt schon fort sein, weil die Fenster in seiner Wohnung, welche sonst immer zu waren, jetzt ganz offen sind.«

Mit Schwung und ohne Pläne ist er in die Kutsche gestiegen. Mancher Landschaftsausschnitt kommt auf ihn zu – diese Baumgruppe an der Donau, jene einzelne Poststation am Fluß, dieser über eine Anhöhe hüpfende Wald –, als hätte er sie in seinem Gedächtnis bewahrt wie in einer Galerie. Je mehr sich aber die Post Gran nähert, von wo ihn ein Wagen des Grafen abholen wird, um so unsicherer wird er. Er reist ja auch zurück in eine Lebensgegend, die er noch unbefangen und staunend erkundet, in der er die Liebe ausprobiert und eine erste Enttäuschung nur mit Mühe verwunden hat.

Schönstein hat ihn wissen lassen, daß er dieses Mal ein Zimmer im Schloß beziehen dürfe, nicht im Gesindehaus. Sein Ansehen hat ihn also befördert. Vielleicht ist ihm, als er das hörte, erleichtert eingefallen, daß ihn deswegen die Pepi nicht besuchen könne. Josefines Bild wird erst jetzt, in den letzten Stunden vor der Ankunft, wieder lebendig. Er hatte es verloren. Nicht jedoch das von Karoline. Das hat er auch durch einige wenige Begegnungen in Wien auffrischen können.

Schönstein wird später nach Zseliz kommen, was Schubert bedauerte, denn sein Sänger konnte auch ein empfindsamer Vermittler sein.

Wieder ist es warm, als der Wagen aufs Schloß zurollt. Die beiden Pferde fallen in Trab. Sie wollen auf die Weide. Es hat geregnet, die Erde dampft.

> »Da gingen die Augen mir über,
> Da ward es im Spiegel so kraus.
> Sie sprach: es kommt ein Regen,
> Ade, ich geh nach Haus.«

Er hört den Wanderer singen und erblickt eine andere Szene. Der Graf tritt zusammen mit Karoline vor die Tür auf die helle steinerne Treppe; Karoline winkt und spricht lächelnd zu ihrem Vater. Sie trägt ein weißes Kleid mit grünen Bändern.

Er wird sie alle wiedersehen, auf dem Hof, im Park, wie auf die Bühne gerufen, eine nach dem andern, bis auf den alten Musiker Fröhlich, der inzwischen gestorben ist.

Josefine läuft ihm gleich am ersten Abend über den Weg, nimmt ihm graziös die Befangenheit, indem sie, als sei's nun die von ihr bemessene Distanz, ihm eine Kußhand zuwirft.

Servus, Herr Schubert.

Meine Verehrung, Herr Schubert.

Sein Ruhm ist bis Zseliz gedrungen. Im Schloß würden häufig Stücke von ihm musiziert, die Komtesse Marie singe seine Lieder.

Er wird an die gräfliche Tafel gebeten, ißt nicht mehr »drüben« bei den Lakaien. Für den Stolz, der ihn da für einen Augenblick lang anfliegt, verachtet er sich. Am Tisch hat er seinen Platz zwischen dem »kleinen Bruder« Albert, der inzwischen elf Jahre alt ist, und Karoline. Daß sie ihm so nah ist, er ihre Hand, ihren Arm streifen könnte, greift ihn in den ersten Tagen so an, daß er sich ungeschickt benimmt, ein Glas umwirft, ihm die Gabel aus der Hand fällt. Was sie mit kindlichem Vergnügen beobachtet.

Er richtet sich in seinem Zimmer ein, das im ersten Stock an einem langen Gang zum Hof liegt. Es ist nicht sonderlich groß, aber die Gräfin hat ihm einen Sekretär ans Fenster stellen lassen, sodaß er, wenn ihm danach ist und er ein Notenblatt vor sich hat, die Gedanken wandern lassen kann, alle Geräusche vom Hof hört, die oft ungarischen

Wortwechsel und Rufe, die Unruhe aus dem Pferdestall, Hundegebell, das Kichern und Trällern von Frauenstimmen, den aufkommenden Wind in den Bäumen.

Doktor Bernhardt hat ihm für die Zeit auf dem Schloß ein Libretto mitgegeben, »Die bezauberte Rose«; er überfliegt die Blätter nur kurz, dann legt er sie zur Seite. Für eine solche Arbeit ist er nicht gestimmt, obwohl die Freunde, auch nach der abwertenden Kritik der »Rosamunde«, noch immer eine erfolgreiche Oper von ihm erwarten.

Mit der Gräfin regelt er die Einteilung der Stunden, auch das Honorar. Er bekommt für den Monat hundert Gulden, es werden also insgesamt fünfhundert sein, von denen er die meisten sparen kann.

Jeden Morgen, gegen zehn, trifft er sich mit Albert zu einer einstündigen Lektion, an der oft auch schon die beiden Komtessen teilnehmen. Albert hat beträchtliche Fortschritte gemacht, und auch Marie, die ihn nicht nur mit ihrem klar geführten Sopran entzückt, sondern besonders mit ihrem Klavierspiel. Karoline, das »verspielte Kind«, wie sie von ihrer Mutter zärtlich schützend genannt wird, spielt wie ehedem: fingerfertig, aber eigentümlich mechanisch, was ihn mitunter aufbringt.

Könnten Sie bei diesem Crescendo nicht auch Ihre Emotion merken lassen, Komtesse?

Aber wie denn, Herr Schubert? Ich fühl's ja, was ich spiel.

Dann geht's halt nicht in die Finger.

Sie hält ihre Hände von sich weg wie fremde Gegenstände, spreizt die Finger, schimpft mit ihnen. Ob das hilft, Herr Schubert?

Wir werden es den Fingern schon beibringen, Komtesse, da es das Herz ja weiß.

Wahrscheinlich ist es die Widersprüchlichkeit ihres Wesens, die ihn so anzieht, süchtig macht nach ihrer Nähe, ihrer Stimme, ihrem oft willkürlichen und manchmal taktlosen Gelächter. Sie ist eine junge, ansehnliche Frau, die ungemein hochfahrend auftreten kann. Doch, wenn sie sich unbeobachtet meint, in die Rolle eines Kindes zurückfällt, Holzscheite zu Puppen belebt, einen farbigen Holzreifen über den Hof treibt und sich, wenn er forttrudelt, vor Lachen ausschüttet; die mit dem Fuß aufstampft, wenn ihr etwas nicht gelingt, wenn sie das Gewünschte nicht bekommt, die sich hinter der Mutter verschanzt, wenn nach ihr gefragt, gesucht wird.

Die Karolin wird nie erwachsen. Marie wiederholt diese Feststellung wie einen täglichen Freispruch für überraschende Launen.

Mehr noch als beim ersten Aufenthalt geht er spazieren. Häufig begleitet ihn Albert. Er sucht die alten Wege, die vertrauten Ausblicke, Ansichten. Nichts aber gleicht dem Erinnerten. Als hätten die Farben ihre Intensität, die Konturen ihre Deutlichkeit verloren. Er schiebt die Veränderung auf seinen Zustand. Noch immer wirkt die Krankheit nach, und er glaubt nun sicher, daß sie auch seine Seele versehrt habe.

An einem Juniabend, er hat sich nach dem Abendessen an die Gran geflüchtet, streift er durchs hohe Gras, taucht, als hätte er sie mit seinen Gedanken gerufen, Josefine auf. Hier hält sie nicht schnippisch auf Distanz. Sie faßt nach seiner Hand. Eine Zeitlang gehen sie nebeneinander. Sie drückt seine Hand, schickt unausgesprochen voraus, was sie nicht wird sagen können.

Wir haben noch kaum ein Wort gewechselt, sagt er.

Sie haben ja dieses Mal auch das noblere Quartier, sagt sie.

Jaja, das hab ich bekommen.

Es ist viel getratscht worden über Sie, sagt sie.

Was gibt's da schon zu tratschen, sagt er.

Nicht nur über Ihre Musik, Herr Schubert. Sie läßt seine Hand los, faßt ihn behutsam unter dem Arm, zieht ihn ein wenig an sich.

Hast du einen Bräutigam gefunden, Josefine?

Wenn, dann weiß er's noch nicht, sagt sie und nach einer Pause: Die Leut haben erzählt, daß du arg krank gewesen bist.

Er befreit sich aus ihrem Griff, weicht einen Schritt zur Seite: Was die Leute alles wissen. Falsches haben sie nicht erzählt. Ich bin wirklich krank gewesen.

Ich weiß, warum, sagt sie.

Mir sind die Haar ausgefallen wie einem räudigen Esel.

Jetzt faßt er nach ihrem Arm, was sie nicht duldet, sie stellt sich vor ihm auf, umarmt ihn, ist größer als er, beugt sich über ihn, nimmt ihn förmlich in sich hinein, er schließt die Augen, hört seinen Atem, spürt den ihren, so halten sie es eine Weile aus, bis sie ihn freundlich von sich stößt: Geh aufs Schloß und pfleg dich gesund und bring der gnädigen Komtesse Karoline das gute Klavierspiel bei und hüt dich vor allem, was dich wieder krank machen könnte, Schubert. Adieu.

Sie ist so rasch verschwunden, daß er sich sogar sein Adieu ersparen kann, nur hilflos ins dunkle Dickicht hineinwinkt, wo das Gras raschelt, die Gran plätschert.

Mit Karoline und Marie wiederholt er den gleichen Gang an der Gran bei Tag. Er betrachtet die beiden vom Sommer erhitzten, jungen Frauen immer wieder von der Seite, lebendige Bilder vorm guten Grün, vorm bösen Grün.

Die Pepi ist mir heut früh bei der Garderobe gräßlich auf die Nerven gegangen mit ihrem Geplapper, sagt Marie.

Vergeblich und immer ungehaltener wartet er auf das vierte und fünfte Heft der »Schönen Müllerin«, die ihm Leidesdorf, sein Verleger, zur Korrektur nachschicken wollte. Leidesdorf kann zwar leidenschaftlich planen, ist verständig in der Unterhaltung, aber in der Arbeit ist er noch bei weitem unzuverlässiger als Schuberts einstiger Verleger Cappi. Vom Vater erfährt Schubert, daß Leidesdorf ihm die Hefte zur Korrektur überlassen habe, damit's schneller gehe.

»Wir freuen uns alle herzlich über Deine Gesundheit«, schreibt der Vater und die zweite Mutter in einem gemeinsamen Brief, »und über Deine schöne Aufnahme im gräflichen Hause. Suche daher, Deine Gesundheit, das erste unter den irdischen Gütern, zu erhalten und zu pflegen. u. laß es Dir angelegen sein, die Liebe u. Achtung aller Gutgesinnten zu verdienen.

Du weißt schon, daß ich als Jugendlehrer gern moralisiere . . .«

Er kann den Vater, während er den Brief in kleinen Portionen liest, immer wieder mit den Gedanken abschweifend, auf die Stimmen von draußen lauscht, er kann den Vater hören. Unverändert wehrt er sich mit Leib und Seele gegen diesen »moralisierenden« Tonfall, der ihn als Erziehungsgegenstand beansprucht, und dennoch hat sich seine Haltung dem Vater gegenüber im Lauf der vergangenen Monate gewandelt, auch in der Zeit, in der er auf der Roßau wohnte. Zwar verhielt sich der Alte da so selbstgerecht und jähzornig wie eh und je, doch es gab Augenblicke, in denen Hilflosigkeit und Erschöpfung zu spüren waren.

Jetzt amüsiert es ihn, daß der Vater sogar den Brief aufbaut wie eine seiner Unterrichtsstunden. Zuerst und vorsorglich die geballte Moral und darauf das notwendige Wissen. Nachdem er auf »innerliche Überzeugungen« gedrungen und »mit dankbarem Gemüte« den lieben Gott beschworen hat, kann er endlich und im Stakkato die Neuigkeiten loswerden. Gestorben seien der Döblinger Apotheker Jeckel am Nervenschlag und der Lindenwirt von Lichtental am Schlagfluß. Was Schubert nur wenig berührt, weil er sich an Jeckel überhaupt nicht und an den Lindenwirt nur schwach erinnern kann. Eine andere Information aber scheucht das nachfühlende Gedächtnis auf: »Daß Herr von Salieri mit seinem ganzen Gehalt in den Ruhestand versetzt u. Herr von Eybel zum 2. Hofkapellmeister an seine Stelle erhoben wurde, wird Dir schon bekannt sein.« Das ist es noch nicht. Er wußte, von einem Besuch bei Salieri, daß er sich auf die Abgabe seiner Geschäfte vorbereite, doch nun, als es Schubert erfährt, kommt es ihm vor, als leere sich ein heller, tönender Raum in seiner Erinnerung und verdunkle sich. Alle üblen Gerüchte über den Maestro hat er stets zurückgewiesen. Salieri sei sein Lehrer, er habe längst nicht nur Kontrapunkt bei ihm gelernt.

Er nimmt sich vor, Salieri nach der Rückkehr nach Wien zu besuchen, und wie ein scheppernder Nachhall fallen ihm alle seine Bewerbungen ein, die der Meister mehr oder weniger mit Zeugnissen unterstützt hat – vergeblich.

Überhaupt locken seine, die Vergangenheit absuchenden Grübeleien vergessene Gespenster hervor. Hugelmann zum Beispiel, diesen ausgemergelten Klavieristen, der es dann vorzog, Bürokrat zu werden, und von dem er sich vor drei Jahren Mozarts Streichquintett in der Ausgabe von André ausgeliehen hat, die in Ferdinands brüderlich ausgelassenem Brief als Quartette bezeichnet werden. Der Hugelmann! Wie kann der Hugelmann ihn auch noch nach Zseliz verfolgen. »Außer diesen beiden Herren kam auch Herr Hugelmann mit dem Auftrage, ihm seine partitierten Mozart'schen Quartetten, die Du mir zur Aufbewahrung übergeben haben solltest, zurückzustellen. Allein, da ich sie nach dreimaligem Nachsuchen nicht fand, so konnte ich seinem Wunsch nicht willfahren. Er kam dann noch zweimal zu mir, einmal in den Gang der Normalschule und einmal in meine Wohnung und hat mir da nicht wenig Verdruß gemacht; indem er über Deinen Leichtsinn so gewaltig loszog, lärmte, schrie und sich so roher Ausdrücke bediente: daß ich die Ehre seiner Bekanntschaft sehr verwünschte. Sei also so gut und zeige mir an, wo die benannten Musikalien allenfalls sein könnten: damit ich dieses rasende Ungeheuer beruhigen kann.«

Er zieht es vor, den Hugelmann (und seinen Bruder) noch eine Weile zappeln zu lassen. Was führt er sich so auf. Was braucht er in seiner staubigen Kanzlei den Mozart. Er hat die Noten ja dabei, hat sie mit nach Zseliz genommen. Damit er nicht ohne Mozart unterwegs sei.

In dem Ton, auf den er sich allmählich einpegelt, der jedoch unvermittelt schrill werden oder von einem verstockten Schweigen abgelöst werden kann, antwortet er Ferdinand: »Die Quintetten (nicht Quartetten) des Stockesels Hugelthier sind aus Versehen mit mir gewandert, u. er soll sie bey Gott! nicht eher wieder erhalten, bis er sich durch eine schriftliche oder mündliche Abbitte seiner gemeinen Grobheiten entledigt hat. Wenn sich überdieß eine Gelegenheit zu einer derben Putzung dieser ungeputzten Sau ergiebt, werde ich nicht ermangeln, selbe ihm in tüchtiger Dosis zu ertheilen.«

Den Hugelmann, das Hugelthier, das ungeputzte, führt er auch bei Tisch der gräflichen Familie vor, zu aller Ergötzen, drückt als Beweisstücke die Quintette Mozarts an seine Brust und bringt mit seiner gespielten Wut auf den Hugeltropf, den Eselskopf, den kleinen Grafen Albert so in Spiellaune, daß der für die nächsten Tage nur noch in Begleitung eines unsichtbaren, sich schrecklich übermäßig saumäßig benehmenden Hugelmugel erscheint.

Mit Karoline führt er gelegentlich schwebende Unterhaltungen, die, kaum begonnen, schon wieder abbrechen. Er begleitet sie zum Backhaus, zum Beerennaschen, oder sie sind für ein paar Minuten allein im Musikzimmer, oder sie ist aus dem Wagen gesprungen und wünscht, mit ihm zurück zum Schloß zu gehen – noch ganz außer Atem fängt sie an: Aber daß Sie morgen nicht die Marie vorziehen, wenn wir die Ecossaisen spielen.

Das wird mir nicht im Traum einfallen.

Aber vielleicht im Wachen.

Verlegen sucht er nach einer Antwort, reibt sich die Hände: Komtesse, ich werde darauf achten.

Ja, tun Sie's nur. Sie lacht und springt ihm davon.

Er sitzt auf der Chaiselongue und ordnet Noten. Sie hüpft ins Zimmer, schaut sich um, möchte wieder hinaus, hält an: Gefall ich Ihnen, Herr Schubert?

Auf diese Frage ist er nicht gefaßt. Er versteckt sich hinter einem Notenheft.

Wie soll ich denn – stottert er schließlich.

Was? Das kleine Wort trifft ihn wie ein Pfeil.

Lautlos huscht sie hinaus, schlägt die Tür hinter sich zu, öffnet sie wieder, erscheint zusammen mit Marie, todernst, als wäre nichts gewesen.

An einem Abend, nachdem er die neuen Ecossaisen spielt,

streift sie an ihm vorbei: Wie Ihnen das nur einfällt, sagt sie.

Es ist meine Profession.

Mit offenem Mund starrt sie ihn an: Alle die Einfälle sind Ihre Profession?

Auch daß ich sie in Noten festhalten kann.

Und was ist meine Profession, Herr Schubert?

Die Komtesse Karoline zu sein.

Ihr schießt das Blut ins Gesicht. Ihre hellen Augen dunkeln sich ein. Sie sind garstig.

Aber nein! ruft er, legt die Hand auf die Brust, schaut so vergrätzt, daß sie in Gelächter ausbricht.

Seine Liebe zu ihr will er sich gar nicht mehr eingestehen. Das dreizehnjährige Kind hat er begehrt – weshalb, kann er sich auch im nachhinein nicht erklären –, die junge Frau liebt er wie ein Bild.

Um in ihrer Nähe und doch entfernt von ihr zu sein, lädt er sie ein, mit ihm vierhändig zu spielen. Wie um ihn mit Kinderhänden anzutupfen, wählt sie zuerst den »Deutschen« mit den zwei Trios und Ländlern, den er 1818 komponiert und der ihr so gefallen hat.

Ich bitte. Sie rückt ihren Stuhl um eine Spur heran.

Er läßt die Dreiviertel so hart hüpfen, daß sie sein Herz nicht klopfen hören kann.

Bravo, ruft Marie, die sich hereingestohlen hat.

Bravo, sagt er leise, und Karoline fragt ebenso leise: Gibt es denn in diesem Sommer kein neues Stück für vier Hände? Worauf er auf dem Klavier antwortet mit einem Thema wie ein sehr einfaches Lied. So könnten die vier Hände beginnen, unisono.

Er braucht zwei Wochen, nicht länger. Die Sonate wächst sich aus. Manchmal hat er Lust, noch mehr Stimmen einzuholen, Instrumente. Er hofft auf eine Sinfonie. Als Schönstein im August eintrifft – viel zu spät, jammert er –, können Schubert und Marie die Sonate in C-Dur zu vier Händen (das Grand Duo) schon vorspielen; Karoline, die an deren Vertracktheiten erst einmal scheiterte, wird zugleich mit vier Ländlern für Klavier zu vier Händen zufrieden gestimmt.

An einem seiner ersten Abende singt Schönstein die »Schöne Müllerin«.
Damit er nicht nur die Familie und deren Freunde zum Publikum habe, hat die Gräfin auch die Bediensteten gebeten.
Gut gelaunt läßt Schubert seine Blicke über die bunt-gemischte Zuhörerschaft wandern, die gräfliche Familie, die Lakaien in Livree, die anderen fein herausgeputzt, Josefine in einem hellen Musselinkleid, Karoline ganz in Weiß, für sich sitzend, die Hände im Schoß.
Nichts ist gewohnt. Jeder Takt packt ihn von neuem. Schönstein hat Mühe in mancher Passage, seine Stimme ruhig zu führen, so als wäre sie ständig von einer leisen Erregung angegriffen.
Nach dem neunten Lied – »Da gingen die Augen mir über, / Da ward es im Spiegel so kraus« – gibt es eine raschelnde, hüstelnde Unruhe im Saal, deren Ursache Schubert nicht gleich erkennen kann, bis er merkt, wie Josefine, ein Taschentuch an die Lippen gedrückt, verschwindet. »Sie sprach, es kommt ein Regen: / Ade, ich geh nach Haus«, hat Schönstein eben noch gesungen.

Anfälle von Müdigkeit und Übelsein lassen ihn befürchten, die Krankheit könne ihn wieder in Beschlag nehmen, besonders die Melancholien lasten auf ihm, daß er sich nicht wehren kann.

Er sei ein Trübsalbläser, schilt Albert; seine Schwestern pflichten ihm bei.

Um ihnen nicht zur Last zu fallen, schützt er Arbeit vor, riegelt sich in seiner Kammer ein. Dann legt er sich aufs Bett, atmet gegen die Schwere an und wünscht sich, daß er ein gefügiges Mädchen neben sich habe.

Schönstein und Esterházy laden ihn zum Tarockspiel ein; er ist nicht bei der Sache, vertut sich in den Karten und wird von den beiden prompt gescholten. Er hat Josefine unrecht getan. Was schert er sich um eine Komtesse.

Der Vater redete so aufmunternd wie albern mit einem Brief in seine Mißlaunigkeit: »Ich freue mich Deines gegenwärtigen Wohlseins umsomehr, weil ich voraussetze, daß Du dabei hauptsächlich eine vergnügte Zukunft beabsichtigst.«

Er schließt die Augen, spricht die Wörter im Tonfall seines Vaters nach, immer lauter, sieht sich hier wie dort und denkt, da rufen sich zwei über eine sehr hohe Mauer zu, daß sie noch am Leben sind.

Sie haben Karoline ausgeschickt: Kommen Sie doch, Herr Schubert, lassen Sie sich nicht bitten!

Aber er habe doch pflichtschuldig die Stunde gegeben.

Wir könnten miteinander spazieren gehen.

(*Ritardando*. Warum sagt sie nicht: Wir könnten miteinander ausreiten? Wie es sich für eine Szene mit Landadel gehört. Warum fällt mir das nicht ein? Pferde haben die Esterházys in Fülle. Schönstein beschreibt ihre Qualität, ihre Kraft. Es steht nirgendwo, daß Schubert nicht reiten kann. Er kann es nicht. Inzwischen gehe ich so lang mit ihm, daß ich seinen Körper fühle, klein, beweglich und kurzatmig. Ich kann nicht reiten, höre ich ihn sagen, und die Komtesse sagt, weil es nicht anders sein kann: Wir könnten miteinander spazieren gehen. Wider alle Anstandsregeln, die für sie gelten, lasse ich die beiden alleine ins Grüne: »Mein Schatz hat's Grün so gern.« Unterwegs wird Karoline ihn mit einem Ausruf überraschen, den ich nicht erfinden muß, der verbürgt ist: »Wenn es im Himmel nicht ebenso schön ist wie in Zseliz, dann will ich gar nicht in den Himmel kommen.« Nur unterlasse ich es, für ihn eine Antwort zu erfinden, denn meine Vorstellung von Zseliz kann sich mit Karolines Kinderparadies nicht messen.)

Noch einmal bekommt er einen Auftrag.

Sie frühstücken. Der Graf bereitet mit Schönstein einen kleinen Ausflug zu den Außenwerken vor.

Der September kündigt sich in seiner Wankelmütigkeit an; die Tage beginnen auszukühlen.

Die Gräfin blättert in einem Büchlein. Plötzlich fragt sie Schubert über den Tisch: Kennen Sie dieses Gedicht von Fouqué? »Du Urquell aller Güte«? Sie reicht ihm den Band. Er liest. Liest offenkundig Wort für Wort. Schönstein hat ihn dabei beobachtet: »Er lächelte in sich hinein, wie er meist zu tun pflegte, wenn etwas in ihm angesprochen, nahm das Buch und entfernte sich alsbald.«

Noch am Abend desselben Tages bringt er die Noten, ein Quartett für Sopran, Alt, Tenor, Bass. Sie singen das Lied mehrere Male, immer sicherer. Und es gedeiht allmählich zur Hymne. Der Graf sang Bass, Schönstein Tenor (mit seinem »hohen Bariton«), Marie Sopran, die Gräfin und Karoline sangen Alt.

Die Stimmen klangen ihnen noch nach, dieser Gesang von Zseliz, als Schönstein und Schubert am 15. Oktober 1824 sich vom Schloß und seinen Bewohnern verabschiedeten. Der Graf hatte ihnen einen Vierspänner zur Verfügung gestellt. Sie kamen im Trab voran. Nur nachts, da sie einen kürzeren Weg gewählt hatten, fürchteten sie, der Wagen könnte umstürzen. Schubert, der Unglücksrabe, hatte gleich zu Beginn für ein Ungemach gesorgt, das Schönstein die Reise über plagte und über das er in einem Brief an Esterházy klagte: »Zum Überfluß hat mir Schubert in seinem Phlegma das am Rückteil des Wagens angebrachte Fenster schon gleich hinter Dioszeg zerschlagen, wodurch der gräßlichste aller kalten Winde freies Spiel um unsere Ohren bekam.«

Schönstein ahnte nicht, daß Schubert einer anderen Melodie lauschte. Am Abend vor der Abreise hatte er im Salon ein Bändchen auf dem Spieltisch entdeckt, Gedichte von einem ihm unbekannten Poeten mit dem blassen Namen Ernst Schulze. Die Gedichte sprachen ihn an; er steckte den Band ungefragt ein. Jetzt las er, was schon tönte, den in ein Reiseplaid gewickelten Schönstein neben sich:

> »O Herz, sei endlich stille!
> Was schlägst du so unruhvoll?
> Es ist ja des Himmels Wille,
> Daß ich sie lassen soll.«

Schwind wird ihn erwarten. Schober hat versprochen, bald aus Breslau heimzukommen.

Wo werden Sie Wohnung nehmen?

Schönstein ist aus dem Wagen gesprungen. Der Kutscher hebt das Gepäck herunter.

Die Stadt hat ganz andere Geräusche als Zseliz.

Ich geh erst einmal auf die Roßau, in die Schule, zu den Eltern.

Servus, Schubert.

27.
Moment musical IX
(Nicht zu langsam)

Er hat nie, wie seine Wanderer, der Komtesse seine Liebe gestanden, nie vor ihr gekniet, hat es nicht gewagt, gegen das Reglement zu verstoßen, wie käme er zu einer Liebsten von Adel, er hat nie seine Liebe in alle Rinden eingeschnitzt, nie mit schnellem Kressesamen eingesät, daß sein ganzes Herz ihr gehöre, er hat sich mit seinen Liedern nicht verraten, denn die wird die Komtesse nicht als Billetts, als Botschaften verstanden haben, doch einmal hat er ausgesprochen, was er sich selbst verbot, und das nicht heimlich, sondern vor der Tischgesellschaft in Zseliz, Schönstein hat es erzählt, einmal wies er die kindische Geliebte mit dem Geständnis seiner Liebe zurecht:

Er hat der Gräfin das Quartett nach Fouqués Gebet gewidmet.

Worauf sie sich gnädigst bedankt.

Der Graf applaudiert.

Komtesse Marie trällert ihren Part.

Schönstein lobt ihn für seine Kunst.

Doch Karoline wirft ihm vor, daß er ihr noch nie eine Komposition gewidmet habe.

Was ihn nicht erstaunt, nicht beschämt.

Was er, zum Erstaunen aller, aus Liebe korrigiert.

Er sagt: Meine liebe Komtesse.

Er sagt: Wozu denn, es ist ja ohnehin alles Ihnen gewidmet.

Worauf sie nicht, wie es die alten Romane vorschreiben, errötet, sondern schweigt.

Und der Graf die Tafel aufhebt.

Gehts hinaus. Freuts euch des Lebens.

28.
Sommerfrische

Es wundert ihn, wie wenig er mit dem Vater streiten muß. Den stört es nicht einmal wie sonst, daß der Sohn sich nur provisorisch einrichtet und nach einer Wohnung sucht; er hat es auch aufgegeben, ihn wieder für den Lehrerberuf gewinnen zu wollen.

Sie unterhalten sich über den toten Napoleon, wie die Welt sein Bild verklärt; über die Griechen, die nicht davon ablassen, für ihre Freiheit zu kämpfen; über den Plan des Vaters, doch noch in der Innern Stadt eine Schule zu finden.

Schwind kommt regelmäßig zu Besuch, holt ihn heraus; sie treffen sich mit Freunden, trinken mäßig oder unmäßig, und Schwind prahlt damit, daß er Schubert an Fleiß übertreffe, er male und zeichne bei weitem mehr als Schubert komponiere. Was für die ersten Monate des Jahres 1825 zutrifft. Schubert arbeitet nicht viel, sammelt aber ein. Bei Cappi & Kompagnie erscheinen die »Deutschen Tänze und Ecossaisen« als dreiunddreißigstes Werk, bei Anton Diabelli & Kompagnie kommt die »Forelle« heraus, und Sauer und Leidesdorf bringen als fünfunddreißigstes

Werk »Variations pour le Pianoforte à quatre Mains«, eine Erinnerung an den Zselizer Sommer, das vierhändige Klavierspiel mit Karoline.

Die sieht er nicht. Doch Therese, ganz zufällig in der Nähe des Roßauer Schulhauses.

Auf ihr Erscheinen ist er nicht gefaßt. Sie tritt ungerufen auf. Er sieht sie auf der Gasse, ehe sie ihn sieht. Für einen Moment denkt er daran, im nächsten Hauseingang zu verschwinden.

Offenbar ist sie in Gedanken, merkt nicht, was um sie herum vorgeht.

Ein altes, aufgegebenes Gefühl überschwemmt ihn mit solcher Heftigkeit, daß er sich an die Brust fassen muß. Er beobachtet sie, sie gefällt ihm, aber sie gefällt ihm als eine unvermutet lebendig gewordene Erinnerung. Während er sie anschaut, hört er ihre Stimme. Sie singt das Kyrie aus der Lichtentaler Messe. Ihre Stimme ist gleich geblieben, rein, kaum zu unterscheiden von der eines Knaben.

Wahrscheinlich könnte er an ihr vorbeigehen, ohne daß sie es merkte. Er bleibt stehen, läßt sie auf sich zukommen. Gegen seinen leisen Zuruf rennt sie wie gegen eine durchsichtige Wand.

Sie schaut auf, blind von Gedanken, die er gern wüßte. Ja? Nun nimmt sie ihn wahr. Hast du mich erschreckt, Franz.

Das wollt' ich nicht.

Jetzt, nah vor ihr, um ein paar Jahre zurückfallend in die Zeit, die Ewigkeiten entfernt scheint, auf dieses Glacis zwischen Kindheit und Aufbruch, jetzt spürt er seinen Kinderkörper.

Wie geht's dir, Franz? Man spricht viel von dir. Wohnst du bei den Eltern?

Sie fragt Allerweltsfragen, und er gibt Allerweltsantworten. Daß es ihm gut gehe, daß er viel arbeite, daß manche seiner Kompositionen aufgeführt wurden.

Dann aber sagt sie: Ich habe erst neulich, der Bruder hat mich begleitet, das Gretchen wieder gesungen.

Das geht über die raschen Freundlichkeiten hinaus, hakt sich fest und tut weh.

Weißt du noch unser Konzert im Hof am Himmelpfortgrund, für meine Eltern, deine Mutter?

Sie lächelt in sich hinein, wird ernst und geschäftig, will sich nicht fangen lassen. Ich hab's eilig, Franz, und verplaudere mich.

Er verbeugt sich, küßt ihre Hand.

Adieu, Therese.

Adieu, Franz.

Es ist ein Abschied, der keine Wiederholung erwartet.

Er schaut ihr nach. Sie geht ein wenig unbeholfen mit ausholenden Armen. Es könnte sein, denkt er, daß sie ein Kind erwartet. Er sieht ihr zu, wie sie endgültig aus seinem Leben hinausgeht.

Adieu, Therese.

Anfang Februar, der Schnee türmt sich, zieht er aus, zieht weiter, in die Vorstadt Wieden, in das Haus von Johann Fruhwirt, ein weitläufiges Anwesen mit einem schönen Hof, der sommerliche Feste verspricht. Sein Zimmerwirt, der Ölmüller Keller, weiß von ihm und bedauert es, ihm kein Klavier zur Verfügung stellen zu können.

Das Zimmer ist groß, sparsam eingerichtet und von einem Kachelofen angenehm warm.

Schaut er aus dem Fenster, blickt er hinunter in den geräumigen Hof und hinüber zur Karlskirche.

Was ihm an diesem Quartier am meisten behagt, ist Schwinds Nachbarschaft. Die liebe Gegend »Schwindien« heißt bei den Freunden die Wohnung der Schwinds im Bierhaus, das sich unmittelbar neben dem Fruhwirthaus befindet.

Schwind gibt darüber auch gleich Schober Bericht (die Verbindung zwischen den Freunden hält, selbst bei längerer Abwesenheit): »Schubert ist gesund und nach einigem Stillstand wieder fleißig. Er wohnt seit kurzem in dem Haus neben uns, wo das Bierhaus ist, im zweiten Stock, in einem sehr hübschen Zimmer. Wir sehen uns täglich, und, so viel ich kann, teile ich sein ganzes Leben mit ihm . . . Es ist alle Wochen bei Enderes Schubertiad, das heißt, der Vogl singt.«

Schwinds Lust auf Kumpanei und Verbandelung verdankt Schubert die Begegnung mit Eduard von Bauernfeld. Sie brauchen nicht lang, bis sie mit Zuckerwasser – weil nichts Besseres vorhanden ist – Bruderschaft trinken. Es ist die letzte Freundschaft, die er beginnt, mit der es ihm ernst ist.

Bauernfeld ist fünf Jahre jünger als Schubert, zwei Jahre älter als Schwind. Er studiert noch Jura, hat aber bereits mit dem Lustspiel »Der Magnetiseur« einen kleinen Erfolg eingeheimst.

Im Gespräch neigt er zu einer verlangsamenden Gravität, die Schwind ebenso erbosen kann, wie später Schober, aber mit seiner Entschiedenheit, wenn es um die Freiheiten geht, nicht zuletzt die des Wortes und der Künste, ist er allen anderen voran. Auf Bildern gleicht er mit seinen klaren, leise verkniffenen Gesichtszügen entfernt Heinrich Heine.

Sie haben für ihre Freundschaft nicht viel Zeit. Die nehmen sie sich. Bei den wöchentlichen Schubertiaden werden keineswegs, wie eine Zeitlang üblich, Lieder und Klavierstücke wiederholt, sondern immer neue Kompositionen gesungen und gespielt.

Bauernfelds Gesprächigkeit regt Schubert an. Natürlich erhofft er von dem neuen Freund, dem Komödiendichter, ein Libretto. Sie erwägen den »Grafen von Gleichen«, den später der Zensor meucheln wird.

»Viel mit Schwind und Schubert zusammen. Er sang bei mir neue Lieder. Letzthin schliefen wir bei ihm. Da eine Tabakpfeife fehlte, richtete mir Moritz eine aus Schuberts Gläserfutteral zurecht.«

Das war ein winziger, rascher Spaß. Bauernfeld hatte seine Pfeife vergessen, und Schubert besaß keine. Es wurde hin und her überlegt, ob man gehen oder bleiben solle. Tabak sei vorhanden, doch keine Pfeife. Also gehen wir. Bittschön, bleibts doch. Wir sind eben erst gekommen. Schwind war schon auf dem Sprung, Bauernfeld zögerte, Schubert legte sich aufs Bett, schaute zur Decke, Schwind, von Bauernfeld lose an die Leine genommen, sah sich im Zimmer um, wog prüfend Gegenstände in den Händen, bis er das Futteral gefunden hatte und ohne zu zögern damit begann, aus ihm eine Pfeife zu drücken und zu ziehen.

Ich bitte dich, Schwind, wo soll ich meine Brillengläser aufbewahren?

Du schläfst doch mit der Brille, Schubert.

Sie prosteten ihm zu, für einen Moment wollte er aufbegehren, Schwind das verwandelte Futteral entreißen, doch er zog sich in sein schwarzes Niemandsland zurück, das ihn am Ende vor solchen Albernheiten schützte. – Und du Schubert? – Was fragts ihr mich.

Vor ein paar Tagen hat er ein Lied gedichtet, das in ihm nachklingt, anders als sonst. Oft vergißt er, was er komponiert hat, kaum daß er damit zuende ist. Eine Eigenheit, die seine Freunde nicht begreifen können. Dieses Lied jedoch, sein melodischer Einfall füllt für eine Weile sein Gedächtnis aus, singt in ihm, singt – auch für ihn wunderbar – eine Hymne auf eine Abendlandschaft, die von der Musik allerdings mehr belebt wird als von der Poesie. Er hat die Verse in einer Zeitschrift gelesen: »Im Abendroth« von Karl Lappe.

> »O wie schön ist eine Welt,
> Vater, wenn sie golden strahlet!«

Mehr als der ersten beiden Zeilen hat es als Impuls nicht bedurft. Daß es nicht »deine«, sondern »eine Welt« heißt, bestärkt ihn in dem hymnischen Gestus.
Es ist eine weltschöpfende Phrase zwischen Vorläufigkeit und Dauer, von der auch der Schluß des Gedichtes wie selbstverständlich aufgenommen wird:

> »Und dies Herz, eh' es zusammenbricht,
> Trinkt noch Glut und schlürft noch Licht.«

Josefine Fröhlich singt das Lied auf einer der nächsten Schubertiaden. Mayrhofer, immer seltener dabei, bricht in Tränen aus; aber Schubert flieht, will sich nicht gratulieren lassen, nicht reden.
Schwind folgt ihm, sie suchen in der »Krone« einen ruhigen Platz, trinken sich wortlos zu.
Ich sollte wieder weg.
Wieso? Du bist eben erst eingezogen.

Ich geh mit dem Vogl nach Steyr.

Das hätte er nicht sagen sollen. Schwind gerät außer sich.

Ich möchte bloß wissen, Schubert, was dir an diesem aufgeschminkten Singautomaten liegt. Gut, er hat dir geholfen, deine Lieder unter die Leute gebracht – aber nun.

Er reagiert nicht, sinkt in sich zusammen, schaut unbewegt zu, wie Schwind zahlt, sich den Mantel um die Schulter wirft: Bleib halt sitzen und brüt dir deinen gräuslichen Vogel aus.

Schubert, nicht sicher auf den Beinen, torkelt ihm nach, stößt sich an der Tür, fällt in den Schnee, richtet sich auf.

Er weiß nicht, wie er nach Hause gekommen ist.

Als Schwind ihn nachmittags abholen will, öffnet er ihm erst die Tür nicht. Bleib draußen, du schwarzer Galgenvogel, du krause Krähe, ich möchte dich nicht sehen.

Schwind läßt sich nicht so rasch vertreiben, droht, sich vor der Tür festzusetzen, was Schubert ihm auszureden vermag: Ich bitte dich, Schwind, ich dichte, ich möchte meine Ruh haben.

Was du gedichtet hast, will ich hören, sobald du damit fertig bist. Sonst glaub ich dir nie mehr ein Wort.

Das mußt du sowieso nicht, Schwind.

Schubert hat nichts vorgeschützt. Er arbeitet an einer Sonate in C-Dur, kommt mit den beiden letzten Sätzen nicht zurecht oder läßt sich von den Reisevorbereitungen ablenken. Vogl reist Ende März voraus nach Steyr auf sein »Landgut«. Schubert hat versprochen, sobald wie möglich nachzukommen.

Was hält ihn noch? Wer?

Er fängt die Sonate in a-Moll an. Er geht viel mit Ignaz und Ferdinand spazieren. Abends läßt er sich zu Schubertiaden einladen, vor allem bei den Fröhlichs oder nach »Schwindien«, wo Bilder lebendig werden: Schwind breitet in dreißig Zeichnungen den Hochzeitszug des Figaro aus, musiziert in seiner Kunst das dritte Finale von Mozarts Oper, und Schubert erwidert dem, was er sieht und in vielen Anspielungen an seinem Auge vorüberzieht, singend. In solchen Momenten ist er wieder zugänglich. Schwind packt die Gelegenheit am Schopf, versucht ihn zu überreden, bei ihm in der Stadt zu bleiben; Schober werde bald kommen.

Schober trifft tatsächlich im Juni 1825 in Wien ein, mit der festen Absicht zu bleiben. Schubert jedoch ist fürs erste auf und davon, im Mai Vogl nachgereist in die Sommerfrische. Die ist ihm von Vogl nicht nur versprochen – und seine Erinnerung an den ersten Aufenthalt in Oberösterreich stimmt ihn ohnedies heiter –, sie wird auch die letzte, ihm Atem gewährende Station auf seiner Lebensreise sein.

Er wird von allen liebevoll empfangen. Seine Musik begleitet ihn, wo immer er sich aufhält. Nichts kann ihn mehr beflügeln als die Anteilnahme an seiner Arbeit.

Die immer aufkommenden Ängste vor der Krankheit, die leisen Wanderschmerzen, verdrängt und vergißt er.

In Steyr ist er erst einmal, assistiert von Vogl, geschäftig und wiederholt, was beim ersten Mal für ihn mit einer Demütigung schloß. Er sendet Goethe ein Heft mit Gedichten, das ihm bereits dediziert ist. Es ist eben bei Diabelli und Kompagnie mit zweijähriger Verspätung herausgekommen und enthält die Vertonungen von »An Schwager Kronos«, »An Mignon« und »Ganymed«, »dem *Dichter* verehrungsvoll gewidmet von Fr. *Schubert*.« Dieses Mal kann Spaun nicht für ihn schreiben. Er ist auch nicht mehr in Linz, sondern von seiner Behörde nach Lemberg versetzt worden. Also schreibt er selbst, kurz und ohne allzu große Schnörkel:

»Euer Exzellenz!

Wenn es mir gelingen sollte, durch die Widmung dieser Composition Ihrer Gedichte meine unbegränzte Verehrung gegen E. Exzellenz an den Tag legen zu können, und vielleicht einige Beachtung für meine Unbedeutenheit zu gewinnen, so würde ich den günstigen Erfolg dieses Wunsches als das schönste Ereigniß meines Lebens preisen.

Mit größter Hochachtung
Ihr
Ergebenster Diener
Franz Schubert.«

Angespornt zu diesem zweiten Versuch fühlte er sich auch von Anna Milder, der großen Sängerin, die seine Lieder liebte und häufig vortrug. Aus Berlin schickte sie ihm eine Kritik, die in der »Berlinischen Zeitung«, stand: »Franz *Schubert* in Wien ist ein sinniger, die Modulation liebender Gesang-Komponist, der Suleika aus dem westöstlichen Diwan besonders für Mad. Milder in Musik gesetzt und ihr das Manuskript zugeeignet hat. Wenn auch diese Tondichtung über die Liederform hinausgeht, und die fünf Verse des schönen Gedichtes durchkomponiert sind, so ist dennoch der orientalische Geist desselben auch in der Musik gelungen aufgefaßt und wiedergegeben.« Sie schrieb dazu: »Ich kann nicht unterlassen, Ihnen von einer musikalischen Abendunterhaltung Nachricht zu geben ... Der Erlkönig und die Suleika haben unendlich gefallen, und zu meiner großen Freude kann ich Ihnen diese Zeitung schicken ... Wie geht's dem Vogl? Ich hoffe gut, und nach meinen Wünschen sehr wohl ... Leben Sie recht wohl, und vergessen Sie bei Ihren Kompositionen nicht Ihre ergebenste Anna Milder.«

Er nimmt diese Mahnung mit in seinen Winter, und spät, wenn schon der Leiermann seinen Schatten wirft, wird er für sie komponieren, ein Lied, das einen Sommerraum schafft, in dem die Schöpfung zu singen beginnt: »Der Hirt auf dem Felsen«; noch einmal ein Gedicht von Wilhelm Müller.

In nichts schickt er sich lieber als in eine freundliche Unrast. Die Gegend breitet sich aus, um den Reisenden zu gefallen, die hügelige Anmut, dieses strophische Land: von Steyr nach Linz, von Steyr nach Gmunden und wieder zurück und wieder nach Gmunden, nach Steyregg.

»In Oberösterreich finde ich allenthalben meine Compositionen, besonders in den Klöstern Florian und Kremsmünster, wo ich mit Beihülfe eines braven Clavierspielers meine 4händigen Variationen und Märsche mit günstigem Erfolge producirte«, läßt er die Eltern wissen. Er beschönigt, um sie nicht aufzustören. Aber es entsetzt ihn mehr und mehr, *wie* das Publikum seine Lieder aufnimmt, wie es mit ihnen umgeht. Wie das Billigere, das ihm allerdings auch erst im nachhinein deutlich wird, beeindruckt und wie die stockenden, störrischen Töne abgewehrt werden. Seine Lieder nach Texten von Walter Scott werden zum großen Sommer-Triumph.

»Ave Maria! Jungfrau mild,
Erhöre einer Jungfrau Flehen,
Aus diesem Felsen starr und wild
Soll mein Gebet zu dir hinwehen.«

»Auch wundert man sich sehr über meine Frömmigkeit, die ich in einer Hymne an die heil. Jungfrau ausgedrückt habe und, wie es scheint, alle Gemüter ergreift und zur Andacht stimmt. Ich glaube, das kommt daher, weil ich mich zur Andacht nie forciere . . .«

Womit er unauffällig aber genau dem Vater eine Antwort gibt auf ungezählte, meistens in Geschrei endende Auseinandersetzungen über den wahren Glauben und die rechte Frömmigkeit. Zugleich benennt Schubert einen Zustand, der seine Umgebung zunehmend verwirrt: Sein Gleichmut, mit dem er sich entzieht, entfernt und aus dem er nur noch hier, in sommerlicher Offenheit, ein paar Mal ausbricht, so in einem Brief an Josef von Spaun, dem er vorwirft, sich derart weit fortschicken zu lassen, und den er zugleich damit tröstet, daß die noch immer von Metternich gehüteten Untertanen in ihrer durchaus satten Bequemlichkeit, ihrem ergebenen Wohlstand immer mehr verrohen und es dem Geist zuträglicher sei, sich »an der Grenze« aufzuhalten:

»Überhaupt ist es ein wahres Elend, wie jetzt überall alles zur faden Prosa sich verknöchert, wie die meisten Leute dabey ruhig zusehen oder sich gar wohl dabey befinden, wie sie ganz gemächlich über den Schlam in den Abgrund glitschen. Aufwärts geht's freylich schwerer; und doch wäre dieses Gesindel leicht zu Paaren zu treiben, wenn nur von *oben* aus etwas geschähe.«

So kennen sie ihn nicht. Mit Anton Ottenwalt, dem Schwager Spauns, bei dem er in Linz wohnt, debattiert er abendelang über den inneren Mut der Kunst, die einer von Herrschsucht und Feigheit, Gier und Geiz ruinierten Wirklichkeit entgegensteht, entgegenstehen muß; über die Freudlosigkeit der Herrscher und die Lustlosigkeit der Untertanen; über die Wetterwendischkeit mancher Freunde, zu denen er, in Liebe, auch Schober zähle, nicht aber Spaun.

Vogl und die andern starren ihn an, als habe er sich vor ihren Augen verwandelt, was er genießt, womit er spielt. Er hat die Vorstellung, in diesem von Lichtern warm erhellten Salon, in dem man ungeordnet um das Klavier herumsteht und sitzt und von ihm erwartet, daß er mit Vogl musiziere, er hat die Vorstellung, nicht mehr ganz anwesend zu sein, sondern nur noch in der Erinnerung der andern.

»Wir saßen bis nicht weit nach Mitternacht zusammen«, berichtet Ottenwalt seinem Schwager, »und nie hab' ich ihn so gesehen, noch gehört; ernst, tief, und wie begeistert. Wie er von der Kunst sprach, von Poesie, von seiner Jugend, von Freunden und andern bedeutenden Menschen, vom Verhältnis des Ideals zum Leben u. dgl. Ich mußte immer mehr erstaunen über diesen Geist, dem man nachsagte, seine Kunstleistung sei so unbewußt, ihm selbst oft kaum offenbar und verständlich u. so weiter. Und wie einfach das alles – Ich kann nicht reden von dem Umfang und einem Ganzen seiner Überzeugungen – aber Blicke einer nicht bloß angeeigneten Weltansicht waren das, und der Anteil, den edle Freunde daran haben mögen, benimmt der Eigentümlichkeit nichts, die sich darin verkündet.«

Es könnte sein, daß in einem der Linzer Gärten, auf einer Terrasse, vor einer von Efeu überwucherten Fassade, Vogl »Die schöne Müllerin« singt. Dann könnte er sich einstimmen, den Wanderrhythmus schon hören, würde wieder mit dem Müllersknecht und dem Bach davonziehen, unerkannt für die vom Wein und vom Sommer berauschten Zuhörer, die nichts als seine schönen Lieder vernehmen, nicht den drängenden Schritt, nicht das Pochen des Herzens, nicht die Verfolgungslust des bösen Grüns und nicht das Klopfen des Totenvogels.

Sie rufen bravo, wünschen, daß er ihnen zum Tanz aufspiele, und zugleich erfaßt sie eine unerklärliche Scheu, wenn sie dem kleinen, vorm Klavier sich duckenden Mann nahekommen, der hin und wieder zu ihnen aufschaut, ihnen nachschaut, hinter seinen dicken Brillengläsern blinzelt, als blende ihn das Licht.

Es ist schön bei Ihnen, er bedankt sich rundum.

Er schreibe, melden die Freunde, an einer Sinfonie, in Gmunden und in Gastein. »Übrigens hat er in Gmunden an einer Synfonie gearbeitet, die im Winter in Wien aufgeführt werden soll«, schreibt Ottenwalt an Josef von Spaun. Es fragt sich bloß, welcher Winter, ob der kommende Winter oder sein Winter oder unser aller Winter, denn die Gasteiner Sinfonie wird zum Rätselstück, komponiert oder nicht, eine Luftmusik, im Sommer gefunden, aus dem Sommer mitgenommen auf die Reise, endlich die große Sinfonie, wenigstens ihr Anfang, die Gasteiner, die nie gehört werden wird, die er zurückdenkt, die er für sich behält, oder doch die andere, die große in C-Dur, die er im März 1828 beendet, die vom Orchester des Konzertvereins aufgeführt werden soll, aber von den Musikern abgelehnt wird, weil das Stück, wie sie behaupten, für sie zu lang und zu schwierig sei, sie sich aber im Grund vor dieser musikalischen Landschaft fürchten, ihrer Weite, ihrem Himmel, ihrem Frost.

Die Gasteiner, die Robert Schumann fand und Mendelssohn 1839 im Leipziger Gewandhaus zum ersten Mal aufführte, die Sinfonie in C-Dur, ist eine jener noch längst nicht ganz dechiffrierten Botschaften der Reise, die er nun nicht mehr unterbrechen wird.

Er verläßt Vogl, der nach Italien will, und kehrt zurück in die Stadt, nach Wien.

29.
Moment musical X
(Ziemlich geschwind, doch kräftig)

Von Ferdinand erfährt er, Salieri habe sich umgebracht, vergiftet unter großem Jammer, furchtbarer Selbstanklage, er sei am Tode Mozarts schuld, aber das sei ein Gerücht, nichts als eine böswillige Nachrede, worauf er außer sich gerät, Ferdinand nachstellt in den Hausgang, schreit und sich gegen die Brust schlägt, es könne nicht sein, daß der Maestro, sein Lehrer Salieri, den himmlischen Mozart umgebracht habe, weshalb denn, wieso denn, kann das sein, frage ich dich, Bruder, mein Lehrer ist, wenn schon, an einem Gift gestorben, an dem auch Mozart einging, sag ich dir, Ferdinand, und ich schreie, daß es die großen Ohren hören, Salieri ist an einem Gift gestorben, welches das Gift der Epoche ist, ich habe von Salieri gelernt, wie ich aus Ergebenheit von Mozart gelernt habe und von Beethoven, aber Salieri hat mir den Kontrapunkt beigebracht, und wenn er an einem Gift starb, das er Mozart verabreichte, so werde auch ich an diesem Gift zugrunde-gehen, Bruder, das sag ich dir, und er rennt die Treppe hin-auf, verschließt sich in seinem Zimmer. Da laß ich ihn den Tag über weinen, bis ihn die schlimme Nachrede nicht mehr kränken kann.

30

Winterreise

Schober und Schwind nehmen ihn lärmend in Empfang.
Er trinkt mit ihnen, betrinkt sich, läßt sich fallen.
Erzähl, bitten sie.
Er spricht, schon zögernd, den Sommer nach, dann fragt
er sie aus. Schwind ist noch immer beleidigt, daß er es abgelehnt hat, zu ihm und Bauernfeld zu ziehen. Mir ist nicht
danach gewesen, erklärt er.
Mit Schober schläft er. Es ist eine Art Liebe, die ihn nicht angreift, über die sich Bauernfeld gelegentlich lustig macht.
Sie sind Freunde, aber schon keine Weggefährten mehr.
Nun bestimmt er die Zeit, alles bewegt sich rascher und
scheint dennoch stillzustehen. Hier höre ich auf, sein Leben nachzuerzählen, Situationen zu buchstabieren.
Er wohnt erst noch im Fruhwirtshaus, dann in der Bäcker-
straße 6, danach auf der Bastei, beim Karolinentor, dann
zieht er bei Schober ein, in den Tuchlauben, und hat es
komfortabel wie nie vorher, zwei Zimmer und eine Musik-
kammer mit Klavier.
Er wandert durch die Stadt, durch die Salons, wird gefeiert.
Die Schubertiaden wachsen sich zu Festen aus und haben
doch mit seiner Musik kaum etwas zu tun. Manchmal verdrießt er seine Gastgeber, indem er ohne Erklärung die Festi-
vität verläßt oder den ganzen Abend, nachdem er musizier-
te, vor sich hinbrütend in einer Ecke hockt.
Er könnte eine Liebe anfangen. Sie wäre so närrisch wie
Grillparzers Liebe zu Katharina Fröhlich.
Ich bitte dich, du kannst ihn noch einmal sehen. Josef
Hüttenbrenner lädt ihn ein, den sterbenden Beethoven
zu besuchen. Schindler wisse Bescheid.

Es ist eine Szene, die seine Freunde sich ausgedacht haben könnten. Er wird vorgelassen, allein, nicht zusammen mit Hüttenbrenner.

Beethoven liegt im Bett, reglos, wie aufgebahrt. Er hört nichts. Er kann alles hören. Schindler mißt die Zeit der Betrachtung. Nun nickt er, kaum merklich. Es reicht. Er müsse sich entfernen.

Beim Begräbnis am 26. März ist er einer von den sechsunddreißig Fackelträgern, Grillparzer und Raimund mit ihm, auch Randhartinger, der Kamerad aus dem Konvikt, den er nie hat leiden können, der später Dirigent der Hofkapelle sein wird, mit dem er nach der Beerdigung auf dem Währinger Friedhof in ein Beisl zieht, sich betrinkt, so gut wie nichts mit ihm redet, was sollte er auch, aber in Gedanken probiert er Sonaten-Anfänge aus.

Mit Bauernfeld gerät er beinahe noch in die Fänge der Metternichschen Polizei, was eher ein Gaudium gewesen wäre, dennoch spürt er den frostigen Zugriff: Sie waren beide aufgefordert worden, dem Unsinnsbund der Ludlamshöhle beizutreten, einer Vereinigung von Bürgern und Künstlern, die sich im Bund als Ausbund von Narretei und Hellsicht auszuweisen hatten, nun der Polizei wegen Geheimbündelei vorgeführt wurden.

Lauf, Schubert, lauf, habe ich ihm, kommentiert Bauernfeld im nachhinein, zugerufen.

Lauf, Schubert, lauf.

Wieder gibt es keinen Hinweis, wo und wann er zum ersten Mal in der »Urania« blättert, in der zwölf Gedichte der Winterreise stehen. Das Taschenbuch ist dem Jahr 1823 gewidmet, also vor vier Jahren erschienen. Wahrscheinlich abgegriffen, Lesezeichen zwischen den Seiten.

Es könnte so gewesen sein: Er ist mit Schober früher nach Hause gekommen als üblich. Sie unterhalten sich über Bekannte und Unbekannte, denen sie im Laufe des Abends begegneten, wobei Schober sich durch anzügliche Charakterisierungen hervortut. Schubert möchte sich zurückziehen; Schober überredet ihn, wenigstens für ein Glas Wein noch zu ihm zu kommen. Sie plaudern. Inzwischen hat er gelernt, seine Gegenwart vorzutäuschen. Schober wiederum kümmert sich nicht um seine Abwesenheit.

Da hast du recht, sagt er.

Wie angenehm, sagt er.

Aber geh, sagt er.

Ja, der Huber hat etwas Ordinäres, sagt er.

Auf dem Tisch liegt ein Bändchen, das Schober offensichtlich auf seiner Reise begleitet hat. Schubert greift danach, wirft Schober einen fragenden Blick zu, blättert ohne größeres Interesse, das Buch bleibt wie von selbst aufgeschlagen, er liest den Namen des Dichters: Wilhelm Müller, liest weiter: »Fremd bin ich eingezogen / Fremd zieh ich wieder aus«, erhebt sich, entschuldigt sich bei Schober, geht über den Flur in seine Kammer, setzt sich, zieht den Stuhl eng an den Tisch, legt das Buch vor sich hin, streicht mit dem Handrücken über die aufgeschlagenen Seiten, liest »Fremd bin ich eingezogen / Fremd zieh ich wieder aus«, und pocht die Achtel, diese Schrittfigur, die das Laufen nicht meint, das Wandern nicht, sondern das ungestüme Treten auf der Stelle: »Fremd bin ich eingezogen.«

(*Ritardando*. Sie wandern aufeinander zu, zwei Schwierige, in sich gekehrt, viel zu früh müde, und kommen sich doch nicht vor die Augen. Es ist schon eine Weile her, daß ich diesen Anfang einer kurzen Lebensbeschreibung Wilhelm

Müllers schrieb. Jetzt, nachlesend, erstaunt es mich noch mehr, daß Schubert sich nie weiter um den Dichter der »Schönen Müllerin« und der »Winterreise« kümmerte, nie nach ihm fragte, nichts von ihm wissen wollte. Müller kam um Schuberts Antwort, hörte sie nie. Sie hätte ihm auch nicht mehr helfen, ihn aber für einen Moment glücklich stimmen können. Müller war drei Jahre älter, 1794 in Dessau geboren. In bescheidenen Verhältnissen wuchs er auf, verlor, wie Schubert, bald die erste Mutter. Der Vater ermöglichte ihm ein ausgiebiges Studium in Jurisprudenz und Philosophie. Er reiste, wurde Soldat, entzückte in Berlin die Damen und Herren im Salon von Luise Hensel, schrieb, angeregt von Goethe, als »Spiel« den Gedichtkreis um die »Schöne Müllerin«, heiratete Adelheid Basedow, gab seiner Unruhe nach, wanderte, wollte nach Athen, kam nach Rom, empörte sich über die verordneten Unfreiheiten, die Pressezensur, wurde ein liebevoller Vater, ein geachteter Bibliothekar in seiner Vaterstadt Dessau; Heine rühmte ihn, und die schwäbischen Romantiker nahmen ihn in ihrem Kreis auf. Da war er aber schon unterwegs, hatte seine langen und nicht gerade geglückten Gedichte für die um ihre Freiheit kämpfenden Griechen veröffentlicht und hieß von da an der Griechen-Müller, war unterwegs, und aus der Rinde, in die er seine Liebe eingeschnitzt hatte, war Eis geworden: »Mein Herz, in diesem Bache/ Erkennst du nun dein Bild?/ Ob's unter seiner Rinde/ Wohl auch so reißend schwillt?« In dem Jahr, 1827, als Schubert seine Winterreise antrat, die zwölf Gedichte aus der »Urania« vertonte, starb Wilhelm Müller. Es kann sein, er nahm sich, wandermüde, das Leben. Ich frage mich, ob keine der Wiener Zeitungen diese Nachricht brachte. Das ist kaum vorstellbar. Doch scheint es so gewesen zu sein. Schubert erfuhr nicht, daß ihm sein Wandergefährte, jener, der über den Frost unter den Menschen und die auskühlende Erde so viel wußte wie er, vorausgegangen war.)

Fremd zieht er wieder aus.

Niemand darf ihn mehr stören, auch die engsten Freunde nicht. Er verrät ihnen nicht, woran er arbeitet.

Abends läßt er sich von ihnen ausführen, in den »Anker«, ins »Burgundische Kreuz«, ins »Goldene Lamm«, in den »Mohren«, in den »König von England«, in den »Roten Igel«, ins »Rote Kreuz«, in den »Roten Krebsen«.

Schwind fragt ihn, ob ihn die Komponiererei schrumpfen lasse. Er wirke noch kleiner.

Übernimm dich nicht, bittet Bauernfeld.

Es gehe ihm wohl wie selten. Die Entfernung, aus der er antwortet, erschreckt ihn.

> »Der Wind spielt mit der Wetterfahne
> Auf meines schönen Liebchens Haus;
> Da dacht' ich schon in meinem Wahne,
> Sie pfiff' den armen Flüchtling aus.«

Bei einer Schubertiade in einem gräflichen Haus überschüttet die Gastgeberin Schönstein, der singt, mit allergrößtem Lob und übersieht den Komponisten, der ihn begleitet hat. Er bleibt den Abend über hinterm Klavier sitzen, und es hätte nicht viel gefehlt, er wäre darin verschwunden.

Schober führt gelegentlich Bewunderer zu ihm ins Zimmer, bleibt dabei, achtet darauf, daß sie ihm nicht auf die Nerven gehen.

»Ich besuchte ihn in seinem hochgelegenen, dürftig ausgestatteten Zimmer. Ein ziemlich breites, in ursprünglicher

Einfachheit konstruiertes Stehpult ist mir noch gegenwärtig, – es lagen frisch geschriebene Manuskripte darauf. ›Sie komponieren so viel‹, sagte ich zum jungen Meister. ›Ich schreib jeden Vormittag einige Stunden‹, erwidert er in bescheidenstem Tone, ›wenn ich ein Stück fertig habe, fang ich ein anderes an.‹ Offenbar tat er eigentlich nur Musik – und lebte so nebenbei.«

Und lebte so nebenbei.

Während er dichtet, erinnert er sich fortwährend an die Müllerin. Gleichzeitig wird ihm bei jedem Takt, bei jedem melodischen Einfall klar, daß er mit dem namenlosen Wanderer sich über eine Grenze begibt. Der Sommer, die grüne Erde, der sprechende Bach haben dem Wanderer einen Tod unter einem weiten Sternenhimmel erlaubt, ein »Und der Himmel da oben, wie ist er so weit«. Jenseits der Grenze, wo er nun wandert, gibt es kein Grün mehr, die Welt erstarrt in Eis und Schnee, die Liebe findet keine Gestalt mehr, sie ist dem Wanderer körperlos wie ein Vorwurf an seine Wärme im Gedächtnis, und der Bach, der ruhelose Freund, erstarrt und läßt ihn allein.

> »Der du so lustig rauschtest,
> Du heller, wilder Fluß,
> Wie still bist du geworden,
> Gibst keinen Scheidegruß.
>
> Mit harter, starrer Rinde
> Hast du dich überdeckt,
> Liegst kalt und unbeweglich
> Im Sande hingestreckt.«

Die Gedichtfolge in der »Urania« schloß mit »Einsamkeit«.
Nicht mit dem »Leiermann«.

Nachdem er die ersten zwölf Lieder der »Winterreise«
komponiert und in der erweiterten Ausgabe von Müllers
»Hinterlassenen Papieren eines reisenden Waldhornisten«
weitere zwölf Gedichte entdeckt hat, hält er auf seiner
Wanderung an, springt in die Wirklichkeit, die er von nun
an mit den Augen des Wanderers betrachtet.

Er wird von dem Advokat Pachler und seiner Frau, der
Pianistin Marie Pachler, nach Graz eingeladen. Für sie
komponiert er »Zwölf Grazer Walzer«.

Da dankt er nicht aus Konvention. In den drei Septemberwo-
chen wird er von kundigen, freundlichen Menschen ernst genommen und kann sich für die letzte Etappe der Wanderung
stärken. Er weiß, er wird in einen Winter zurückkehren, der
nicht mehr endet, und das schreibt er andeutend auch in seinem Dankesbrief an Marie Pachler: »Schon jetzt erfahre ich,
daß ich mich in Grätz zu wohl befunden habe, und Wien will
mir noch nicht recht in den Kopf, 's ist freylich ein wenig
groß, dafür aber ist es leer an Herzlichkeit, Offenheit, an
wirklichen Gedanken, an vernünftigen Worten, und besonders an geistreichen Thaten. Man weiß nicht recht, ist man
gscheidt oder dumm, so viel wird hier durcheinander geplau-
dert, und zu einer innigen Fröhlichkeit gelangt man selten
oder nie. 's ist zwar möglich, daß ich selbst viel daran Schuld
bin mit meiner langsamen Art zu erwarmen.«

Mit meiner langsamen Art zu erwarmen:

> »Hier und da ist an den Bäumen
> Noch ein buntes Blatt zu sehn,
> Und ich bleibe vor den Bäumen
> Oftmals in Gedanken stehn.

Schaue nach dem einen Blatte,
Hänge meine Hoffnung dran;
Spielt der Wind mit meinem Blatte,
Zittr' ich, was ich zittern kann.

Ach, und fällt das Blatt zu Boden,
Fällt mit ihm die Hoffnung ab,
Fall' ich selber mit zu Boden,
Wein' auf meiner Hoffnung Grab.«

Kaum aus Graz zurück, beginnt er mit dem zweiten Teil der »Winterreise«. Jedes Lied reißt ihn hoch und schwächt ihn. Er braucht mehr Zeit als üblich, pausiert, lenkt sich mit anderen Kompositionen ab. Seine Reise wird in ihrer ewigen Wiederholung zum desaströsen Kunststück und zum Menetekel:

»Wunderlicher Alter!
Soll ich mit dir gehn?
Willst zu meinen Liedern
Deine Leier drehn?«

Dem entkommt er nicht mehr. Dagegen wehrt er sich auch nicht.

Ehe er nach Graz gefahren war, hatte er Freunde eingeladen ins Musikzimmer bei Schober und ihnen den ersten Teil der »Winterreise« vorgesungen. Er war sicher, die Lieder würden sie erschrecken. Aber erst einmal gab er dem eigenen Schrecken nach: »Wir gingen zu Schober, wo wir Spaun, Schwind, Bauernfeld . . . trafen, weil Schubert, Schobers Zimmerherr, uns eingeladen hatte, seine neuen Kompositionen anzuhören, aber unser Freund

Schubert kam nicht. Endlich übernahm Schwind es, einige ältere Lieder von Schubert zu singen, die uns entzückten.«

Er hatte sich in die »Krone« geflüchtet, sich unsichtbar gemacht. Sie würden die Botschaft früh genug hören.

Im Herbst darauf wiederholt er die Einladung, stellt sich. Wie erwartet, reagieren die Freunde befremdet.

»Er sang uns nun mit bewegter Stimme die ganze Winterreise durch. Wir waren über die düstere Stimmung dieser Lieder ganz verblüfft«, erinnert sich Spaun. »Und Schober sagte, es habe ihm nur ein Lied, ›Der Lindenbaum‹, gefallen. Schubert sagte hierauf, ›mir gefallen diese Lieder mehr als alle, und sie werden euch auch noch gefallen‹.«

Er wird sich, nach der Meinung Schobers, von der Strapaze erholen. Schließlich hat er wieder Mohrenlocken wie früher.

Schließlich klagt er nicht mehr über wandernde Schmerzen.

Schließlich hat er einen Erfolg nach dem andern, sogar Musikverlage aus Berlin und Leipzig zeigen sich interessiert.

Kümmert es ihn?

Ein bizarrer Gast erscheint in Wien, die Musik als equilibristische Kunst, als Magie betreibend. An solchen Dämonen findet er nun Gefallen. Mit Spaun besucht er das erste Konzert, das Paganini von vierzehn Konzerten gibt.

»Es ist nur eine Stimme in unsern Mauern, und die schreiet: Höret Paganini.«

Ein flüchtiger Schatten, dem Feuer so nah wie dem Eis, und ein Weggefährte auch.

>Der Reif hatt' einen weißen Schein
Mir übers Haar gestreuet,
Da meint' ich schon ein Greis zu sein
Und hab' mich sehr gefreuet.«

Manchmal schafft er es, der Obhut seiner Freunde zu ent-
wischen. Er sucht wieder die Madeln auf, nicht mehr an
der Donau, sondern in den Heurigenlokalen, wo sie nicht
viel erwarten und noch weniger verlangen. Und wenn er
für sich bleibt, fällt es auch nicht weiter auf.
In den Bäumen fängt sich das Licht der Laternen.
Er trinkt viel. So ist es ihm leichter, Worte zu wechseln,
eine der jungen Frauen zu sich zu bitten, wie zufällig.
Meistens geht er nach Grinzing, in einen Heurigenhof, in
dem ein heruntergekommener Greis wunderbar Geige
spielt, vorzugsweise Mozart.
Komm schon.
Sie drückt sich an ihn.
Er küßt sie, faßt sie an.
Wie er heiße.
Franz.
Der Franzl.
Ein zufälliger Gast, von fern gekommen, schaulustig und
begierig auf Wiener Berühmtheiten, läuft ihm unter den
sich herbstlich einfärbenden Bäumen über den Weg, Hoffmann von Fallersleben: »Der alte Fiedler spielt aus Mozart . . . Schubert mit seinem Mädel erhuschten wir von
unserm Sitze aus; er kam zu uns u. ließ sich nicht wieder
blicken«, verschwindet aus dem Vorstadtbild, mit oder
ohne Mädel, aber mit Locken wieder, gekleidet »mit sau-
berem Rock, einem blanken Hut«:

»Und als die Hähne krähten,
Da ward mein Herze wach;
Nun sitz' ich hier alleine
Und denke dem Traume nach.

Die Augen schließ' ich wieder,
Noch schlägt das Herz so warm.
Wann grünt ihr Blätter am Fenster?
Wann halt' ich dich, Liebchen, im Arm?«

Dem wohlgeborenen Fräulein Nanette Hönig, das zum schmückenden Personal der Schubertiaden zählt, teilt er »zu eigenen Händen« mit:
»Es fällt mir schwer, Sie benachrichtigen zu müssen, daß ich heute Abends nicht das Vergnügen haben kann, in Ihrer Gesellschaft zu seyn. Ich bin krank, und zwar von *der* Art, daß ich für jede Gesellschaft gänzlich untauglich bin. Mit der nochmahligen Versicherung, daß es mir außerordentlich leid thut, Ihnen nicht zu Diensten zu seyn können.«

»Ich mußt' auch heute wandern
Vorbei in tiefer Nacht,
Da hab' ich noch im Dunkeln
Die Augen zugemacht.«

Am 14. Januar 1828 kündigt der Musikverleger Tobias Haslinger in der »Wiener Zeitung« an: »*Winterreise,* von Wilhelm Müller, in Musik gesetzt für eine Singstimme mit Begleitung des Pianoforte von Franz Schubert. 89stes Werk. In farbigem Umschlag gebunden.«
Dies zu lesen, macht ihn stolz. Seine Stimmung hellt sich etwas auf, worauf Schober sofort umtriebig wird, plant

und ins Leben ruft, was schon einmal am Leben war: Die Freunde sollen sich wieder zu Leseabenden treffen; als Lektüre schlägt er die Bücher der »Neuen« vor, Tieck zum Beispiel, Kleist, Schlegel, Novalis. Ein letztes Mal gelingt es Schober, ohne jede Absicht, den Freund auf seiner Wanderung weiter zu bringen. Ein paar Stationen fehlen noch, ein paar Sätze.

Sie lesen gemeinsam Heines »Buch der Lieder«.

Endlich kann der sich zu ihm gesellen, der, in vielfältiger Gestalt, ihn schon lange begleitete: der Doppelgänger.

Er tritt dort auf – in einem schweren Traum, der zu tönen beginnt –, wo der Wanderer fremd ein- und auszieht. Es ist die gleiche Szene, die gleiche unaufhebbare Unwirtlichkeit:

> »Still ist die Nacht, es ruhen die Gassen,
> In diesem Hause wohnte mein Schatz;
> Sie hat schon längst die Stadt verlassen,
> Doch steht noch das Haus auf demselben Platz.
>
> Da steht auch ein Mensch und starrt in die Höhe,
> Und ringt die Hände, vor Schmerzensgewalt;
> Mir graust es, wenn ich sein Antlitz sehe, –
> Der Mond zeigt mir meine eigne Gestalt.
>
> Du Doppelgänger! du bleicher Geselle!
> Was äffst du nach mein Liebesleid,
> Das mich gequält auf dieser Stelle,
> So manche Nacht, in alter Zeit?«

Das Ostinato, mit dem er dieses Lied eröffnet, eine melodische Kreuzform, erinnert an die Spur der Passion und

erwidert den immer schwerer werdenden Achteln des
Wanderers:

>»Ich kann zu meiner Reisen
Nicht wählen mit der Zeit,
Muß selbst den Weg mir weisen
In dieser Dunkelheit.

Es zieht ein Mondenschatten
Als mein Gefährte mit,
Und auf den weißen Matten
Such' ich des Wildes Tritt.«

Ohne sich und den andern die plötzliche Laune zu erklären,
erkundet er die Stadt, läuft zum Himmelpfortgrund und auf
die Roßau, spaziert durch die Innere Stadt, sammelt die Erinnerungen an seine Quartiere ein, steigt Treppenhäuser
hinauf und geht wieder hinunter, ohne irgendwo angeklopft
zu haben, repetiert Wirtshäuser und Stammtische. Jeden,
der ihm zufällig begegnet, nimmt er, wenn er Zeit hat, ein
Stück mit, unterhält ihn mit Anekdoten oder sagt, wie ein
Schüler, Gedichte auf. Und in die Kirche, die er von Kind
her kannte, tritt er wie ein Pilger.

Am 26. März 1826 gibt er sein erstes *Privatkonzert,* »abends
7 Uhr im Lokale des österr. Musikvereins unter den Tuchlauben No 558«. Er läßt auf feinstem Papier Programme
drucken, und obwohl Paganini an diesem Abend wieder
auftritt, ist der Saal überfüllt. Die Herren Böhm, Holz,
Weiß und Line spielen den ersten Satz aus einem neuen
Streichquartett, wahrscheinlich das Allegro aus dem
Streichquartett in d-moll, das später nach den Variationen

im zweiten Satz »Der Tod und das Mädchen« genannt wird. Vogl singt vier Lieder, darunter »Der Wanderer an den Mond« – »Ich wandre fremd von Land zu Land,/ So heimatlos, so unbekannt« –, Tietze und Loewy singen, Josefine Fröhlich trägt mit den Schülern von Katharina das »Ständchen« von Grillparzer vor, und nicht zuletzt wird auch noch ein »Neues Trio für das Piano-Forte, Violine und Violoncell« gespielt, das Trio in Es-Dur. Er wird stürmisch gefeiert, in die Arme genommen, geküßt. Ein Schwall von Verehrung trägt ihn einen Abend lang.

Schober gelingt es danach kaum mehr, ihn aus dem Haus zu locken. Er komponiert an einer Messe, macht sich Notizen nicht für eine Sonate, sondern gleich für drei und für ein großes Streichquintett.

Ich brauche Zeit und hab sie nicht, sagt er.

Schwind nennt ihn närrisch und ist es auf unvergleichliche Weise selbst. Seit drei Jahren wirbt er um Anna Hönig, die Nettel, die ihn allerdings beim ersten Anlauf mit einer erbitterten Rede über seine Gottlosigkeit zurückwies, worauf er, erbost über so viel glühende Frömmigkeit, ihr riet, sie solle sich in den Papst verlieben, da habe sie mehr davon.

Nun versucht er es von neuem.

Schwind ist als Bräutigam geladen, pünktlich auf elf, schläft zu lang, sucht nach seinem Frack, ohnehin keinem schwarzen, sondern einem violetten mit gelben Aufschlägen. Er zerreißt im Rücken, als er ihn sich anzieht. Sein Unglück in allen Lautstärken beklagend, macht er Zwischenstation bei Schober und Schubert, die ihn ohne jeden Trost weiterschicken. Er ist bald wieder zurück, geknickt, den Tränen nah. Ein weiteres Mal habe er nun auch noch als Strolch eine Abweisung erfahren.

Ich geh, ich verlasse Wien, ich will nichts mehr von ihr wissen, ich muß fort.

Auch Schubert zieht noch einmal aus und um.

Hör her, bittet er Schober, und singt ihm vor, woran er geschrieben hat, eines der Heine-Lieder, hör her:

> »Ich unglücksel'ger Atlas! eine Welt,
> Die ganze Welt der Schmerzen, muß ich tragen.«

Wortlos verläßt Schober das Zimmer.

Schubert sieht erschrocken auf die Tür, ruft leise: Schober.

Und der kommt tatsächlich, sagt nach einer langen und tiefgehenden Auseinandersetzung: Du übertreibst, Schubert. Du übertreibst sogar mit Hilfe deiner Musik.

Nein, das tu ich nicht.

Ach, Schubert.

Ach, Schobert.

In dieser Nacht schlupft er zu Schober ins Bett. Sie liegen schweigend nebeneinander, hören sich atmen. Sie umarmen sich.

Er sagt: Ich zieh aus, Schober. Ferdinand hat eine neue Wohnung in einem neuen Haus, und ich hab ihn gefragt, ob er mich aufnehmen kann.

Schober liegt eine Weile wie erstarrt, dann reißt er Schubert an sich: Wieso? Geh ich dir auf die Nerven? Stören wir dich?

Schubert atmet stockend, als probiere er Worte aus: Die Krankheit. Ich fühle sie wieder. Ich bin auch schon beim Doktor gewesen. Nicht bei Bernhardt, bei Rinna.

Warum hast du mir nichts davon gesagt? Bin ich nicht dein Freund?

Du bist es, Schober, nur –
Was?
Er sagt es nicht.
Am andern Tag holt ihn Ferdinand. Er richtet sich in einer
engen Kammer ein. Sie ist feucht, wird immer feuchter werden. Das Haus ist eben erst verputzt worden. Der Sommer
hat die Wände nicht mehr trocknen können.
Vergiß dich nicht, mahnt ihn nun Ferdinand. Überarbeite
dich nicht. Spann dich aus.
Er könnte es. Er trifft Marie Pachler im Theater. Sie freut
sich herzlich, ihn zu sehen, und lädt ihn nach Graz ein. Er
solle so bald wie möglich kommen. Es könnte, rechnet er
sich aus, mit dem Honorar, das ihm Haslinger für den
zweiten Teil der »Winterreise« zahlen wird, gehen. Aber es
reicht doch nicht.

> »Es brennt mir unter beiden Sohlen,
> Tret' ich auch schon auf Eis und Schnee.
> Ich möcht' nicht wieder Atem holen,
> Bis ich nicht mehr die Türme seh'.«

In einem Zug schreibt er nun, vorbereitet, die drei Sonaten
in c-moll, A-Dur, B-Dur. In dem ersten Satz der B-Dur
Sonate vergißt er den unerbittlichen Schrittrhythmus
und schafft den Raum für den Wanderer, sonderbar gelassen, weit ausholend und in einer gelösten Trauer.
Ich mag den November, sagt er, das ist mein Monat, sagt
er und fügt für die Kinder Ferdinands, die ihm lauschen,
erheitert und unverständlich hinzu: Novemberstadt, No-
vemberwelt.
Er korrigiert am Streichquintett.
Und noch einmal wiederholt er das Glück des vierhändi-

gen Klavierspiels, schreibt eine Fantasie in f-moll, widmet
sie der Komtesse Karoline und sendet ihr auf seine Weise
eine Botschaft, indem er ein Motiv aus der »Winterreise«
aufnimmt, aus dem zehnten Lied:

> »Nun merk' ich erst, wie müd' ich bin,
> Da ich zur Ruh' mich lege.
> Das Wandern hielt mich munter hin
> Auf unwirtbarem Wege.«

Schwind verabschiedet sich. Er verläßt Wien.
Bleib, Liebster.
Du kannst mich gar nicht brauchen, Franz.
Bleib!
Adieu!
Seine Tränen tropfen wie Novemberregen auf die Noten.
Geh nur. Adieu.

> »Gefrorne Tropfen fallen
> Von meinen Wangen ab;
> Und ist's mir denn entgangen,
> Daß ich geweinet hab'?«

Er müsse sich in der Komposition weiter ausbilden. Mit
diesem Entschluß überrascht er Ferdinand.
Du?
Ich werde die Fuge studieren.
Er hat sich bei Simon Sechter angemeldet und nimmt
gleich die erste Stunde.
Ich weiß noch so vieles nicht.
Am 31. Oktober laden ihn die Brüder – Ferdinand, Ignaz
und Karl – ins Gasthaus »Zum Roten Kreuz« ein. Auf dem

Himmelpfortgrund. Er wandert die Schritte zurück in die Kindergegend.

Sie könnten laut sein, sind es aber nicht. Sie reden über den Vater, über Pläne, die sie haben, klagen ein wenig über ihre Situation.

Du sagst überhaupt nichts, Franz.

Das Essen kommt, Fisch aus der Donau. Sie prosten einander zu. Er ißt, legt die Gabel beiseite. Ich kann nicht, sagt er mehr zu sich selbst. Es ekelt mich. Der Fisch schmeckt wie vergiftet.

Er schmeckt wie ein Gerücht, eine Ahnung, er schmeckt wie die Erinnerung an Salieri, an Mozart, vergiftet, wie Gift.

Bringt mich heim.

> »Einen Weiser seh' ich stehen
> Unverrückt vor meinem Blick:
> Eine Straße muß ich gehen,
> Die noch keiner ging zurück.«

Am 11. November legt er sich ins Bett und steht nicht mehr auf. Genau hält er sich an die Vorschriften von Doktor Rinna. Damit er auf keinen Fall vergißt, die Medikamente zur rechten Zeit einzunehmen, läßt er eine Sanduhr laufen.

Er kann nicht essen und trinkt nur sehr wenig.

Bauernfeld und Lachner kommen, reden leise auf ihn ein, wollen ihn mit Erinnerungen stärken.

Lieb seids.

Von Haslinger werden die Blätter der »Winterreise« zur Korrektur gebracht. Gegen seine Schwäche wiederholt er Station für Station.

Schober, nach dem er fragt, der am ehesten die Irrwege seiner Reise kennt, läßt nichts von sich hören. Er schreibt einen Brief:

»Lieber Schober!

Ich bin krank. Ich habe schon 11 Tage nichts gegessen u. nichts getrunken u. wandle matt u. schwankend von Sessel zu Bett u. zurück. Rinna behandelt mich. Wenn ich auch was genieße, so muß ich es gleich wieder von mir geben.

Sey also so gut, mir in dieser verzweiflungsvollen Lage durch Lecktüre zu Hülfe zu kommen. Von Cooper habe ich gelesen: *Den letzten der Mohikaner, den Spion, den Lootsen* u. die *Ansiedler*. Solltest Du vielleicht noch was von ihm haben, so beschwöre ich Dich, mir solches bey der Fr. v. Bogner im Kaffehh. zu depositiren. Mein Bruder, die Gewissenhaftigkeit selbst, wird solches am gewissenhaftesten mir überbringen. Oder auch etwas Anderes.

Dein Freund Schubert.«

Es ist nicht bekannt, ob Schober die gewünschte Literatur zu Frau von Bogner brachte.

Schober hat Schubert nicht besucht. Wahrscheinlich weil er fürchtete, sich anzustecken.

Auch der Vater bleibt fort.

Am Nachmittag des 19. November 1828 stirbt Franz Schubert an der Krankheit, die ihn in den letzten Jahren geplagt und begleitet hat.

Jetzt liegt er und wartet, geholt zu werden. Er wird gehütet von seinen Brüdern, von den Freunden. Wer ihn sieht, entfernt und nah, wer eine Zeitlang mit ihm gegangen ist, erkennt in dem Wanderer auf einmal den singenden Buben wieder, der auf Stimmen lauscht, nah und entfernt.

Nun, mein Schubert, wartet der Leiermann.

31.
Moment musical XI
(Etwas langsam)

»Drüben hinterm Dorfe
Steht ein Leiermann,
Und mit starren Fingern
Dreht er, was er kann.

Barfuß auf dem Eise
Schwankt er hin und her,
Und sein kleiner Teller
Bleibt ihm immer leer.

Keiner mag ihn hören,
Keiner sieht ihn an,
Und die Hunde brummen
Um den alten Mann.

Und er läßt es gehen
Alles, wie es will,
Dreht, und seine Leier
Steht ihm nimmer still.

Wunderlicher Alter!
Soll ich mit dir gehn?
Willst zu meinen Liedern
Deine Leier drehn?«

32.
Moment musical XII
(Sehr langsam)

Die Szene ist eine Zeichnung gewesen. Ein Bild. Nun nicht
mehr.

Ich halte mich in einem Raum auf und weiß nicht, wie
ich hineingekommen bin. Ich frage mich auch nicht
danach.

Der Boden ist abschüssig wie in einem Hörsaal. Auf ihm
stehen ein paar Stühle verstreut.

Auf einem der Stühle sitzt, wenn ich mich nicht täusche,
Schwind. Auf einem der andern Schober.

Joseph von Spaun, der unmittelbar vor der Bühne steht,
benützt die Lehne seines Stuhls als Stütze.

Schubert sitzt auf einem am Klavier befestigten Schemel
am Rand der Bühne.

Jetzt erst höre ich das Klavier.

Schubert spielt wie abwesend Triolen, Schrittfiguren.

Unsicher wende ich mich an Franz von Schober und frage
ihn, ob er jemanden singen höre. Er sieht auf meinen
Mund, als könne er mich gar nicht vernehmen und wendet
sich keineswegs unfreundlich ab.

Schubert hat aufgehört zu spielen.

Er schweigt lange und fragt dann, ohne die Stimme zu er-
heben: Soll ich von neuem beginnen?

Und gibt sich selber, sehr leise, die Antwort: Es hat keinen
Sinn.

Es wird dunkel im Zimmer.

Es wäre mir angenehm, ich könnte es verlassen.

Literatur,

die mich anregte, die mir half,

die ich brauchte

Theodor W. Adorno: Moments musicaux. Frankfurt 1964

Otto Brusatti: Schubert im Wiener Vormärz. Dokumente 1829–1848

Otto Erich Deutsch (Hrsg.): Schubert – Die Dokumente seines Lebens. Kassel 1964

Otto Erich Deutsch (Hrsg.): Franz Schubert – Sein Leben in Bildern. München/Leipzig 1913

Otto Erich Deutsch (Hrsg.): Franz Schubert – Briefe und Schriften. Wien 1954

Otto Erich Deutsch: Franz Schubert – Thematisches Verzeichnis seiner Werke in Chronologischer Folge. Kassel 1978

Otto Erich Deutsch (Hrsg.): Schubert – Die Erinnerungen seiner Freunde. Wiesbaden 1983

Walther Dürr und Arnold Feil: Franz Schubert. Reclams Musikführer. Stuttgart 1991

Hans Heinrich Eggebrecht: Musik im Abendland. Prozesse und Stationen vom Mittelalter bis zur Gegenwart. München 1991

Alfred Einstein: Schubert. Zürich 1952

Arnold Feil: Franz Schubert, Die schöne Müllerin. Winterreise. Stuttgart 1975

Dietrich Fischer-Dieskau: Auf den Spuren der Schubert-Lieder. Wiesbaden 1971

Hans J. Fröhlich: Schubert. München 1978

Hans Gal: Franz Schubert oder die Melodie. Frankfurt 1970

Thrasybulos Georgiades: Schubert. Musik und Lyrik. 2 Bände. Göttingen 1967

Peter Gülke: Franz Schubert und seine Zeit. o.O. 1991

Ernst Hilmar: Schubert. Graz 1989

Annette Kolb: Franz Schubert. Zürich 1947

Heinrich Kreißle von Hellborn: Franz Schubert. Wien 1865; Nachdruck: Hildesheim 1978

H.-K. Metzger und R. Riehn (Hrsg.): Musik-Konzepte. Sonderheft Franz Schubert. München 1982

Wilhelm Müller: Gedichte. Leipzig 1868

John Reed: Schubert. The Final Years. London 1972

Frieder Reininghaus: Schubert und das Wirtshaus. Musik unter Metternich. Berlin o.J.

Joseph Rissé: Franz Schubert und seine Lieder. I. Müllerlieder. Hannover 1872

Marcel Schneider: Schubert in Selbstzeugnissen und Bilddokumenten. Hamburg 1958/1989

Maximilian und Lilly Schochow (Hrsg.): Franz Schubert – Die Texte seiner einstimmig komponierten Lieder und ihre Dichter. Hildesheim 1974

Franz Schubert: Winterreise. The Autograph Score. New York 1989

Josef von Spaun: Erinnerungen an Schubert. Berlin 1936

Ich danke

meiner Frau, die in Gespräch, Rat und Kritik die Arbeit an diesem Buch begleitete;

Mitsuko Shirai, Hartmut Höll und Tabea Zimmermann für ihre immer anregende praktische Einübung in Schubert;

allen Musikerinnen und Musikern, die mich lehrten, Schubert zu hören – ihnen voran Artur Schnabel, dessen Interpretation der Klaviersonate in B-Dur (D 960) der Grund – in der ganzen Bedeutung des Wortes – für meine ausdauernde Beschäftigung mit Franz Schubert ist.

Inhalt

Peter Härtling
Ein Balkon aus Papier

Gedichte
Gebunden

Die neuen Gedichte von Peter Härtling sind Beschwö-
rungen der Schwelle, des Übergangs, heiter, nicht ohne
Angst, aber mit großer Freiheit. Zwischen Paradies und
Katastrophe schwebend, „bodenlos heiter", bereiten sie
sich auf die letzte Passage vor, dunkel und schön
zugleich.

VERLAG
KIEPENHEUER
&WITSCH

Peter Härtling
Horizonttheater

Gedichte
Gebunden

Peter Härtling, der in den fünfziger Jahren als Lyriker zu schreiben begann, hat in jeder Phase seines Lebens und Schreibens Gedichte veröffentlicht, in denen er immer offener, ungeschützter und zugleich kunstvoller von sich und seiner Zeit Zeugnis ablegt. Seine Gedichte aus dem Band „Horizonttheater", in ihrem Ton elegisch und abgeklärt zugleich, sind von großer, einfacher Schönheit.

VERLAG
KIEPENHEUER
& WITSCH

Peter Härtling
Hölderlin

Ein Roman
KiWi 541

In seinem berühmt gewordenen Roman über Friedrich
Hölderlin hat Peter Härtling ein Meisterwerk der poetischen
Rekonstruktion einer Künstlerbiographie geschaffen, das in
seiner Verknüpfung von zeitgenössischer Spurensuche,
Erfindung und Reflexion unerreicht ist.

»Dieses Buch ist ein Novum in der kaum noch überblick-
baren Hölderlin-Literatur, ein originelles Gebilde von Rang:
substanzreich, kritisch gesichtet, dichterisch atmend.«
Robert Minder

»Dieses Buch atmet ein Leben nach, um es poetisch auszu-
drücken.« *Karl Krolow*

KiWi Paperbacks
bei Kiepenheuer
& Witsch

Peter Härtling (Hrsg.)
»Behalten Sie mich immer in freundlichem Angedenken...«

Briefe von und an Friedrich Hölderlin
KiWi 363

Peter Härtling, der sich seit Jahrzehnten mit der Person und dem Werk Hölderlins beschäftigt hat, stellt in diesem Band die Briefe von und an Hölderlin zusammen. Sie sind bewegende Zeugnisse von großer Schönheit und Dichte, in denen sich eine literarische, geschichtliche und seelische Situation ausdrückt, die uns fremd geworden ist und dann wieder so nah, als wäre sie unsere eigene.

KiWi Paperbacks
bei Kiepenheuer
& Witsch

Peter Härtling
Schumanns Schatten

Roman
Gebunden

In diesem Künstlerroman erzählt Peter Härtling vom
Leben und Sterben des großen romantischen Komponisten
Robert Schumann (1810-1856), wobei sich die Kapitel
abwechselnd den letzten beiden Jahren Schumanns in der
Klinik bei Bonn und den Stationen seiner Biographie
widmen. Ein dichtes, vielstimmiges melancholisches
Meisterwerk.

VERLAG
KIEPENHEUER
&WITSCH

Peter Härtling
Božena

Eine Novelle
Gebunden

Peter Härtlings neues Buch, die Novelle *Božena*, zeichnet in der Fiktion ein reales Schicksal nach: das einer Tschechin, die während der Besetzung der Tschechoslowakei durch die Nazis für einen Deutschen, Härtlings Vater, arbeitete und darum später als Kollaborateurin geächtet wurde, obwohl ihr Vorgesetzter kein Nazi war. Eine Novelle über eine ungelebte Liebe und ein von der Geschichte zerriebenes Leben.

VERLAG
KIEPENHEUER
&WITSCH